JN418590

경제는 정치인이 잠자는 밤에 성장한다

경제는 정치인이 잠자는 밤에 성장한다

초판발행 2012년 2월 1일
2쇄발행 2012년 2월 27일

지 은 이 류동길
펴 낸 이 김대근
펴 낸 곳 숭실대학교 출판국
주 소 서울 동작구 상도로 369
등 록 제 14-2호(1982. 1. 25)
TEL. (02) 820-0771~2 FAX. (02) 817-5297
http://press.ssu.ac.kr

찍 은 곳 한컴인쇄정보 (02) 2274-9934

ISBN : 978-89-7450-280-5 03320

값 **14,000**원

머리말

역사에서 위기가 아닌 적은 거의 없다. 위기를 극복한 나라는 발전을 거듭했다. 우리가 이 정도로 살게 된 것도 숱한 위기를 극복한 결과다. 한국은 지금 진짜 위기상황에 빠져들고 있다. 세계경제의 위기 탓만은 아니다. 한국 정치의 위기가 경제위기를 증폭시키고 있기 때문이다.

그리스를 비롯한 유럽 여러 나라는 복지포퓰리즘에 빠져 막대한 재정적자를 보이면서 내리막길에 들어서 있다. 돈으로 표를 사는 정치인과 그런 정치인을 계속 뽑아준 유권자의 합작품이다. 정치인들이 분에 넘치는 복지를 들고 나오면 재앙이 온다는 걸 생생하게 보여주고 있는 것이다. 그런 나라를 뒤쫓아 가려는 게 오늘의 한국이다.

한국의 2012년은 총선과 대선이 치러지는 중요한 고비를 맞는 해다. 여야 가릴 것 없이 재정건전성이나 경제성장을 이끌어내는 정책은 뒷전이고 더 많이 베풀겠다는 복지 타령만 하고 있다. 무상이든 반값이든 표만 얻을 수 있으면 어떤 주장도 하려한다. 국민을 속이고 국민의 미래를 앗아가는 기만이나 다름없다. 국가발전전략은 보이지 않고 선거 전략만 부각되고 있다. 경제는 돌보지 않으면서 살기 좋은 세상 만들겠다는 건 구름 잡는 이야기에 다름 아니다. 정치의 타락을 극복하지 못하면 경제는 결국 늪에 빠질 수밖에 없다. 한국의 위기는 국민에게 희생을 요구하는 리더나 리더그룹이 없기 때문이다.

복지의 중요성은 아무리 강조해도 좋지만 경제성장과 재정건전성 등 복지확대를 가능케 할 바탕을 늘려가는 일을 소홀히 해서는 안 된다. 하지만 선거에서는 그런 이야기는 먹히지 않는다. 한국경제가 가야할 길을 정치에 물을 수밖에 없는 게 안타까운 현실이다. 경제문제는 정치문제일 수밖에 없기 때문이다. '경제는 정치인이 잠자는 밤에 성장한다'로 책제목을 정한 것은 정치가 경제에 부담 주는 일을 하지 말고 경제를 챙겨야한다는 뜻을 담은 반어적 표현이다. 국민을 잘 먹고 잘살게 하는 것이 정치의 본분이 아닌가.

이번 책은 2003년 8월 첫 번째 칼럼집('경제는 마라톤이다')을 낸 후에 쓴 글들 중에서 고른 것이다. 칼럼은 그 성격상 그때그때의 상황에 따라 한정된 지면에 쓰는 것이라서 설명이 생략된 경우가 많다. 여러 매체에 쓴 글들이고 신문에 실리지 않은 글도 몇 편 있다. 원래의 칼럼 제목을 바꾼 것도 있지만 내용은 그대로다. 경제문제를 다루면서도 정치를 탓하는 경우가 많았다. 정치가 경제 발목 잡는 일들이 수없이 반복됐기 때문이다.

수도이전과 수도를 분할하는 행정중심복합도시(세종시) 건설에 반대하는 글을 많이 담았고 글의 내용이 중복되는 경우가 많다. 수도이전반대국민연합을 만드는데 참여했고 수도분할반대국민회의 공동대표와 수도분할반대국민연합 공동대표를 맡아 여러 곳의 요청을 받아 글을 썼기 때문이다. 세종시 건설은 국가의 중대사가 특정지역의 표심을 잡기 위해 결정된 대단히 잘못된 경우다. 국무총리와 여러 행정부처가 세종시로 이전, 수도를 분할하면 숱한 부작용과 국정의 혼란상이 나타날 것이다. 이는 이미 예견됐던 일이다. 수도분할로 문제가 풀린 게 아니라 새로운 문제를 발생시킬 것이다. 그래서 세종시 문제는 앞으로 계속 따져보고 지켜보지 않을 수 없다.

어느 사회 어느 시대에도 풀어야 할 과제는 있다. 풀지 못할 문제는 없는데 우리 사회, 특히 정치권은 문제를 제대로 풀려고 하지 않는다. 정책을 놓고 논쟁을 하는 것이 아니라 감정싸움, 기(氣)싸움을 하면서 상대방에게 상처를 주는 일에만 매달리고 있다. 타협은 곧 패배이고 상대방의 승리라고 생각하기 때문이다. 그래서 문제를 푼다면서 문제를 꼬이게 하고 또 다른 문제를 낳는 악순환이 반복되는 것이다.

경제정책은 선택이다. 자원은 한정돼 있기 때문이다. 모두를 만족시키는 그런 정책은 없다. 그래서 경제정책을 둘러싸고 찬반이 나온다. 경제문제에 대한 접근에는 다양한 견해가 얽힐 수밖에 없다. 이 책의 글들은 물론 필자의 눈으로 세상을 본 것이다. 바로 잡아야할 것들도 있을 것이고 비판받아야할 것도 있을 것이다. 그건 모두 필자의 몫이다. 〈제7부 돈과 행복 그리고 삶의 여러 모습을 본다〉는 글들은 수상록에 가깝다. 필자 나름대로 삶과 행복, 돈과 성공 등에 관한 생각을 담은 것이다.

이 책을 엮어 내는데 많은 사람들의 도움을 받았다. 책표지를 만들어 준 그래픽 디자이너 강경희, 숭실대 출판부의 이병덕 국장과 임경란 선생에게 고마운 뜻을 전한다.

2012년 2월

류동길

목차

제1부_ 정치권은 갈등 부추기고 경제 발목 잡아서는 안 된다

제2부_ 경제는 이념 아닌 먹고사는 문제 풀기다

제3부_ 세종시 건설, 수도분할의 역사적 평가는 끝나지 않았다

제4부_ 중소기업이 뛸 넓은 운동장이 필요하다

제5부_ 복지포퓰리즘에 빠지면 미래는 어둡다

제6부_ 불법·탈법·폭력은 선진사회로 가는 걸림돌이다

제7부_ 돈과 행복 그리고 삶의 여러 모습을 본다

제1부 정치권은 갈등 부추기고 경제 발목 잡아서는 안 된다

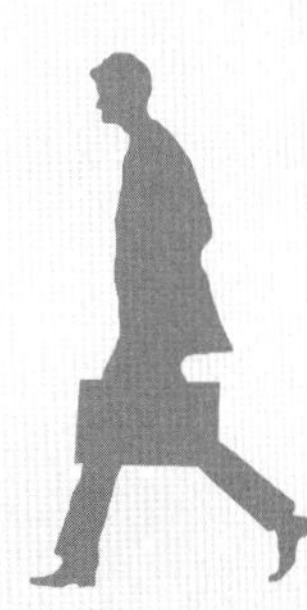

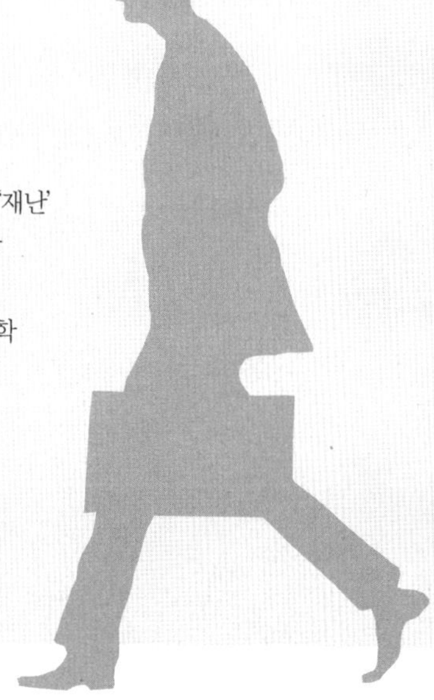

Chapter 01

안철수 바람, 대선까지 이어질까?

정치와 관련 없는 길을 걷던 안철수 서울대 교수가 서울시장 선거를 계기로 인기 높은 정치 지도자들의 반열에 올랐다. 그의 등장은 한편의 드라마였고 한바탕 휘몰아친 바람, 돌풍이었다. 서울시장 선거에 출마할 가능성을 말한 것이 전부였는데 여야 정치권은 고강도의 지진을 만난 듯 허둥댔고 일반 시민들의 반응은 대단했다. 이른바 안철수 현상이다.

지지율 50%의 안철수가 20분간 담판을 통해 10%도 안 되는 박원순 변호사에게 서울시장 후보 자리를 양보한 것은 기존 정치권에서는 볼 수 없는 광경이었다. 그것만으로도 안철수는 기존의 구태 정치인과 정당에 '한 방'을 날린 셈이 됐고 국민의 관심을 끄는 데 성공했다. 출마의사를 비치다가 당선 가능성을 보장하는 지지율에도 출마를 접은 것은 보통 사람들의 머리로는 이해하기 어렵지만 더 큰 꿈을 이루기 위한 숨고르기인지는 두고 볼 일이다.

많은 사람들이 안 교수에게 열광적 지지를 보낸 배경에는 정치권에 대한 국민의 불신이 깔려 있다. 기성 정치권에 대한 국민들의 누적된 불만이 안철수 지지로 분출한 것이다. 어디에도 속하지 않은 한 '개인' 에 대한 열광은 기존 정당에 대한 대중의 뿌리 깊은 불신 바로 그것이다.

안철수 현상

어느 시대 어느 사회에도 불만은 있다. 그러나 현재 우리 사회의 불만은 위험수준으로 치닫고 있다. 물가는 치솟고 서민들의 살림은 어려워지고 있다. 일자리 없는 수많은 청년실업자들과 그 부모 가족들의 마음을 한번 헤아려보라. 우리 앞에 놓인 난제를 풀기는 쉽지 않지만 어쨌든 그러한 현실적 불만이 쌓이는 가운데 안철수 바람이 분 것이다. 안철수가 어떤 정치적 능력을 가지고 있고 어떤 정책을 펼 것인가를 따져 지지의사를 나타낸 것은 아니다. 그에게 민심이 쏠린 것은 '때 묻지 않았다' 는 신선함도 작용했을 것이다.

여당인 한나라당은 이명박 대통령 집권 후 친이 친박으로 갈라져 파벌싸움만 하는 모습을 연출했다. 보수를 자처하면서도 보수적 가치를 지키지도 못했다. 세종시와 동남권 신공항 같은 중요한 문제를 다루면서 제대로 당론을 정하지 못했거나 당론을 정했어도 소속 의원들이 파벌 이해에 따라 당론을 무시하는 행동을 했다. 야당인 민주당은 정부 여당이 하는 일에 사사건건 트집과 발목만 잡으려했고 불법시위를 지원하거나 동참하는 모습도 보여줬다. 민주당의 대북관은 많은 국민을 불안하게 했다. 민주당은 스스로 비전을 제시해서 국민에게 희망을 던져주지 못하고 정부 여당에 반대하는 것으로 자신들의 정체성을 찾으려고 했다.

허구한 날 정쟁만 일삼는 구태정치에 실망한 국민들이 안철수의 등장을 환호한 것은 자연스러운 일이었다. 단기필마(單騎匹馬)로 뛰어든 교수 한 사람이 정치권을 뒤흔들고 대중의 지지를 받은 건 예삿일은 아니다. 한국 정당의 기초가 얼마나 취약한 것인지를 보여준 사건이었다.

정치권의 행태 그리고 경제 위기

여야 정치지도자들의 행태를 보라. 지나친 복지와 재정 지출 확대로 국가 부도위기를 맞고 있는 유럽 국가들의 사태를 보면서도 재정파탄을 불러오는 일들만 벌이려고 한다. 무상급식, 반값 등록금은 물론 무상보육, 무상의료 등 포퓰리즘 보따리를 푸는 경쟁을 하고 있다. 일자리 창출, 성장, 재정 건전성, 교육, 소득재분배 등 현안이 즐비한데 복지이야기 뿐이다. 최대의 복지는 일자리 만들기인데 그 일을 멀리하고 '누가 누가 잘하나'가 아닌 '누가 누가 더 많이 퍼주나' 경쟁을 하고 있는 것이다. 정치인들이 무책임하게 복지 남발을 계속하고 복지를 표 얻는 데 이용하면 나라는 망할 수밖에 없다. 그러한 예가 일찍이 남미에서 나타났고 지금 유럽 여러 나라에서도 나타나고 있다.

2012년 한국 경제는 어려움을 겪을 것이다. 1997년 외환위기와 2008년 금융위기 때를 제외하면 가장 낮은 성장률을 나타낼 것이다. 글로벌 경제위기는 눈앞의 현실로 다가왔다. 각국의 포퓰리즘 정치가 국가부채를 늘려 위기를 만들어낸 것이다. 다시 말해 세계경제 위기는 정치의 타락이 초래한 것이다. 한 번 늘어난 국가부채를 줄이기는 어렵다. 세계경제 위기상황은 상당히 오래 지속될 가능성이 크다.

우리 스스로 아무리 노력해도 글로벌 경제위기를 피해가기는 어렵다. 한국경제의 대외 의존도가 높기 때문이다. 가계부채는 언제든지 터질 뇌관이고 국가부채는 눈덩이처럼 불어나고 있다. 국가부채는 다음세대에게 빚을 안겨주는 것인데도 경제성장은 뒷전이고 복지를 늘리자는 정치인들의 목소리만 높다. 생색은 지금 정치인들이 내고 빚은 다음 세대에게 떠넘기려는 일종의 사기다. 그러나 지금 성장을 이야기하면 시대정신이 없는 낡은 사람으로 취급당할 판이다.

정당과 정치인은 국민에게 희망을 던져주어야 한다. 그러나 그런 정치는 실종됐다. 표만 얻으려는 잔꾀만 부리고 있다. 우리는 지금 언제 어디서 터질지도 모르는 지뢰밭을 건너고 있으면서 복지타령을 하며 희망가를 부르고 있다. 복지보따리를 푼다고 살기 좋은 세상이 오는가. 놀부의 박에서는 금은보화가 아니라 괴물들이 나타났다. 복지를 외치다가 괴물들이 출몰하는 세상이 되지 않는다고 누가 보장할 수 있는가. 그런 사태가 나더라도 지금 복지타령을 하는 정치인들이 책임질 것인가.

한국사회의 후진성과 정당정치의 위기

안철수가 서울시장 선거에 나간다고 했을 때 안철수연구소 주가가 연일 상한가를 치다가 서울시장출마를 접으니 하락했다. 스티브 잡스가 최고경영자(CEO)를 사임한 이후 애플 주가가 급락세를 보였던 것과는 너무나 대조적이다.

주가의 이상급등은 안 교수가 서울시장에 당선되면 회사에 무언가 반대급부를 가져올 것이란 불확실한 기대가 작용했을 것이다. 박근혜 전 대표가 부상한다는 소리가 들릴 때마다 동생 박지만 씨가 대주주로 있는 회사의 주가가 오르는 것과 비슷한 현상이다. 모두 우리 사회의 후진성을 드러내는 단면이요 아직도 부패국가, 연줄국가라는 증거들이다.

안철수가 앞으로 어떤 행보를 보일 것이며 다가오는 총선과 대선에서 어떤 역할을 할 것인지는 알 수 없다. 하지만 그가 정치판에 들어설 것 같아 안타까운 마음을 금할 수 없다. 그가 기성 정치권에 '한 방'을 날렸다는 점은 통쾌하지만 그가 할 일은 정치가 아니라는 생각 때문이다. 그는 한국의 IT에 대해 많은 걱정을 해왔고 이미 그 분야에서 많은 일을 했으며 그 분야에서 더 많은 업적을 쌓아야 할 사람이다. 그런 일을 하기에 제격인 안철수 교수가 정치판으로 들어가려는 것이 안타까운 것이다.

전문가가 전문성을 발휘해야 사회가 발전

전문가는 어느 자리에서든 그 전문성을 발휘해야 사회가 발전한다. 각 분야의 전문성이 축적되고 제때에 발휘돼야 사회는 선진화되는 것이다. 한국사회는 사이비 전문가는 많아도 진짜 전문가는 부족하다. 어떤 전문분야에서 명성을 얻으면 너도나도 정치판에 뛰어드는 건 후진사회다. 빌 게이츠나 스티브 잡스가 정치판에 뛰어드는 것이나 박지성과 김연아가 정치판에 뛰어드는 것이나 무엇이 다르겠는가. 그들이라고 정치하지 말란 법은 없다. 하지만 그들이 서 있을 자리는 정치판이 아니지 않은가.

안철수 교수가 돌풍을 일으키고 높은 지지도를 보인 것은 정당들이 국민으로부터 배척당하고 있다는 걸 말해준 것이다. 정당들의 자업자득이지만 정당정치가 이렇게 배척당하는 건 문제고 한국 정치의 비극이다. 안철수 바람을 일으킨 것은 그가 무소속을 표방했기 때문이다. 그렇다면 정당은 끝난 것인가.

여당도 싫고 야당도 싫다는, 이른 바 '무당파(無黨派)'가 득세하고 있는 게 한국사회다. 지역주의에 바탕을 둔 정당 구도가 과연 바뀔 수 있을까. 정당정치에 문제가 있는 것인지, 정치인의 자질과 품성에 문제가 있는 것인지 따져봐야 한다. 1990년대에는 무당파가 20% 정도에 불과했는데 이제는 무당파(혹은 중도)가 40%를 넘는 것으로 추산되고 있다. 무당파 유권자들이 모든 선거 결과를 좌우하는 상황이 된 것이다. 두텁게 형성하고 있는 무당파층이 2012년 총선과 대선 판도까지 완전히 바꾸어 놓을 것이란 전망도 나온다. 국민의 상당수가 한나라당이나 민주당 등 기존 정당이 아닌 새로운 정당이 필요하다고 본다는 여론조사 결과가 나오는 것은 이러한 사정을 반영하고 있다.

민주당은 시민단체 대표로 나선 박원순 서울시장 후보의 입당을 원했고 무소속 박원순 후보는 민주당 후보와 후보단일화 경선을 펼쳤다. 한나라당은 당 안에 후보가 있음에도 불구하고 당 밖에서 후보를 찾으려고 이석연 전 법제처장을 겨냥했고 입당을 졸랐다. 외부인사의 영입을 나무랄 일은 아니지만 원내 제1당이자 여당인 한나라당(299석 의석 중 169석)과 원내 제1야당 민주당(87석)이 스스로 당의 존재자체를 망각한 행태를 보였다. 이는 두고두고 정당으로서는 해서는 안 되는 수치스러운 사건으로 기록될 것이다. 일찍이 레스터 서로 교수는 '제로 섬 사회' 에서 "정당은 선거를 치르기 위한 모호한 동맹"이라고 한 것은 이런 경우를 두고 한 말인 것 같다.

무당파 득세는 정치권에 대한 불신 반영

선거 때마다 나타나는 후보 단일화 문제도 한번 따져봐야 한다. 가치와 이념이 다르고 추구하는 정책이 다른 정당이나 후보들이 오로지 특정후보에 대항하기 위해 후보단일화를 이룬다는 건 무엇을 말함인가. 선거에서 당선된다면 무엇을 어떻게 하자는 것인가. 가치와 이념, 추구하는 정책이 다르다면 단일화해서는 안 된다. 유권자의 선택에 혼동을 주기 때문이다. 가치와 이념, 추구하는 정책이 같거나 거의 같다면 합당하는 게 옳다. 그래야 유권자가 바른 선택을 할 수 있을 것이고 당선된 후 추진하는 정책이 분명할 것이기 때문이다. 그러나 어느새 우리 사회는 이런 단일화를 미화하기까지 한다. 정당의 존재이유를 애매하게 하는 작태다.

안철수 바람과 2012년 대선 전망

안철수는 정치인인가, 2012년 대선에 출마할 것인가. 그가 어떤 결정을 하든 이미 정치인이 됐다고 보는 사람이 많다. "집권세력의 확장을 막기 위해" 서울시장 후보 단일화 협의를 주도했고 불출마를 결심한 것이 바로 정치행위라는 것이다. 그가 정치를 안 하겠다고 했다면 그 사실을 선언하면 되는 것이었다. 그러나 박원순에게 힘을 실어준 것은 정치인의 행위라고 보는 것이다.

안철수 바람이 꺼지지 않는 것을 보면 2012년 대선은 어쨌든 안철수를 빼고는 이야기가 될 것 같지 않다. 그가 대선 출마를 "생각해 보지도 않았다"고 했지만 그 말은 출마하지 않겠다는 뜻은 아니다. 안 교수가 서울시장 출마 뜻을 비쳤을 때 서울시 얘기는 하지 않고 역사의 물결을 말하고 기존 정당들을 꾸짖는 말을 했다. 생각해보면 깊은 뜻이 있었던 것 같다. 안철수가 대선에 나선다면 어떤 결과가 나올까. 현재의 지지율을 계속 유지시킬 수 있을까. 아무도 알 수 없는 일이다. 그는 신념과 정책, 비전에 대한 철저한 검증을 거칠 것이고 그런 후에 또 다른 평가가 나올 것이다.

안철수에 대한 국민 지지도가 높게 나온 것과 관련해 이명박 대통령은

"우리 정치권에 올 것이 왔다고 생각한다"고 했고, 손학규 민주당 대표는 "'안철수 현상'은 정치권에 대한 경종"이라고 했다. 이회창 전 선진당 대표는 서울시장 출마를 고려 중인 안철수 교수에 대해 "간이 배 밖에 나왔다"고 혹평했다. 어쨌든 안철수는 정치권에 바람을 일으켰고 앞으로의 선거향방에 영향을 줄 가능성이 커졌다. 정치권과 언론이 안철수 행보에 관심을 가지지 않을 수 없는 이유다.

그동안 철옹성처럼 단단하게 보였던 '박근혜 대세론'은 '안철수 돌풍'에 흔들렸다. 언론에서는 '바람에 흔들리는 박근혜'라고 했다. 박근혜의 뿌리는 한나라당과 보수 세력이다. 한나라당과 보수 세력의 뿌리가 흔들리고 있는 터에 '안풍'이 불었다. 뿌리 흔들림은 이미 지난 2010년의 지방선거와 여러 사회 현상에서 나타났지만 '박근혜 대세론'에 묻혀 부각되지 않았다. 그러다가 이번에 뿌리 흔들림을 강하게 실감하게 된 것이다. 박근혜 진영은 한나라당 안의 친이 친박을 한데 묶고 보수 세력을 껴안으며 국민의 마음을 얻는 노력부터 하지 않고 막연히 대세론을 믿고 있을 여유는 없을 것이다.

여론은 대중의 공통된 의견이라고 하지만 어떤 사건이나 사태가 생기면 여론은 갑자기 변한다. 여론조사는 조사를 하는 한 시점의 단면이다. 민심은 시시때때로 변한다. 국민의 진정한 뜻이 어떤 환경에서 어떤 과정을 거쳐 표출되느냐에 따라 여론의 향방은 달라질 수 있는 것이다. 대세론도 민심의 소용돌이에 말리면 아무런 의미가 없다. 치솟았던 인기도 허상이 드러나면 거품처럼 꺼질 수도 있다.

■ 여론과 인기도 거품일 수 있다

박정희 대통령이 역대대통령 중 최고의 인기를 얻고 있는 까닭은 그의 경제적 업적 때문이기도 하겠지만 박 대통령 이후의 대통령들이 그를 뛰어넘을 업적을 보여주지 못했기 때문이다. 평가란 언제나 상대적인 것이다.

어떤 대선이든 중요하지 않은 적이 없었지만 2012 대선은 한국의 운명을 가를 중요한 선거다. 한국을 둘러싸고 있는 국제정세나 시대상황으로 미루어 보면 다음 대통령은 통일은 물론 한국사회의 선진화와 국민 통합을 이끌 수 있는 인물이어야 한다. 국가가 발전하려면 정치 지도자들이 제대로 방향을 잡고 국민들의 이해를 조정해서 국민의 뜻을 모을 수 있어야한다.

세계경제는 물론 한국경제는 위기다. 그렇지만 2012년 총선과 대선에서는 재정건전성이나 경제성장을 이끌어내는 정책은 뒷전이고 복지논쟁에 빠져들면서 좋은 세상 만들겠다는 구름 잡는 이야기만 만발할 것이다. 경제가 아무리 중요해도 정치의 타락을 극복하지 못하면 경제는 결국 늪에 빠질 수밖에 없다. 정치인들이 파는 함정에 빠지지 않으려면 국민들, 특히 유권자들이 현명해야한다. 그러나 선거바람이 크게 불면 현명하기에 앞서 분위기에 휩쓸리는 게 민심 아니던가.

모든 정당과 후보자들이 복지를 외칠 것이기 때문에 선택의 폭은 아주 좁다. 복지의 중요성은 아무리 강조해도 좋다. 하지만 경제성장과 재정건전성 등 복지확대를 가능케 할 바탕을 늘려가는 일을 소홀히 해서는 안 되는 것이다. 국민들은 생일 날 잘 먹자고 참고 견디려고 하지 않는다. 그런 성향 또한 정치인들이 부추긴 것이다. 정치에 한국경제가 가야할 길을 물을 수밖에 없는 게 안타까운 현실이다. 경제문제는 정치문제일 수밖에 없기 때문이다.

〈지역사회연구소, 지역사회, 2011년 가을호〉

Chapter 02

서울시 무상급식 주민투표는 끝났지만

서울시의 무상급식 주민투표가 개표요건인 투표율 33.3%를 넘지 못하고 무산됐다. 민주당과 한나라당의 복지정책 대결에서 민주당이 1차 승리를 거둔 것이다. 오세훈 서울시장은 투표결과에 책임을 지고 시장직을 사퇴했다.

투표의 결과는 엄중한 것이다. 하지만 과연 반겨야할 승리인가. '전면적 무상급식' 을 막으려고 홀로 뛴 오세훈 서울시장의 패배인가. 승리는 달콤해도 쓰디쓴 결과를 가져오는 경우는 흔하다. 무상시리즈 빗장이 풀리면 국가적 재앙이 오는 경우를 생각해보라. '승자의 저주' 라는 말이 왜 나왔겠는가. 패배는 몰락을 의미하는 건 아니다. '아름다운 패배' 라는 말도 있다. 복지 포퓰리즘에 제동을 걸겠다고 한 시도는 평가해야한다.

이번 주민투표는 단순히 서울시의 무상급식 문제가 아니었고 서울이라는 특정지역에 국한되는 문제도 아니었다. 대한민국 복지의 길을 묻는 투표였으나 답이 나오지 않았다. 아쉽게도 복지 포퓰리즘을 막아낼 중대한 기회를 날려 보내고 만 것이다.

투표결과를 놓고 민주당과 한나라당은 제 각기 해석을 달리 하지만 우리가 걱정하는 것은 한국의 미래다. 민주당은 이번의 승리로 보편적 복지정책 전반에 대한 국민의 지지를 받은 것처럼 행동하며 무상의료, 무상보육, 무상교육 주장을 펼칠 것이다. 민주당의 보편적 복지정책을 망국적이라고 비판하던 한나라당도 스스로 복지 포퓰리즘에 빠져들어 갈팡질팡하고 있다.

정치권 복지 포퓰리즘 우려돼

'보편적 복지냐, 선택적 복지냐'를 둘러싼 진짜 싸움은 내년 총선과 대선에서 벌어질 것이다. 여야 가릴 것 없이 포퓰리즘이라는 망국의 급행열차를 타고 표를 얻을 수만 있다면 더 많은 혜택을 베풀겠다고 경쟁하려 할 것이다. 곳간 사정을 따질 겨를이 있겠는가. 표만 얻을 수 있다면 무슨 짓이든 하는 게 정치권 아니던가. 그래서 더 많이 퍼주기 경쟁은 화려하게 펼쳐질 것이고 국민의 살림살이는 더욱 어려워질 것이다. 그게 곳간 사정 따지지 않는 퍼주기의 예정된 결과다.

지금의 세계경제 위기는 수출로 버티는 한국경제에 치명적이다. 세계경제전쟁에서 패배하면 버틸 길은 없다. 세계경제 위기는 각국 정부의 과도한 재정지출에 따른 재정악화 때문에 발생했다. 미국과 일본은 물론 서유럽의 경우가 다 그렇다. 그런 사정을 알면서도 재정지출을 늘려 복지천국을 향해 달리지 못해서 안달하고 있는 게 오늘의 한국이다.

학생들에게 교육의 본질과 관계없는 점심먹이는 문제로 이처럼 시끄러운 나라가 또 있을까. 학교는 근본적으로 밥을 먹이는 곳이 아니다. 밥만 먹이면 아이들이 자라는 것도 아니다. 한국교육의 과제는 수두룩한데 학생들에게 공짜로 점심먹이는 일이 중요한 교육이슈가 돼있는 것 자체가 한심한 일이다.

능력에 걸맞게 복지 늘려야

복지확대가 좋은가 나쁜가를 묻는 건 어리석다. 복지 확대를 누가 반대하겠는가. 복지는 결국 돈 문제다. 재원 마련할 방안도 챙기지 않고 지속 가능한지도 외면하며 통 큰 복지만을 외치는 게 문제다. 고복지(高福祉)는 고부담(高負擔)의 다른 표현이다. 복지증대는 세금을 늘리거나 국가부채의 증가로 이어지고 국가부채는 다음 세대에게 빚더미를 안기는 것인데도 지금 외상으로 황소 잡겠다며 호기를 부리는 것이나 다름없다.

정부는 무한정 퍼줄 수 있는 돈 보따리를 갖고 있다고 착각하고 있는가. 정부가 무엇이든 공짜로 해줄 것이라고 말하는 건 일종의 기만이고 사기다. 국민이 공짜에 기대고 정부는 무한정 베풀기만 하던 영국이 앓던 병이 '영국병' 이었다. 1980년대 영국의 대처수상이 영국병을 고치는데 앞장섰다. 지금 한국사회는 '영국병' 을 뺨치는 '한국병' 이 곳곳에 번져있다.

복지 광풍(狂風)을 막아내고 경제능력에 걸맞게 복지를 늘려가야 한다고 말하는 정치인은 왜 없는가. 세금을 많이 내자고 국민을 설득하지 못하면서 복지에 대한 기대수준을 높이는 행동은 치졸하고 비겁하다. 정치인들이 복지를 들고 나오면 재앙이 온다는 건 이미 여러 나라의 경험에서 밝혀졌다. 복지 포퓰리즘은 망국으로 가는 내리막길임을 복지천국을 지향했던 나라들의 몰락이 말해주고 있지 않은가.

〈중소기업뉴스, 2011.8.29〉

Chapter 03

서울시장 보궐선거 결과를 보고 생각나는 것들

10·26 재·보궐 선거가 끝났다. 서울시장에 무소속으로 나선 야권의 박원순 후보가 한나라당 나경원 후보를 이겼다. 한나라당은 기초단체장 11곳 중 후보를 낸 8곳에서 전승했지만 서울시장 자리를 잃어 한나라당이 패배한 선거처럼 됐다. 서울시장 자리의 중요성과 그 무게 때문이다.

서울시장 선거는 내년 총선과 대선의 전초전 같이 전개, 안철수 서울대 교수가 등장해서 박근혜와 대리전을 치르는 모양새가 됐다. 안철수 돌풍의 위세는 감지됐고 한나라당과 박근혜 대세론은 타격을 입었다. 민주당이 입은 상처는 더 크다. 제1야당 민주당은 후보도 내지 못하고 무소속 후보를 '우리 후보' 라며 지원했지만 조연에 불과했고 범(汎)야권 중심의 새로운 정당 창당 가능성도 비쳐지고 있어 승리에 웃을 여유가 없다.

이번 서울시장선거는 기성정당과 시민사회세력이 맞붙은 희한한 선거였고 소셜네트워크서비스(SNS)가 정치판을 뒤흔들고 위력을 발휘한 새로운 형태의 선거였다. 정당정치가 무장해제를 당한 셈이다. 민주정치는 의회정치이고 정당정치인데 정당정치를 통한 대의정치가 심각한 위협을 받았다. 그동안 의회정치는 떼쓰기와 기 싸움에 밀려 다수결 원칙은 실종됐다. 특정 지역을 기반으로 하는 정당은 국민의 불신을 받았고 국민의 환심을 사서 표를 얻으려고 퍼주기 식 복지보따리 풀기에 매달린다. 예산이나 재정사정은 아예 따질 생각이 없다. 정치인의 가슴에 훈장이 번쩍이면 국민의 가슴은 멍들고 특히 국가부채를 갚아야할 청년들의 미래는 어두워진다. 정치인들이 신나는 놀음으로 쟁취한 훈장은 청년들의 미래를 빼앗은 전리품이나 다름없다.

정치인들의 훈장은 청년들의 미래를 빼앗은 전리품

박원순 서울시장은 이제 편 가르기나 자신과 다른 생각을 가진 세력을 배척하며 우리 사회를 분열시키는 일은 접어야 한다. 사실상 정치활동을 한 안철수 교수는 이제 학자의 길을 갈 것인지 정치인으로 나설 것인지를 분명히 하는 게 옳다.

정치인들은 무엇이든 할 수 있다고 생각한다. 국가든 지자체든 기업이든 가정이든 어떤 일을 하려면 자원의 한계에 부딪힌다. 국가는 적자예산으로 일을 벌일 수 있지만 그건 결국 국가부채를 남긴다. 그리스의 재정위기는 국채를 팔아 복지에 충당하다가 국가부도상황에 이른 것이다. 능력이상으로 일을 벌이다가 거덜 난 국가는 그리스뿐만이 아니다.

그리스 정부가 재정긴축정책을 들고 나오자 국민들은 긴축반대 데모를 벌인다. 그것도 주말에는 쉬어야하기 때문에 주중에 벌인다. 복지 보따리를 한 번 풀면 다시 졸라매기 어렵다는 걸 그리스는 보여주고 있다. 우리 사회는 어느새 복지 보따리 풀기에 동참하지 않으면 시대정신이 없는 사람으로 몰리는 판국이다.

지속가능한 복지돼야

선거는 끝났다. 시간이 지나면 또 다른 선거가 이어진다. 이기고 지게 돼 있는 게 선거다. 경제전쟁은 선거와는 다르다. 모두가 살아남아야한다. 그러려면 국민의 마음을 한데 묶어 우리 앞에 놓여있는 과제를 해결하는 일에 매달려야한다. 복지를 외치기 전에 복지가 지속 가능한가를 따져야한다. 지속 불가능한 복지는 나라 망하게 하는 핵폭탄이나 다름없다.

국민을 먹이고 살리는 건 정치인이 아니라 기업이다. 중소기업을 위한다고 하지만 말만 무성하고 알맹이가 없다. 대기업을 족치면 중소기업이 살 것이라는 착각도 한다. 국회 환경노동위원회는 정리해고자를 1년 이내에 재고용하고, 1인당 2000만원 한도 내에서 이들의 생계비를 지원하라는 내용의 한진중공업에 대한 권고안을 채택했다. 한진중공업은 국영기업이 아닌데도 국회는 불법을 비호하고 노사교섭 관행 정착에 심각한 악영향을 주는 잘못된 결정을 했다. 앞으로 노동자는 요구가 관철되지 않으면 사업장에서 제일 높은 꼭대기로 올라가 문제를 풀겠다고 하지 않겠는가. 국회결정은 그런 메시지를 준 것이나 다름없다.

세계경제의 먹구름은 몰려오고 있다. 급한 건 일자리 만들기와 능력에 걸맞는 일을 기획하고 실천하는 국가경영이다. 국민을 기만하고 미래를 갉아먹는 정치 끝내고 국민을 먹고살게 하는 그런 정치 기대하는 건 무리일까.

〈중소기업뉴스. 2011.11.2〉

Chapter 04

대통령은 국가비전 보여라

대통령은 국가를 이끌어 가는 최고 리더다. 리더는 골을 직접 넣는 골게터가 아니다. 유능한 선수를 골라 능력에 알맞은 자리를 맡겨 게임을 승리로 이끌어내는 감독이요, 모든 연주자가 필요한 때에 제 역할을 하게 하는 오케스트라 지휘자다.

그렇지만 대통령은 전지전능할 수 없다. 그래서 참모가 필요하다. 노무현 대통령 스스로는 대통령은 강자가 아니란 말도 했다. 하지만 헌법에 규정돼 있는 권한만 해도 대통령은 막강한 힘을 행사할 수 있다. 강자가 아니라면 말한마디로 계속 추진돼오던 국책사업 공사를 어떻게 중단시킬 수 있고 고속철도 역을 추가로 건설하라고 할 수 있겠는가.

최고 리더인 대통령이 갈등의 중심에 서 있기도 하고 대통령의 발언이 시비의 대상이 되고 있는 건 안타까운 일이다. 어느 장관을 두고 "최대한 키워 주겠다"고 했고, "내게 법칙만을 강요하지 말라" "정부가 노동자에게 좀 양보했다 해서 무슨 죽을죄를 지은 것처럼 몰아붙이느냐"고도 했다. 대통령이 어떻게 특정 장관을 키워준다는 말을 할 수 있는지 알 수가 없다.

참모들 잇단 실언이 혼란가중

장관을 비롯한 참모들은 어떤가. 위도 핵폐기물 처리장 건설 문제로 부안군수가 집단폭행을 당하는 등 사태가 악화된 것도 주민들에게 현금 보상이 따를 것이라는 분위기를 연출했기 때문이다. 산자부장관은 사태를 개선하고자 "위도에 대통령 별장 설립 건의를 검토 중"이라는 발언을 했다. 이에 대해 아이디어 수준의 정책 발표를 하지 말라는 청와대의 질책이 뒤따랐다. 판교 학원단지 조성 계획 발표와 이의 백지화 선언은 '신중하지 못한' 정부의 난맥상을 보여주는 또 다른 사례다.

대통령 스스로도 유감을 표했는데 당시 해양수산장관은 "태풍 때 대통령은 뮤지컬을 보면 안 되나"라는 발언으로 물의를 일으켰다. "초중고 12년 동안 존경하는 선생은 한 명도 없었다. 아이를 사랑하지 않는 선생들이 많은데 그 중 몇 놈 교장·교감되는 게 의미 있는가"라는 한심한 말을 하고, 이에 교사들이 항의하자 사죄하는 큰절을 하기도 했다. 결국 취임 2주일 만에 경질되는 웃지 못 할 일도 일어났다.

법무장관은 민감한 시기에 "(송두율 씨가) 김철수라고 하더라도 처벌할 수 있겠나"라는 신중하지 못한 발언을 해서 사법 처리 방향을 미리 정해 놓은 것이라는 관측을 낳게 했다. KBS 사장도 송 교수를 미화(美化)하는 방송을 해서 국민에게 혼란을 주었다고 사과했다.

국민에 코드 맞춰야 난국타개

국방장관은 지난 1일 국군의 날 행사에서 대통령에게 우산을 받쳐 주는 모습을 보였다. 군 통수권자인 대통령을 존경하는 건 당연하다. 하지만 경호원이 우산을 받쳐 주었거나 대통령이 직접 비를 맞았더라면 훨씬 멋있었을 것이다. 이런 점까지 살펴 보좌하는 참모가 없다는 게 아쉽다. 청와대 정무수석은 이라크 파병 반대 입장을 밝혀 말썽이 나자 "사견"이라느니 "취중에 한 이야기"라고 했다. 대통령 비서의 말은 대통령의 뜻을 담고 있는 것으로 비치게 돼 있다는 걸 모른다는 말인가.

장관들이나 비서진의 사려 깊지 못한 언동은 대통령에게 누를 끼친다. 임명권자가 그 책임에서 자유로울 수 없기 때문이다. 이른바 '코드인사'는 지난 시절 특정 지역 특정 학교 출신을 중용하는 인사에서와 같이 국민들의 마음을 아프게 하고 또 불안을 느끼게까지 한다. 국정을 펴나가려면 뜻을 같이하는 사람들로 팀을 짜는 것은 옳다. 그러나 코드는 국민에게 맞춰야 한다. 어떤 자리에 더 적합한 사람이 있는데도 다른 사람을 임명하면 '국가에 대해 죄를 짓는 것'이라는 게 일찍이 존 스튜어트 밀(J. S. Mill)이 '자유론'에서 한 말이다.

국정 과제는 쌓여 있고 풀어야 할 과제는 계속 생겨난다. 따라서 정부는 모든 일에 신속하고 효율적으로 대처해야한다. 그런데 '정부는 심부름센터 수준'이라는 위도 주민 대표의 평가가 어쩐지 정곡을 찌르는 것 같다. 이제 경제 좀 챙기자. 수십만 명의 젊은이가 놀고 있는데 어떻게 우리의 미래가 보장되겠는가.

총선도 정치 개혁도 중요하지만 경제가 죽으면 그 모두가 헛것이 된다.

무당적(無黨籍) 대통령이 민생과 경제 챙기기에 주력할 것이라고 한다. 국민은 지금 당장 어렵다고 참지 못하겠다는 게 아니다. 국민은 난국을 돌파하려는 리더의 의지와 비전을 기대하고 있는 것이다.

〈문화일보, 2003.10.3〉

Chapter 05

고위 공직자의 도덕성과 전문성

– 고위직 인사 더 깊게 널리 구해야

올 들어 4명의 장관급이 물러났다. 정책실패가 아니라 모두 부동산과 자녀 관련 의혹이 문제가 됐다. 이번에는 도덕성을 유독 앞세웠던 국회의원 두 사람이 위장전입으로 땅을 사들여 차익을 남겼다는 의혹을 받고 있다. 본인들은 '투기 의도는 없었다' 고 했다. 그렇게 산 땅을 상속받은 재산이라고 신고했다는 것도 알려졌다. 아직 사실이 제대로 밝혀지지 않았지만 장관들에게 적용된 도덕성 기준이 국회의원에게는 적용되지 않는 것인지는 두고볼 일이다.

20, 30년 전 돈 있는 사람들 중 상당수는 땅이든 아파트든 부동산투자로 재산을 불리려고 했고 그건 예사로운 일이었다. 그게 문제라고 생각하지도 않았다. 과거의 일로 곤혹스러운 일을 당하는 사람들은 억울하다고 생각한다. 오늘의 잣대로 과거를 재단하는 데에 무리가 따르는 건 사실이다. 그렇다고 과거 잘못을 두둔할 수는 없다.

문제에 연루된 고위공직자는 사실을 제대로 해명하거나 잘못을 시인하지 않는다. 물러나는 것으로 책임을 다했다고 생각하는 것인지 책임을 지겠다는 말도 아낀다. 그래서 국민들은 울분을 삭이기 어렵고 때로는 허탈해하는 것이다. 1972년에 일어난 워터게이트 사건으로 닉슨은 대통령직에서 물러났다. 민주당 사무실에 도청장치를 설치하려했던 사실 자체보다도 그걸 감추려고 거짓말한 것을 당시 미국여론은 용서하지 않았다.

여론 밀려 사퇴 옳지 않아...책임회피

보통 사람은 자기 잘못을 인정하고 싶어 하지 않는다. 그게 인간 본성일지 모른다. 로버트 스티븐슨은 '지킬박사와 하이드' 에서 인간은 선한 면과 악한 면을 가지고 있다는 걸 그려냈다. 2차대전 후 유대인 학살의 총지휘자였던 아이히만의 범죄사실을 증언한 사람은 가스실에서 살아남은 여인이었다. 그 여인은 법정에서 아이히만을 본 순간 졸도했다가 다시 깨어나서 한 말은 "악마의 얼굴이 저렇게 평범할 줄이야"라는 것이었다. 악한 자는 소설에만 있는 것도, 괴물의 모습을 하고 있는 것도 아니다. 바로 우리 곁에 있는 것이다.

위대한 사상과 업적을 쌓은 사람들에게도 양면성은 있었던 것 같다. 노동자를 착취하는 자본주의사회의 모순을 연구했던 카를 마르크스는 그의 집에서 45년 간 일했던 하녀에게는 한 푼의 임금도 지불하지 않았고, 자신의 아이를 낳게 해놓고 그 사실 자체를 부인하고 책임도 회피했다. 톨스토이는 사창가를 드나들면서 여성과의 교제가 사회악이라고 주장했는가 하면, 헤밍웨이는 습관적 거짓말쟁이였다. 폴 존슨이 '지식인의 두 얼굴' 이라는 책에서 밝히고 있는 내용이다.

이런 양면성이 고위직 인사들이라고 해서 왜 없겠는가. 하지만 그들에게는 보통 사람보다 높은 도덕적 책무가 부여돼있다. 그것도 모르고 비리를 저지르고 재산 불리는 일을 하면서 애국자, 도덕군자처럼 행세하는 걸 참을 수는 없다.

이런 저런 의혹에 연루되는 자는 그 자리에서 물러난다. 당연한 일이다. 하지만 공직사퇴로 불법행위를 덮을 수 있는 것은 아니다. 실상이 밝혀져야 한다. 그렇지 않으면 의혹은 의혹대로 남거나 증폭된다.

인사검증 시스템 보완 지혜모아야

이헌재 부총리 사퇴문제에 언급하면서 노무현 대통령은 여론재판에 굴복할 수밖에 없었던 상황을 개탄했다. 사실관계를 먼저 밝히지 않고 여론재판을 개탄하면서 여론에 밀려 장관직을 그만두게 한 것은 옳지 않았다.

김대중 대통령 시절, 청와대 고위관계자는 "총리후보 30명 이상을 검증했는데 문제가 전혀 없는 사람은 극소수에 불과했다"고 밝힌 바 있다. 털어보니 거의 모두 먼지가 나더라는 이야기다. 공직자에게 높은 도덕적 기준을 요구하는 것은 옳다. 그렇다고 해서 예컨대 부동산과 아들 군복무관계에 문제가 없는 사람을 무난한 사람이라고 뽑아 나라 일을 맡길 수는 없다. 우리편 사람 쓰겠다는 좁은 생각 거두고 능력을 가진 인사를 널리 구해야 나라가 산다. 두 얼굴을 가진 사람을 구분할 줄 아는 지혜가 필요한 것이다.

〈 문화일보. 2005.4.6 〉

Chapter 06

정부는 '하고 싶은 일' 아닌 '해야 할 일' 해야

지난 7일 언론사 편집·보도국장들을 청와대로 초청한 자리에서 노무현 대통령은 우리 경제를 밝게 전망했다. 부동산투기만은 반드시 뿌리 뽑겠다는 의지도 다시 천명했다. 그러나 국민들은 불안하다. '한국경제 완전회복'이라고 했지만 경제는 더 나빠졌고 부동산은 반드시 잡겠다고 수없이 다짐했어도 결과는 그 반대였기 때문이다.

한국 CEO포럼이 8일 실시한 설문조사결과를 보면 응답자의 70%가 한국경제는 장기불황에 들어섰다고 진단하고 있다. 한국경제는 일시적 경기위축이 아니라는 이야기다. 서강대 경제연구소와 경제오피니언 리더스 클럽이 기업인과 경제담당 언론인을 대상으로 실시해 11일 발표한 설문조사결과는 불황의 가장 큰 원인으로 '정책불투명과 리더십부재'를 꼽고 있다.

이러한 두 설문조사결과는 새로운 뉴스가 아니다. 이미 많은 국민들이 알고 있는 사실을 다시 확인해주고 있을 뿐이다. 최근 몇 년간 설비투자는 감소-증가를 반복하면서 제자리걸음을 했다. 수지맞는 투자사업을 찾지 못해서도 그랬지만 정부정책이 어떻게 바뀔지 몰라 기업은 투자를 망설여왔다. 각종 규제도 투자부진을 초래한 요인이다. 노동계의 파업은 또 어떤가? 경제는 내리막이고 일자리가 없어 파업조차 못하는 사람들이 즐비한데 노동계는 시도 때도 없이 거리로 나선다.

기업환경 악화불구 정치게임 몰두

이는 무엇을 의미하는가? 경제를 이끌어 가야할 기업은 발목이 붙들려 있거나 기업환경은 악화돼있다는 이야기다. 불황 탈출은 시급하지만 불황을 벗어난다고 해서 경쟁력이 강화되는 것은 아니다. 무엇보다 성장잠재력 제고와 경쟁력 강화가 중요한 과제다. 그 해법은 기업의 투자활성화에서 찾아야 하는 것이다.

올 연초만 해도 경제를 국정의 우선순위에 두겠다고 대통령은 다짐했다. "경제를 직접 챙기겠다"는 발언도 여러 차례 있었다. 하지만 그 동안 경제를 얼마나 챙겼는가? 이제는 대통령이 주재하던 경제민생점검회의를 총리가 맡는다. 대통령은 더 중요한 국정과제에 집중하겠다는 것이다. 이 시점에서 경제 살리기보다 더 중요한 국정과제가 있는가? 최근 장관 및 공기업 사장 등의 인사와 연정(聯政)발언 등에서 보듯 대통령은 경제를 챙기기보다 정치게임에 몰두하고 선거에 '올인' 하는 것 같다.

최근 노무현 대통령은 "여소야대 구도에서 대통령이 경제도 살리고, 부동산도 잡고, 노사문제도 해결하라고 하는 것은 정상이 아니다"라고 했다. 대통령에게 많은 기대가 걸려있는데 이러한 발언은 분명 정상이 아니다. 불황은 정부의 능력부족 때문인데 여소야대에 그 탓을 돌릴 수는 없는 일이다.

부동산투기도 정부가 사실상 조장해놓지 않았는가? 부동산이 뛰는 원인을 따지려 않고 투기를 억제하겠다한다. '헌법만큼 바꾸기 힘든' 부동산정책을 만들겠다고 하지만 이것은 다음 정부의 정책까지 볼모로 잡겠다는 발상이다. 수도 이전이 안 되니까 행정도시에 매달리고, 176개 공공기관 지방이전에다 혁신도시 건설 등으로 전 국토를 부동산투기장으로 만들어 놓은 게 정부다. 성장이냐 분배냐를 따지면서 시간 낭비하고, 국가보안법·과거사법·사학법·신문법 등에 매달려 있었는데 경제가 활기를 띤다면 그게 오히려 이상한 일이 아니겠는가?

'하고 싶은 일'이 아니라 '해야 할 일' 해야

정부는 '하고 싶은 일'을 하는 게 아니라 '해야 할 일'을 우선순위에 따라 해야 한다. 아무리 유능한 정부라도 모든 일을 한꺼번에 다 할 수 없다. 정부가 지금 하려는 일에 얼마나 많은 돈이 들어가며, 또 그 일이 경제 살리기와 한국경제의 경쟁력 강화에 얼마나 도움이 되는 것인지 한번 따져 보라. 한국경제가 불황의 늪에 빠져 헤어 나오지 못하는 까닭을 알기는 어려운 일이 아닐 것이다.

〈문화일보, 2005.7.12〉

Chapter 07

왜 신문을 규제하려 하나

잘 팔리는 상품은 품질이 좋거나 값이 싸거나 어쨌든 그럴 만한 까닭이 있다. 표를 많이 얻는 정치인이나 독자가 선호하는 신문도 이와 마찬가지다. 독자들이 많이 읽는 신문을 규제하려는 신문 관련법이 많은 논란 속에 시행됐다. 1개 신문의 시장점유율이 30%, 상위 3개 신문의 시장점유율이 60%를 넘으면 '시장지배적 사업자'로 규정, 발행 부수를 억제하겠다는 내용이 법 안에 들어 있다.

정부는 언론의 건전한 발전과 독자의 권익을 보호하기 위해서라는 이유를 대지만, 정권에 비판적인 신문을 규제하고 우호적인 매체를 육성하겠다는 의도라는 걸 모를 사람은 없다. 이 법의 위헌성은 이미 수없이 지적됐고 헌법소원이 제기돼 있다.

신문의 시장점유율은 독자들이 자유롭게 선택한 결과다. 그런데 그걸 규제해서 독자의 권익을 보호하겠다고 하는데, 그렇다면 정당과 정치인이 표를 많이 얻는 것도 규제하면 유권자의 권익을 보호할 수 있는 것인가?

시장점유율은 독자가 선택한 결과

점유율 30%와 60%를 여러 경우에 적용해보면 어떤 결과가 나올까? 국회 의석 점유율을 제1당 30%, 3당 합쳐 60% 이내로 규제한다면 군소 정당의 다수 출현을 제도적으로 보장하게 될 것이다. 1982년 프로야구 출범 이후 23년 동안 해태(기아) 타이거즈는 9회 우승하여 우승점유율이 39.1%였고, 현대 유니콘스는 4회(17.4%), 두산(OB) 베어스는 3회(13%) 우승함으로써 3개 팀의 우승점유율은 69.5%였다. 따라서 기아 타이거즈는 2010년까지 우승해서는 안 되며 나머지 두 팀과 기타 팀들(삼성·LG·롯데 각 2회 우승)도 우승점유율이 3위 안에 든다면 제동이 걸린다는 계산이 나온다. 어느 축구팀에서 한 선수가 팀 득점의 30%, 세 선수가 60% 이상을 차지하는 경우 그들은 더 이상 골을 넣을 수 없다.

신문을 독과점(獨寡占) 규제로 묶으려는 것은 자유시장경제 질서를 허무는 행위다. 더욱이 기존의 공정거래법(시장지배적 사업자의 추정을 '1개사 50%, 상위 3개사 75%'로 하고 있는)보다 강화된 기준을 신문에만 적용하려는 것은 언론의 기능을 옥죄겠다는 게 아닌가? 방송은 4개 지상파 방송사가 과점(寡占)한 상태인데 왜 규제 대상이 아닌가? 방송과 인터넷 매체의 약진 등 언론 시장 전반에서 신문이 차지하는 비중은 줄어들고 있는데 유독 신문사업자에 대해 점유율을 규제하는 것은 정권의 속내를 드러내는 치졸한 짓이다.

모든 기업은 제품의 시장점유율을 높이려고 애쓴다. 그 결과 독점적 지위를 일시적으로 누리는 기업이 생긴다. 하지만 그 지위는 오래 지속된다는 보장이 없다. 국내외적으로 잠재적 경쟁자와 대체품이 출현, 독점적 지위를 위협할 가능성이 크기 때문이다. 시장을 더 넓히려는, 또 시장을 빼앗으려는 기업 간 경쟁은 치열하게 벌어진다. 그게 자본주의 시장경제 체제의 발전 법칙이다.

신문끼리만 경쟁하는 것은 아니다. 인터넷신문은 물론 방송 라디오 잡지 등이 모두 신문의 경쟁 상대다. 독자가 외면하는 신문은 버틸 수 없다. 그런데도 도태돼야 할 신문을 정부가 국민의 세금으로 살리려고 한다. 어떤 명분을 내세우든 옳지 않은 일이다.

■ 신문 간 공정경쟁 막는 행위 단속을

현재 일부 신문의 시장점유율이 높다 하더라도 시간이 흐르면 상황은 역전될 수 있다. 어떤 신문이 살아 남을 것인지 아무도 모른다. 신문이 하기에 따라 독자가 판단할 일인데 정부가 나서서 신문을 네 편 내 편으로 갈라 죽이고 살리려고 한다. 정부의 오만이고 오판이다.

정당과 정치인에게 표를 던지는 것은 소비자가 상품과 서비스를 선택하는 행위와 같다. 표를 많이 얻는 정치인을 규제하는 게 옳지 않다면 독자의 지지를 많이 받는 신문을 규제하는 것도 옳지 않다. 독과점 상태 때문에 신문시장이 왜곡돼 있다면 경쟁을 제한하는 불공정 행위를 막는 정책을 펴는 것이 옳다.

〈문화일보, 2005.8.5〉

Chapter 08

양극화 해소한다면서 국민 편 가르기는 왜 하는가

양극화가 올해 최대의 화두다. 노무현 대통령이 신년연설에서 양극화 해소문제를 제기하자 너도나도 양극화를 들먹인다. 양극화는 불균형적인 소득분배상태를 설명하는 말로 사용되었으나 이제 경제는 물론 사회전반에 걸쳐 선도부문과 낙후부문의 격차가 심화되는 현상을 모두 양극화로 설명하려한다.

양극화문제를 두고 여야의 시각은 판이하다. 지난 2월 국회에서 김한길 열린우리당 원내대표는 "양극화는 국제통화기금 관리체제의 여파와 땀 흘리지 않고 부(富)를 불려 가는 사람들 때문"이라고 했다. 다시 말해 양극화는 정책의 잘못, 즉 '내 탓' 이 아니라 '네 탓' 이라는 것이다.

이재오 한나라당 원내대표는 "노무현 정권의 반(反)시장, 반(反)기업, 반(反)서민정책 때문에 경제가 성장을 못해 중산층과 서민이 빈곤층으로 내몰리면서 최악의 양극화가 생겼다"고 했고, 이낙연 민주당 원내대표는 "노무현 정권의 양극화 제기는 선거용"이라고 했다.

부문 간의 격차는 어느 시대 어느 사회에도 존재한다. 경쟁사회에서 격차가 나지 않을 수 없다. 격차가 생기면 그 원인을 살펴 이를 해소하는 구체적 노력을 해야한다. 양극화문제를 떠들고 남의 탓으로 돌려서 해결할 게 아니다.

양극화라는 용어에는 함정이 있다

그런데 왜 올 들어 양극화를 강조하는가. 이낙연 민주당 원내대표의 지적처럼 선거용인가. 양극화란 용어에는 함정이 있다. 양극화는 분열적 개념이다. 세상사 모든 걸 이것 아니면 저것으로 둘로 나누어 설명하려는 게 가능하지도 않고 옳지도 않다. 잘사는 사람과 못사는 사람이 있는 건 사실이지만 잘 사는 사람들은 물론 못사는 사람들도 그 정도와 모습은 천차만별이다. 그런데 잘사는 사람과 못사는 사람을 각각 따로 묶어 양극화를 이야기하는 게 얼마나 부질없는 일인가. 중산층이 무너지고 있고 신(新)빈곤층이 늘어나고 있다는 사실에는 눈을 감고 있다. 기업의 경쟁력이 약화되고 있는 걸 보지 못하고 대기업과 중소기업의 양극화만 떠들면 무엇하나. 공교육이 붕괴되고 있고 교육의 질이 낮아지고 있는데 공부 잘하는 학생과 못하는 학생을 구별하는 게 얼마나 한심한 일인가.

양극화를 화두로 꺼내는 것은 결국 편 가르기 하자는 것이다. 소득불균형 또는 빈곤문제 해결이라고 해야 할 것을 양극화라고 표현하는 것은 그 동기가 순수하지 않고 어떤 정치적 목적이 있다고 할 수밖에 없다. 양극화는 이분법적 사고를 유발하게 되고 이는 편 가르기로 이어지기 때문이다. 그들과 우리, 강자와 약자, 지배자와 피지배자 등으로 나누고 분열을 조장하면 편이 갈린다. 편을 갈라 '내 편'을 많이 만들면 선거에서 유리할 건 뻔하다. 그래서 선거용이라고 하는 것이다.

한국은 소수의 승자만 존재하는 사회인가

분열조장은 청와대의 인터넷 홈페이지에서도 확인할 수 있다. '비정한 사회, 따뜻한 사회-양극화 시한폭탄 이대로 둘 것인가'라는 특집시리즈에서 우리 사회를 소수의 승자(勝者)만 존재하고 다수의 패자는 살 수 없는 카지노 경제로 비유했다. 우리 사회는 승자의 탐욕과 부도덕 때문에 빈곤의 문제가 생겼다는 설명이다.

정부는 빈부격차를 계속 제기해 '있는 자'와 '없는 자'로 가른다. 국민을 '잘 나가는' 20%와 '희망 없는' 80%로 나눈다. 일반국민의 정서적 분노를 끌어 올려 '희망 없는' 80% 국민의 표를 얻고자하는 속셈이라고 의심할만하다.

청와대 특집시리즈는 오늘의 양극화는 지난 1960~70년대 고도성장정책 때문이라고도 했다. 오늘날 분배를 강조할 수 있는 것도 지난날 고도성장의 덕택이었다는 걸 모르고 하는 소리다. 고도성장이 없었다면 지금 우리는 가난한 나라로 남아 가난의 평준화를 이루고 있을지 모른다. 1960년대 초 우리의 1인당 국민소득은 100달러도 안 됐다. 북한의 200달러, 필리핀의 240달러, 태국의 250달러 수준에 훨씬 못 미쳤고 인도, 스리랑카와 비슷한 수준이었다. 당시 절대빈곤을 탈출하기 위해 택한 불균형 압축성장정책을 시대상황이 달라진 이제 와서 탓하고 있다.

경제발전단계에 따라 풀어야할 경제문제는 각각 다르다. 올바른 정책은 그때그때 제기되는 문제에 적절히 대응해서 장단기대책을 세우는 것이다.

그런데도 남에게 또는 과거정권에 탓을 돌리고 스스로는 책임이 없다고 발뺌하는 건 현 정권이 무능함을 스스로 인정하는 것과 다를 바 없다. 과거 정책의 잘못으로 경제가 어려워졌거나 빈부격차가 벌어졌다면 그걸 개선하는 게 책임 있는 정부의 몫이다. 그런 정권에는 그에 걸 맞는 역사적 평가가 따르게 돼있다.

■ 양극화는 왜 심화됐고 어떻게 해소해야 하는가

그동안 노무현 정부가 한 일을 보자. 경제성장률 연평균 7% 달성을 목표로 내걸고 출범한 정권은 출범 초부터 성장이냐 분배냐를 놓고 논쟁만 벌였다. 과거사 청산, 신문관계법, 사학법, 국가보안법을 둘러싼 논쟁은 또 어떠했는가. 수도이전계획이 무산되자 수도를 분할하는 행정도시를 밀어붙이고 공공기관 지방이전계획을 서두른다. 전국의 땅값을 폭등시켰다. 기업을 규제하고 기업투자를 얼어붙게 했다.

말로는 경제 살린다면서, 경제에 '올인' 한다면서 실제로는 경제 살리는 일과 무관한 일을 하는데 경제가 제대로 굴러갈 리가 없다. 부동산값은 뛰고 경제는 굴러가지 않으니 서민들의 생활은 더욱 어려워진 것이다. 실업사태에다 부동산값이 뛰니 소득불균형뿐 아니라 자산불균형을 심화시킨 것이다. 누가 뭐래도 양극화를 심화시킨 건 노무현 정부다. 그래놓고 그 탓을 엉뚱한 데에 돌리며 양극화를 쟁점화하려는 것은 적반하장(賊反荷杖)도 도를 넘는다.

큰 강물도 여러 개의 개울에서 시작되듯이 양극화 원인도 한둘이 아니다. 원인을 제대로 밝히지 않고 양극화 해소한다고 국민을 편 가르고 갈등을 조장해서야 될 일인가. 기업을 규제하면서 세금을 더 거두고, 돈을 더 풀어 양극화를 해소하겠다는 건 옳지도 않고 가능하지도 않다. 지금은 잠시 잠잠해 있지만 어떤 형태로든지 세금은 더 거두게 돼있다. 재원이 없다고 하기 전에 정부지출이 효율적으로 이루어지고 있는지를 살펴야한다. 행정도시 건설 같은 불필요한 일만 접어도 될 일 아닌가. 정부의 능력은 무한하지 않다.

양극화 해법은 성장 통한 일자리 창출에 있다

양극화든 빈부격차든 이를 해소하는 최선의 방법은 경제성장을 통한 일자리 창출이다. 경제를 멈춰놓고 분배를 강조하다보면 인기주의나 복지병에 빠져 경제를 망친 나라의 전철을 밟을 뿐이다. 일자리 창출의 열쇠는 기업투자 활성화다. 기초생활이 어려운 빈곤계층에 대한 지원은 확대해야하지만 생활비 직접지원은 효과가 일시적이기 때문에 그들의 소득기회를 확대하고 자산형성을 도와야한다. 저소득층에게 교육기회를 확대하는 것은 무엇보다 중요하다. 돈을 풀어 빈부격차를 해결하려는 것은 부작용만 낳는 인기주의에 다름 아니다. 그들 스스로 대접받으며 일할 수 있는 길을 열어야하는 것이다. 용돈 벌이의 일자리가 아닌, 연속성을 갖는 제대로 된 일자리를 만들어야 한다. 제대로 된 일자리에서 일하고 이를 통해 스스로 일어설 수 있게 해야 하는 것이다.

정부가 앞장서서 양극화문제를 해소하겠다면 '큰 정부·작은 시장' 이 된다. 양극화 해소한다고 떠들고 분열을 조장하고 대책본부 같은 조직을 만들고 대책회의를 하는 건 일종의 전시효과를 노리는 것이지 진정한 해결책 아니다. 진정한 해법은 '작은 정부·큰 시장' 을 통한 경제 활성화에 있다.

(한국지역사회연구소,『지역사회』,2006년 신춘호)

Chapter 09

경제는 정치인이 잠자는 밤에 성장한다

경제가 어려워지는 요인은 한둘이 아니다. 하지만 경제문제를 정치논리로 접근하거나 어떤 이상(理想)적인 틀에다 맞추어 운용하면 경제가 멍이 든다는 건 분명하다. 예컨대 "하늘이 두 쪽 나도 부동산은 잡겠다"는 건 제대로 된 정책이 아니라 선언적 구호(口號)나 다름없다.

세무사찰로 세금폭탄으로 집값을 잡겠다는 건 부동산시장의 수요와 공급을 무시한 억지다. 부동산대책이 나올 때마다 부동산이 뛴 것은 잘못된 정책에 대한 시장의 보복이다. 행정도시 건설에 매달리고 공공기관 지방이전 등 각종 사업을 추진하면서 토지보상으로 풀린 막대한 돈은 서울 강남으로 신도시로 몰려 집값을 부채질하는 데 기여했다. 서민을 위하겠다는 부동산 정책은 서민을 울리고 중산층을 괴롭히는 결과를 빚고 있다.

경제는 언제 성장하는가. 정치인이 잠자는 밤에, 공무원들이 체육대회를 하는 동안에 성장한다는 말이 있다. 정치인과 관료들이 경제에 쓸데없는 간

섭을 하고 경제를 정치논리로 접근, 경제를 망친다는 걸 빗댄 말이다. 정치인은 그렇다 치고 관료들이 제 역할을 해야 하는데 요즘에는 정치인보다 한술 더 뜨는 관료들이 많아진 것 같다. 부동산 전문가로 자처하는 관료나 시장경제와 경제성장을 중시했던 관료가 정치권에 코드를 맞추는 일을 서슴지 않는다. 시대착오적 규제로 기업의 발목을 잡으면서 공정거래를 내세운다. 출자총액제한제도 폐지와 경영권 보장 등을 제안, 기업의 투자확대를 유도하겠다고 하던 여당대표의 '뉴딜' 구상은 이제 흔적조차 없어졌다.

정책 아닌 구호남발로 경제 살릴 수 없어

그런가하면 정치는 뜨거운 열기를 뿜을 채비를 하는 것 같다. 대통령 후보로 거론되는 인물들의 움직임이 언론에 자주 등장한다. 여당이자 원내 140석을 가진 다수당인 열린우리당이 명분이야 어떻든 대선후보를 찾거나 만들기 위해 당 해체작업을 서두르고 있다. 대선은 이미 시작된 것이나 다름없다.

지난 7일 김한길 원내대표는 국회교섭단체대표연설에서 "열린우리당의 창당은 우리 정치사에 기록될만한 정치실험이었지만, 이제는 정치실험을 마감하고 지켜야할 것과 버려야할 것이 무엇인지를 가려내서 또 한 번 시작하는 아침이 필요하다"고 했다. 새로운 당을 만들겠다는 의도를 사실상 공식화한 것이다. 정치를 실험으로 했다면 국민은 실험 대상이었다는 말이 된다.

정치실험에서 무엇이 잘못됐는가를 반성하고 국민에게 설명하는 게 마땅한 도리일 터인데 아무 말이 없다. 더욱이 '100년 정당' '20년 장기집권 정당' 이라고 호언장담하던 창당주역들이 당 해체작업에 먼저 뛰어들고 있다.

그러니 집권당이 경제에 관심을 둘 틈이 있을 턱이 없다.

국민들은 민주당 노무현 후보를 대통령으로 뽑았다. 대통령은 민주당을 떠나 새로 만든 열린우리당으로 옮겼다. 그런 당이 다시 해체된다. 민주당과 합치자거나 새로운 당을 만들자는 주장이 맞서 있다. 어느 정치평론가 말처럼 아파트 재건축을 둘러싼 논란 같은 걸 하고 있다. 아파트를 헐고 새로 지을 것인가, 리모델링할 것인가를 두고 논란을 벌인다는 것이다.

정책에 대한 심판기회 없애려고 정당이 간판을 바꾸는 건 뺑소니

국민에게 그동안의 정책에 대한 심판기회를 주지 않으려고 정당이 간판을 바꾸려는 건 교통사고 내고 도망가는 뺑소니차의 경우와 다를 바 없는 셈이고 유권자인 국민을 우롱하는 처사가 아닐 수 없다. 한나라당은 어떤가. 여당 실책의 반사이익에 안주하며 야당 역할을 제대로 하지 않는 한나라당을 집권정당으로 만들어 줄 것인가는 의문이다. 정치권이 알아야 할 것은 국민은 더 이상 어리석지 않다는 점이다.

내년 경제는 올해보다 더 나빠질 것이라는 전망이 지배적이다. 그러니 내년 대선에서는 경제 대통령이 되겠다는 후보들의 목소리는 높아질 것이다. 누가 대통령으로 뽑혀 집권하든 중요한 건 우리 모두가 잘 먹고 잘 살 수 있는 길을 여는 것이다. 중국은 허허벌판에 공장을 짓는데 우리는 천문학적인 돈을 퍼부어 허허벌판에 행정도시를 만들겠다는 일들을 하니 누가 더 잘 사는 길을 가고 있는 것인가.

〈우리신문. 2006.11.10〉

Chapter 10

대통령의 자화자찬과 착각

"경제는 참여정부처럼 하라." 노무현 대통령이 '참여정부정책포럼'에서 한국경제가 지금 잘 나가고 있다는 걸 자신 있게 말한 대목이다. 국민일반의 평가는 이와 달라도 크게 다르다. 자화자찬도 정도가 있다. '부엌에서 숟가락을 얻었다'는 말은 대단찮은 일을 해놓고 성공이나 한 듯이 자랑하는 것을 비유하는 우리 속담이다. "자기를 찬미하는 자는 20인의 현인(賢人) 가운데 한 사람도 없다." 셰익스피어의 말이다.

노무현 정부 4년 간 연평균 경제성장률은 4.2%, 같은 기간 아시아 여러 나라보다도 낮았고 전 세계 181개국 평균성장률 4.85%에도 미치지 못했다. 성장률이 낮다는 건 그만큼 경제활동이 활발하지 못했거나 경제의 역동성이 떨어졌다는 걸 나타낸다. 그런데도 경제가 잘 나가고 있다니 답답할 뿐이다. 노무현 대통령은 후보시절 '임기 중 연평균 7% 경제성장'을 공약했는데 이제 와서 "지금 7% 경제성장률을 외치는 사람들, 멀쩡하게 살아

있는 경제 살리겠다고 하는데 무리한 부양책이라도 써서 경제 위기라도 초래하지 않을까 불안하다"고 야당의 유력한 대선주자들의 7% 성장률 공약을 문제 삼고 있다.

자기를 찬미하는 자는 현인(賢人)이 아니다

일자리는 어떤가. 청년실업자는 1백 20여만 명을 넘은 것으로 추산된다. 일자리 얻기는 하늘의 별따기나 다름없다. 20대에 취직하면 가문의 영광, 30대에 직장 다니면 동네잔치, 40대나 50대에 퇴직 안 했으면 국가적 경사, 60대에 은퇴 안 했으면 세계8대 불가사의, 70대에도 사업하고 있으면 한강의 기적이라는 말도 있다. 노무현 대통령은 5년 간 연간 50만개씩 250만개의 일자리 창출을 목표로 내세웠지만 일자리창출은 지난 4년 간 100만개에도 미치지 못했고 그중 괜찮은 일자리는 30만 7000개 늘어나는데 그쳤다.

국가채무는 2002년 말 133조 6000억 원에서 2006년 말 282조8000억 원으로 늘어났다. 올해 말에는 300조원이 넘을 것으로 전망된다. 그런데도 국가채무는 아주 낮은 수준이고 충분히 관리할 수 있어 걱정 없다는 소리만 한다. 여러 선진국은 정부지출 축소에 총력을 기울이며 작은 정부를 지향하는데 우리는 역(逆)주행을 한다. 공무원 수와 정부기구를 늘리고 행정도시 건설, 공공기관 지방이전, 각종 대형국책사업 등을 획책한다. 당연히 국가채무는 늘어날 수밖에 없다.

노무현 대통령은 "역대 어느 정부, 세계 어느 정부와 비교해도 당당하게 말할 수 있는 성과"를 거두고 있다고 한다. "경제를 원칙대로 운영한 결과 주가가 3배 이상 올랐다"고 자랑하며 "정부의 정책성과는 주가(株價)를 보는 게 정확하다"고 했다. 주가 상승은 세계적 추세이기도 하고 주가상승 요인은 복합적이다. 주가는 경제현상의 하나일 뿐 주가상승으로 모든 문제를 덮을 수 없는 것이다. 주가상승을 정책성과로 돌리고 싶겠지만 그건 억지에 가깝다.

정부 정책성과는 주가(株價)를 보는 게 정확하다?

2003년~2007년 5년 간 집행된 토지보상비는 87조 1000억 원이다. 이 가운데 김대중 정부에서 넘어온 26조 2000억 원의 보상비를 빼고 앞으로 집행할 혁신도시·신도시 등 2008년~2009년(매년 약 25조원씩)의 토지보상비를 합치면 노무현 정부는 모두 110조원의 토지보상비를 뿌리게 된다. 엄청난 규모로 풀린 돈은 부동산 투기 붐을 일으키는 데 한몫 했고 부동산 규제정책으로 갈 곳을 찾지 못해 증권시장으로 몰리기도 했다.

주가상승을 정책성과라고 자랑한다면 기업의 투자부진과 저조한 경제성장, 부동산값 폭등과 청년실업자 양산 등은 그 몇 배의 정책실패가 아닌가. 최고지도자의 경제인식이 이와 같다면 한국경제가 활기를 잃은 건 당연하다. 경제정책 제일 잘했다고 자만하거나 자랑하고 있으면 한국경제의 취약점과 해결해야 할 과제를 찾지 못한다. 이건 참으로 불행한 일이다.

〈코리아타운데일리. 2007. 6.28〉

Chapter 11

정부기능 재편하고 구조조정 해야

노무현 정부는 '일 잘하는 정부'를 자처하면서 공무원을 늘리고 정부기구를 확대했다. 복지 우선정책으로 경제는 주춤거렸다. 그런데도 노 대통령은 지난 6월 참여정부 정책포럼에서 한국 경제는 '역대 어느 정부, 세계 어느 정부와 비교해도 당당하게 말할 수 있는 성과'를 거두고 있다면서 '경제는 참여정부처럼 하라'고 자화자찬했다. 특히 지난 4년 간 세계 경제는 호황기를 맞았지만 한국은 세계평균보다 낮은 성장률을 기록했고, 청년 실업자가 늘어나는 등 어려움은 컸다. 그런데도 경제가 좋아졌다니 황당할 뿐이다.

전윤철 감사원장이 최근 "미래의 재정 건전성을 확보하기 위해서는 세계화 시대에 걸맞지 않은 정부 기능은 과감히 축소·개편하는 등 중앙정부의 기능 재편과 구조조정 노력을 지속적으로 전개해 나가야 한다"고 했다. 정부의 공무원 늘리기와 '과잉' 복지정책을 비판했다고 화제지만 당연하고 올곧은 지적이 아닌가.

그동안 정부는 과거사 청산, 국가보안법·사학법·언론관계법, 수도이전과 행정도시 건설, 전시작전통제권 환수 등으로 갈등을 증폭시키면서도 '하고 싶은 일'을 하느라 바빴다. 경제가 나빠진 건 당연한 결과다. 엉뚱한 공부를 하면서 밤을 새운다고 성적이 오르는가.

선진국 치고 '큰 정부'는 없다

정부는 해야 할 일이라도 우선순위를 따라야 한다. 자원은 한정돼 있기 때문이다. 정부가 국민경제의 능력을 뛰어넘는 일을 하게 되면 결과는 재정적자 증가에 따른 국가채무 증가와 정부 비대화다. 2003~2006년 4년 간 공무원은 4만8000명이나 늘어났고, 정권 마지막 해인 올해에도 1만4000여명이 더 늘어났다.

한국처럼 '큰 정부'를 지향하는 나라는 어디에도 없다. '작은 정부'를 만들어야 규제가 대폭 줄고, 민간의 움직임이 활발해지고, 국가경쟁력이 커진다. 국민은 하지 않아도 될 일을 하는 공무원을 부양할 까닭이 없는 것이다.

'일 잘하는 정부'를 지향한다는 정부가 국민 생활수준 향상이나 일자리 창출에 무엇을 얼마나 기여했는가. 18부 4처 17청의 정부기관도 모자라는지 이런저런 위원회는 35개가 넘는다. 정부 조직상 장관으로 호칭되는 자리는 무려 27개로 미국의 14개, 일본의 11개와 비교도 안 될 정도로 많다. 노 대통령은 "일 잘하는 공무원은 철 밥통이면 어떻고 금 밥통이면 어떠냐"며 "해야 할 일이 수없이 많아 결코 공무원이 많다고 생각지 않는다"고 했다. 이러니 정부가 커지는 건 당연하다.

장밋빛 일색 청사진으로 현혹 말라

'큰 정부'를 유지하는 비용은 국민이 부담한다. 복지 지출을 강조하고 가난을 정부가 책임진다는 정책은 그럴 듯하게 비쳐지지만 세금 증가와 저성장, 재정적자 누적이라는 대가를 치른다. 선진국치고 '큰 정부'를 지향하는 나라는 없다. 사회주의가 쇠퇴한 것은 '큰 정부, 작은 시장' 때문이 아닌가.

재정적자는 국채 발행으로 메울 수 있다. 국채를 발행하면 당장은 부담이 적은 것처럼 착시현상을 일으킨다. 재정 건전화를 가볍게 여기고 허황한 대형 국책사업을 벌이는 정부는 국민을 빚더미에 올려놓는 것이나 다를 바 없다. 희망사항을 나열한 장밋빛 청사진을 정책으로 내걸고 국민을 현혹해서는 안 된다.

정부가 어떤 정책을 어떻게 펴는지를 살펴야 한다. 아무리 좋은 일이라도 때가 있고 또 당연히 치러야 할 대가가 있는 것이다. 경제에 공짜가 어디 있는가. 한번 불어난 조직과 예산은 쉽게 줄어들지 않는다. 정부는 빚을 내는 손쉬운 정책을 택하기에 앞서 허리띠부터 졸라매야 한다. '작고 효율적'인 정부를 만드는 게 급하다. 정부 부처를 통·폐합하는 등 구체적 방법을 모색하는 건 다음 정부의 과제가 돼야 한다. 전윤철 감사원장의 지적에 답이 있다.

〈문화일보, 2007.9.4〉

Chapter 12

이명박 정부, '다시 뛰는 한국'을 만들어야

기억상실증에 걸린 환자가 병원을 찾았다. 기억을 되찾는 치료를 하면 시력이 손상될 가능성이 크다는 의사의 진단을 받고 기억 되살리기를 포기했다. 과거를 기억해내는 일보다 앞으로 어디서 무엇을 할 것이며 어디로 가야할 것인가를 보는 게 낫다고 생각했기 때문이었다. 꾸며낸 것이지만 미래의 중요성을 일깨워주는 이야기다.

해가 바뀌면 으레 희망을 노래하고 새로운 각오를 다짐한다. 한국의 2008년은 여느 해와는 다르다. 건국 60주년이자 이명박 정부가 출범하는 해다. 국민의 시선은 당선자와 그 주변에 쏠린다. 대통령 당선자는 재계 대표들과의 첫 만남에서 "과거에 얽매이지 말고 미래만 보고 나가자"며 투자 증대를 통한 일자리 창출을 당부했다. 새로운 분위기가 감지된다.

그동안 미래를 향해 뛰기는커녕 '대한민국은 정의가 패배하고 기회주의가 득세한 나라'라고 하는가 하면 대통령 스스로 문제를 풀어가기보다 문제를 제기하는 논객 역할을 하며 역(逆)주행을 거듭했다. 허송한 시간을 보상하려면 더욱 빨리 뛰어야한다. 경제는 물론 외교 안보 사회 교육 등 꼬이고 얽힌 걸 푸는 일을 비롯해 할 일이 많다. 그런 만큼 우선순위와 경중(輕重)을 가리는 지혜가 필요하다.

▪ 과거에 얽매이지 말고 미래보고 나가야

노래자랑대회에서 노래를 잘못하는 사람 뒤에 차례가 오면 웬만큼만 해도 청중이나 심사위원들에게 잘 한다는 느낌을 줄 수 있다. 이명박 정부는 노무현 정부의 잘못한 정책만 바로 잡아도 일단 박수를 받을 수 있다. 그런 점에서 행운이다. 하지만 그것만으로는 안 된다. 가창력이 있어야하고 국민에게 감동을 주어야한다. 국민의 기대수준이 너무 높기 때문이다. 기대가 높으면 실망 또한 클 수 있다는 점은 오히려 부담일 수 있다.

경제를 살리려면 노무현 정부가 시작한 대형 국책사업과 이명박 당선자의 공약사업도 다시 검토할 필요가 있다. 대통령에 당선됐다고 해서 모든 공약에 국민이 동의한 것으로 착각해서는 안 된다.

"나는 피와 땀과 눈물밖에 바칠 것이 없다." 2차대전 중 영국의 전시내각 수상으로 취임한 윈스턴 처칠의 의회연설 한 토막이다. 이명박 정부는 스스로 다짐하고 국민들에게도 땀 흘려 열심히 일할 것을 주문하라. 땀 흘리기를 마다하는데 경제가 활기를 띨 수 없다. 국민들 사이에 만연한 무기력증을 깨야한다.

7% 성장이나 일자리 300만개 창출 등 공약은 달성하기 쉽지 않다. 공급능력을 확충해야하고 생산성도 높여야한다. 숫자로 나타난 목표달성에 연연하지 말고 그런 방향으로 정책을 펴는 것이 중요하다. 경제체질이 바뀌려

면 시간이 필요하다. 기업의 투자도 하루아침에 이루어질 일인가. 교육개혁도 시간이 걸리는 과제다. 경제에 비약은 없다. 기적도 없다. 단기에 가시적 효과를 내려는 성급함에서 벗어나야 한다. 그러나 당장 할 수 있는 게 있다. 불법단속이다. 아무리 떼를 써도 불법은 통할 수 없다는 걸 보여라. 불법집단행동이 만연한 나라에서 기업투자가 늘어나고 일자리가 만들어질 수는 없다.

한국인은 환경만 좋으면 큰 일 할 수 있어

열심히 뛸 수 있는 환경만 만들면 엄청난 일을 이루어낼 수 있는 게 한국이고 한국국민이다. 1960년대 초 국민소득 100달러도 안 되는, 세계에서 가장 못사는 나라였던 한국이 이뤄낸 기적적인 경제성과를 되돌아보라. 한국이 이대로 주저앉을 수 있겠는가. IMF 외환위기 때 온 국민이 금 모으기에 자발적으로 동참한 일이나, 태안 앞 바다 기름 유출 사고 현장에 지난 연말까지 불과 3주 만에 50만 명이 넘는 자원 봉사자들이 달려가는 모습을 보라. 위대한 국민이 아닌가. 새로운 출발이다. 우리 모두 '다시 뛰는 대한민국' 을 만들어야한다.

〈코리아타운 데일리. 2008.1.2〉

Chapter 13

작은 정부 첫발은 떼었는데

공무원이 체육대회를 하거나 정치인이 잠자는 시간에 경제는 성장한다고 한다. 터무니없는 말이라고 치부할 일만은 아니다. 고개가 끄덕여진다. 오래전 노태우 전 대통령이 독일을 방문했을 때다. 한국의 반도체산업이 발전한 이유에 대한 독일 상공인들의 질문에 동석했던 어느 기업인이 "반도체산업이 신생 산업이어서 공무원들이 제대로 알지 못하는 사이에 발전했다"고 답변했다는 것이다. 이 역시 고개가 끄덕여진다. 노벨 경제학상을 받은 밀턴 프리드먼은 "경제를 살리려면 정부는 제발 가만히 있어라"라고 했다.

대통령직 인수위원회가 18부 4처로 돼있는 현행 정부조직을 13부 2처로 대폭 줄이겠다고 발표했다. 노무현 정부 들어 크게 늘어난 각종 위원회도 416개에서 201개로 줄이겠다는 것이다. 이명박 당선인이 각 정당을 두루 방문, 협조를 요청했지만 2월 임시국회에서 원안대로 통과될 것인지는 두고 볼 일이다.

정치권에선 통일부는 살려둬야 하고, 여성부도 살려야 한다는 등 반대의견을 내놓고 있다. 개편되는 정부 각 부처에선 산하 기관·단체를 동원해 조직적이고 구체적인 로비를 하는 정황들이 포착되고 있다. 누구나 작은 정부를 만들겠다는데 반대할 명분을 찾지 못한다. 총론엔 모두 찬성이다. 그러나 각론엔 반대다.

해양수산부 없애면 바다 포기인가

여성부를 없애면 여성의 권익은 팽개쳐지는가. 여성부가 필요하면 노인부나 장애인부는 왜 필요하지 않은가. 통일부를 없애면 반통일적이 되는가. 해양수산부를 없애면 바다를 포기하는 것인가. 섬나라 일본과 영국에 해양수산부는 없다. 과학기술부가 없어지면 과학기술이 퇴보하는가. 체육부가 문화체육부로 합쳐졌을 때 체육이 침체됐던가.

어느 정부부처가 살아남고 사라지느냐는 것은 공무원들의 관심사이지 국민의 관심사는 아니다. 정부조직을 축소해서 손해 보거나 불이익을 보는 국민은 없다. 지난 5년 간 공무원 수가 9만 5000명(철도청 공사화로 인한 3만 명 포함) 늘었다. 국민이 부담한 추가 인건비를 생각해 보라. 이미 존재하는 조직은 나름대로 존재할 이유가 있다. 명분이야 정부가 해야 할 일을 한다고 하지만 정부조직과 공무원을 유지하는 비용은 국민이 부담한다.

작은 정부는 세계적 추세다. 세계 모든 나라가 왜 작은 정부를 지향하고 있는가. 일본은 2001년 1부 22성·청에서 12성·청으로 대폭 축소했고, 영국도 같은 해 26부에서 18부로 줄였다. 최근엔 프랑스와 독일이 정부조직과 공공부문 개혁에 앞다퉈 나서고 있다. 이들 나라에서 공무원의 감축도 계속 추진하고 있다. 가난에 찌들어 살기 힘들었던 아일랜드는 불과 반세기

만에 유럽의 '빈국' 에서 '손꼽히는 부국' 으로 탈바꿈했다. 작은 정부를 만들고 재정 지출과 세금을 낮추는 파격적 정부 개혁을 이루었기 때문이다.

'부처 살아남기 로비' 정면 돌파해야

지난 5년 간 노무현 정부는 '일 잘하는 정부' 를 자처하면서 공무원을 늘리고 정부기구를 확대했다. 노무현 대통령은 "일 잘하는 공무원은 철 밥통이면 어떻고 금 밥통이면 어떠냐"며 "해야 할 일이 수없이 많아 결코 공무원이 많다고 생각지 않는다"고 했다. 이번 정부조직 개편에 대해서도 "작은 정부가 좋은 정부라고 검증된 바 없다"면서 비판하기를 주저하지 않았다.

정부조직을 축소한다고 해서 유능한 정부가 되는 것은 아니다. 국민이 바라는 정부는 작지만 유능한 정부다. 이 당선인이 거론한 '대불공단의 전봇대' 문제만 해도 정부가 해야 할 일을 안 한 극히 작은 사례의 하나다. 정부는 해야 할 일 빨리하고 중복되는 일 또는 하지 않아도 될 일에서 과감히 손을 떼라. 이번 정부조직 개편은 시작일 뿐이다.

〈한국경제신문. 2008.1.21〉

Chapter 14

'진짜 리더십' 필요한 이명박 정부

이명박 대통령은 지난 25일 17대 대통령 취임식에서 건국 60주년이 되는 2008년을 '선진화 원년' 으로 선포했다. 세계 최빈국이었던 대한민국이 그동안 이룩한 산업화, 민주화의 성취를 이어받아 선진국으로 진입하자는 포부와 목표를 천명한 것이다. 선진국으로 가는 길은 험하고 가파르다. 선진화를 이루려면 국민 통합과 경제 활성화, 법과 질서 확립이 필수적이다. 밀어붙여서 될 일은 아니다.

국정과제와 포부를 두루 언급한 취임연설에서 이명박 대통령은 '한강의 기적' 을 넘어 '한반도 신화' 를 만들자고 했다. 국민 섬기기, 경제발전과 사회통합, 문화 창달과 과학기술발전, 튼튼한 안보와 평화통일 기반구축, 국제사회에서의 책임 다하기를 국민에게 약속했다.

힘차게 첫발을 내디뎌야 할 이명박 정부는 출발부터 타격을 받게 됐다. 작고 효율적인 정부를 만들려는 시도가 정부조직법안 개정과정에서 차질을 빚은 것은 그렇다 치고 새 정부 장관후보 15명 중 3명이 국회청문회를 거치기 전 사퇴하는 일이 벌어졌다. 인사검증시스템에 구멍이 뚫렸다고 할 수밖에 없다.

출발부터 타격 받아

27일 열린 이명박 정부의 첫 번째 국무회의는 노무현 정부 인사인 한덕수 국무총리가 주재, 새 정부 조직개편과 관련한 법령 공포안 등을 처리했다. 26일 예정돼 있던 한승수 총리 내정자 임명동의안 국회표결이 연기됐기 때문이다.

3월 3일 이대통령 주재 첫 국무회의도 '기형적' 형태가 불가피해질 것으로 보인다. 노무현 정부 장관 가운데 3명에게 양해를 구해 장관직 사표는 수리하되 국무위원직만 유지토록 한 뒤 국무회의를 개최할 계획이라고 한다. '국무회의는 대통령, 국무총리와 15인 이상 30인 이하의 국무위원으로 구성한다' 는 헌법 조항을 충족해야하기 때문이다.

정부에 바라는 국민의 목소리는 다양하게 쏟아지고 있고 모두 희망을 이야기한다. 하지만 틀에 박힌 덕담보다 우리 앞에 놓인 과제 달성을 위한 결의를 다지는 게 옳다. 우리에게 중요한 건 앞으로 10년, 20년, 50년을 향해 계속 발전하는 대한민국의 모습이다. 그런 모습을 그려 가는 5년, 또 다른 5년이어야 하는 것이다. 해야 할 일과 안 할 일을 가려야 하고 해야 할 일도 우선순위를 따져야 한다. 노무현 정부의 실패는 좋은 교훈이다.

잃어버린 5년 또는 10년이라 하지만 정권이 바뀌었다고 해서 되찾을 수 있는 게 아니다. 곳곳에 깊이 박힌 대못은 전봇대처럼 쉽게 뽑히는 게 아니다. 경제성장과 조화시키지 않은 채 늘어난 복지지출을 줄이기가 쉬운가.

늘어난 공무원을 줄이기는 또 어떤가. 세금폭탄으로 지탄받는 부동산 정책을 바로 잡기가 쉬운가. 행정도시와 혁신도시 건설, 공공기관 지방이전 등 잘못된 걸 바로 잡기가 쉬운가. 대못을 뽑는 데도 5년 이상 걸릴 수 있다.

지난 5년 간 세계경제는 호황이었지만 그런 기회를 우리는 놓쳤다. 현재 세계경제환경은 세찬 폭풍우가 몰아닥치고 있다. 서브 프라임 모기지 사태와 경기침체 등 미국발 역풍(逆風)은 거세다. 원유가격은 치솟고 세계 금융시장은 불안하다. 세계적 스태그플레이션 가능성은 현실로 다가오고 있다.

대못 뽑는데 5년 이상 걸릴 수 있어

이명박 정부가 출범하면 경제가 곧 살아날 것이라고 기대하는 사람들이 많다. 먹고살기 어려운 서민들이 더욱 그렇다. 그러한 서민들의 기대와 여망은 쉽게 실망으로 바뀔 수 있다.

민심은 까다롭고 느긋하게 기다려주지 않는다. 그럴수록 눈앞의 성과를 탐해서는 안 된다. 동원할 수 있는 자원과 이룰 수 있는 목표를 냉정하게 파악해야한다. 세계경제의 흐름을 제대로 읽고 대처해야한다. 그렇기에 진짜 리더십이 요구되는 것이다.

이명박 정부가 내세운 '경제 살리기' 성공은 어떻게 국민의 신뢰와 호응을 얻느냐에 달렸다.

〈코리아타운 데일리. 2008.2.28〉

Chapter 15

장관 인사파동과 청문회 유감

'인사가 만사' 라는 말을 굳이 빌리지 않더라도 인재의 발굴과 기용처럼 중요한 건 없다. 더욱이 장관을 뽑는 일의 중요성은 말할 것도 없다. 인사에는 말도 많고 탈도 많은 법이라서 그런지 고위 공직자든 어떤 자리의 인사이든 언제 잘 됐다는 평가를 받은 적이 있었던가. 아무리 훌륭하다고 알려진 사람도 보는 각도에 따라 평가가 다를 수 있기 때문이다.

그러나 이번 장관인선과 국회청문회는 어느 때보다 더한 씁쓸한 뒷맛을 남긴다. 장관 후보자의 정책 수행 능력이나 전문지식 등에 대한 검증에서 문제가 드러나서가 아니라 부동산 투기, 탈세, 병역특혜, 이중국적, 논문표절 등에서 의혹이 불거져 일부 후보자들이 사임했거나 곤욕을 치렀다. 우리 사회의 수준이 그것밖에 안 되는지 한심하기 짝이 없다. 정부 요직 임명 대상자의 부동산 거래와 보유, 납세, 이중 국적 문제나 위법 여부는 관련 자료에 다 나와 있을 것인데 왜 그런 걸 제대로 검증하지 않았을까.

부동산 하면 '투기'라는 단어가 으레 따라 다닌다. 투자와 투기는 쉽게 구별할 수 있는 것도 아니고 실제로 구별할 수도 없다. "내가 하면 투자고 남이 하면 투기"라는 게 옳은 정의일지 모른다. 법을 어겼거나 탈세를 했다면 그게 투자든 투기든 책임을 물으면 된다. 그런데도 투기냐 아니냐를 따지고 있다.

장관인선과 국회청문회는 씁쓸한 뒷맛 남겨

청문회에서 "돈이 많은데 사회에 기부할 생각이 없느냐"는 질문에 "그럴 의사가 충분히 있다"는 답변도 있었다. 청문회장 분위기에서 어떻게 다른 답변이 나올 수 있겠는가. 질문을 던졌던 국회의원은 "약속하셨습니다"하고 다짐하면서 한 건 올렸다는 표정이었다. 청문회가 남의 재산을 헌납하라고 압박하는 곳인가.

"땅을 사랑해서 샀을 뿐 투기와는 전혀 상관없다"는 답변은 "술을 사랑한 것일 뿐 음주운전과는 전혀 상관없다"는 논리와 다를 바 없다. "검사결과 암이 아니라서 오피스텔을 남편에게서 선물 받았다"는 답변도 있었다. "부부가 교수인데 재산 30억 원은 다른 사람에 비해 양반인 셈"이라는 해명도 서민 울리기 좋은 발언이었다. "딸이 고등학교에 수석입학 해 수석을 유지하느라 스트레스를 많이 받아 국적을 포기하고 미국으로 갔다"는 해명도 있었다. 낙마한 후보자들에게서 주로 나온 발언이지만 옹색하고 황당한 변명으로 국민을 실망시키기에 부족함이 없었다.

도덕적으로 완벽할 수는 없겠지만 결정적 결함이 있는 자라면 공직을 사양해야 마땅하다. 실제로 이런저런 이유를 대며 장관직을 사양한 사람들도 있었다고 한다. 우리가 지도층에게 바라는 것은 노블리스 오블리주

(noblesse oblige)까지는 아니더라도 최소한 뻔뻔함과 천박함은 없어야 한다는 것이다.

뻔뻔함과 천박함은 없어야

이번 인사에 대해 야당과 일부에서 특정지역 편중 인사라고 평한다. 특정지역 사람이 내각에 많다고 하는 건 정치적 시각으로 보기 때문이다. 역대 정부는 내각 명단을 발표할 때마다 출신지역을 안배하는 모양새를 갖추려고 했다. 오늘날 주민등록표나 이력서에도 본적을 쓰지 않는 데 출신지역 따져서 무엇 하려는가. 특정지역 편중인사를 비호하자는 뜻은 결코 아니다. 문제는 좋은 사람을 골라 그에 걸맞은 자리에 앉혔는가를 따져야한다. 사리가 그러하더라도 우리 사회에는 국민정서라는 잣대가 있어 그걸 무시할 수 없는 게 엄연한 현실이긴 하지만. 축구대표선수들을 두고 어느 지역 출신이 많은가를 따지는 사람은 없는데….

인사청문회는 후보자를 흠집 내거나 호통치고 일갈하고 단죄하는 곳은 아니다. '정책 검증 청문회' 가 되려면 인재를 고르는 검증시스템을 손질해야한다. "그래, 바로 이 사람이야"라고 평가받는 사람을 뽑을 수는 없는 것인가.

〈코리아타운 데일리, 2008.3.6〉

Chapter 16

공천 물갈이, 개혁인가 학살인가

한나라당과 통합민주당은 현역·다선(多選)의원과 거물(?) 정치인을 대거 공천에서 탈락시켰다. 한편에서는 이를 개혁공천이라 하고 탈락자들은 음모 또는 학살이라고 반발한다. 특히 한나라당 박근혜 전 대표측 탈락의원들 중 일부는 '친박 무소속 연대'를 발족시켜 총선에 출마한다고 하고 당적을 바꿔 출마한다는 이야기도 들린다.

이회창 총재의 자유선진당은 여야 정당 탈락자를 영입하거나 영입하려는 움직임도 보인다. 정당이 이념으로 모인 정치단체라는 건 교과서 이야기이지 실제로는 선거 치르기 위한 애매한 동맹에 불과하다고 하는 게 옳을 것 같다.

공천 갈등을 계파 이해다툼으로 보는 시각이 없는 것은 아니나 공천 물갈이는 잘 한 일이라는 국민도 많다. 현역의원들에게 실망하고 있다는 증거다. 하지만 현역의원 물갈이 그 자체를 개혁이라고 할 수는 없다.

새로 등장하는 정치신인이 언제 다시 지탄받는 정치인으로 변해서 물갈이 대상이 되지 않는다고 보장할 수도 없기 때문이다. 세상에는 귀감으로 삼아야할 참된 정치인이 있는가 하면 불신풍조만 조장하는 그런 정치인이 있다. 그런 정치인 물갈이를 누가 그르다 할까.

정치신인이 개혁대상이 되지 않는다는 보장 없어

콜럼버스는 아메리카 신대륙을 발견했지만 출발할 때 어디로 가는지, 도착해서도 거기가 어딘지 몰랐고 게다가 모두 남의 돈으로 항해를 했다 해서 처칠은 정치인을 콜럼버스에 비유한 적이 있다. 우리의 정치인은 어떤가. 국민이 낸 세금을 축내며 고함치고 싸움질하고 온갖 갈등의 원인을 만드는 일을 하면서 스스로는 국회의원 한 번 더 하는 것만 생각할 뿐 어디서 어디로 가는지, 또 무엇을 하는지를 모르는 것은 아닐까.

정치인이 알아야할 일은 민심은 변한다는 사실이다. 민심은 비록 조그마한 사건이나 정치인의 언동에도 급변한다. 정치인이 민심이 변한다는 걸 안다면 공천에 매달려 계파 간 갈등만 증폭시키고 있을 수는 없을 것이다. 공천 작업도 공천심사위원회라는 걸 만들어 외부 인사의 손을 빌려 했다는 건 정당 스스로 적임자를 고를 능력이 없다는 걸 드러낸 것이다.

앨빈 토플러는 '부의 미래' 에서 기업은 시속 100마일로 달리는데 정부는 25마일, 정치권은 3마일로 달린다고 했다. 미국을 두고 한 말인데 한국을 두고 했다면 정치권은 뒷걸음질한다고 했을 것이다.

정치권이 아무리 정쟁을 하더라도 경제 발목은 잡지 않아야 한다. 지난 88 서울 올림픽은 한국을 전 세계에 알리고 한국경제와 사회를 한 단계 도약시킬 결정적 계기였다. 그러나 올림픽 열기는 5공 청문회 바람에 날아가

버렸다. 2002 월드컵에서도 4강 신화를 이루자 "월드컵 열기를 경제로 돌리자"는 외침도 있었지만 그 외침은 곧 이어진 2002년 대선바람에 묻혀버렸다.

정쟁하더라도 경제발목 잡지 않아야

세계경제는 검은 먹구름이 휘몰아치고 있다. 한국경제 앞날도 역시 먹구름이다. 한국의 수입 유종의 대부분을 차지하는 두바이 원유가격이 배럴당 100달러를 돌파했고 원화 환율마저 달러당 1000원을 훌쩍 넘어 요동을 치고 있다. 원자재 가격 폭등으로 물가는 뛰고 서민생계는 위협을 받고 있다. 급한 일이 겹겹이 쌓여 있는데 좋은 세상 만들겠다며 한나라당은 안정 의석을, 야당은 견제의석을 달라고 외치는 총선전을 보면서 국민은 어떤 생각을 할까.

4월 총선 결과 새로 구성될 18대 국회가 국민에게 감동과 희망을 줄 것으로 기대할 수 있는가. 국회의원 얼굴만 바뀔 뿐 옛 모습 그대로 싸움질이나 하면 달라질 게 무언가. 이명박 정부가 출범했지만 아직은 새로운 기운이 감돌지 않는다. 정치가 신선한 바람을 일으키기를 기대하는 건 아직도 이른 것인가. 봄은 왔지만 봄 같지 않다고 해야 하는가.

〈코리아타운 데일리, 2008.3.20〉

Chapter 17

투표는 총알보다 강하다

"투표용지(Ballot)는 총알(Bullet)보다 더 강하다." 선거의 중요성과 유권자의 힘이 크다는 걸 일깨워주는 링컨이 남긴 말이다. 한국의 4·9 총선 투표율은 46%로 사상 최저를 기록했다. '안정세력'과 '견제세력'을 달라는 추상적 외침만 있었을 뿐 제대로 된 총선이슈가 없었고 여야정당의 내분과 공천파동 등이 겹쳐 국민이 정치에 대한 불만을 드러냈기 때문이다. 국민이 정치와 선거를 외면하기는 했지만 투표결과는 총알보다 더 큰 힘을 발휘하게 돼있다.

한나라당은 299석 중 153석(지역 131+비례 22)을 얻어 겨우 과반을 넘겼다. 불과 몇 달 전 대선에서의 압승에 비하면 승리했다고 하기는 어렵다. 수도권에서 압승했지만 충청권 24석 중에서 단 1석밖에 얻지 못했다. 통합민주당이 얻은 81석(지역 66+비례 15)은 제1 야당으로서는 최악의 참패다. 민주노동당은 5석(지역 2+비례 3), 창조한국당은 3석(지역 1+비례 2)에 그쳤다. 이회창 총재의 자유선진당은 대전·충남 16곳 중 13곳, 충북 1곳 등 충청권 24곳 중 14곳에서 이겨 비례 4석을 합해 18석으로 명실상부한 충청도당이 됐다. 친박연대는 세계 어느 역사에도 유례를 찾기 힘든, 깜짝 출현한 팬클럽 성격의 정당 아닌 정당이지만 14석(지역 6+비례 8)이나 얻었다. 무소속도 25명이 당선됐다. 공천파동이 빚어낸 결과다.

한나라당과 또 다른 한나라당이 싸운 희한한 선거

이번 총선은 여당인 한나라당과 사실상의 또 다른 한나라당(친박연대와 친박무소속)이 싸운 희한한 선거였다. 친박연대와 친박무소속연대는 "박근혜를 대통령으로 만든다"고 했지만 박근혜에 기대어 국회의원 한 번 더 하겠다는 사람들도 분명 있었다. 한나라당 후보와 경쟁하면서 당선되면 한나라당에 복당하겠다고 했다. 총선이 끝나자 이들과 박근혜 한나라당 전 대표는 국민의 뜻이라며 복당문제를 꺼냈고 한나라당에서는 복당을 논의할 때가 아니라고 했다. 이 문제가 어떻게 마무리될 것인지, 박근혜는 계파수장의 역할을 할 것인지도 관심사가 돼있는 게 현실이다.

앞으로 공천파동을 없애려면 좋은 후보를 고르는 것 못지않게 경선을 거치든, 또 다른 방법을 강구하든 과정과 절차를 제도화해야한다. 밀실 하향식 공천으로는 공천후유증을 없앨 수는 없을 것이기 때문이다. 비례대표도 어떤 기준에서 선정했는지 국민들은 알지 못한다. 각 정파 실력자들의 나눠먹기였다는 평가도 있고 군소정당들을 중심으로 비례대표 '돈 공천' 소문도 나돈다. 지역에서 1석 얻으려고 피 말리는 싸움을 하는데 비례대표 54석이 국민이 잘 모르는 사이에 뽑혀 국회의원이 되는 건 문제다.

이번 총선 결과 한나라당(153)과 친박연대(14), 친박무소속과 여(與)성향

무소속(18), 자유선진당(18)을 합하면 보수가 203석에 이른다. 이번 총선을 보수의 승리라고 하는 이유다. 한나라당이 제대로만 한다면 국회운영에 문제될 게 없을 것이다.

▒ 밀실 하향식 공천으로 공천후유증을 없앨 수는 없어

지금 우리의 최대현안은 경제 살리기다. 미국경제는 올해 1% 성장에도 미치지 못할 것으로 전망되고 있어 세계경제와 한국경제에 미칠 파장은 예상외로 클 것이다. 물가는 뛰고 경기는 바닥을 기고 있어 민생은 말이 아니게 힘들다. 출총제 폐지, 금산분리 완화, 법인세 인하 등 규제 법령을 손질해 기업투자를 부추겨야한다. 한미 FTA 비준 동의안 처리도 시급하다. 시간 5분 남았다고 축구선수가 경기를 소홀히 하는 걸 보았는가. 18대 국회 개원을 기다릴 것 없이 임기가 5월 29일까지인 17대 국회가 마땅히 해야 할 일을 해야한다.

국민이 한나라당에 턱걸이 과반을 준 것은 당내 계파 간 협력은 물론 야당과도 타협을 통해 국정운영 잘하고 경제 살리라는 명령이다. 국민의 뜻을 잘못 읽으면 민심은 돌변하는 법이다. 정치권이 가슴에 새겨야 할 대목이다.

〈코리아타운 데일리, 2008.4.15〉

Chapter 18

국회의원이 서 있을 자리

'2002 한·일 월드컵' 축구에서 한국팀은 4강 신화를 이뤘다. 히딩크 감독은 선수들이 하나로 뭉칠 수 있도록 리더십을 발휘하며 체력강화 훈련을 계속했다. 당시 일부 스타 선수들이 TV 오락 프로에 나오는 걸 본 후 "축구선수는 운동장에서 스타일 뿐"이라며 축구 이외의 일에 시간을 빼앗기는 것은 옳지 않다고 비판했다. 축구에만 전념하라는 명령이나 다름없었다.

꽤 오래 전 일이다. 친구들끼리 저녁 먹는 자리에서 고스톱을 치다가 약간의 시비가 있었다. 한 친구가 나에게 교수이니까 정확한 판단을 내릴 것이라고 하기에 한마디 했더니 다른 친구 하는 말, "교수면 교수지 고스톱판에서도 교수냐"고 이의를 제기하는 바람에 한바탕 웃고 즐긴 적이 있다. 축구 선수든 교수든 각기 서 있을 자리가 있다.

엊그제 민주당 안민석 의원이 촛불 데모 현장에서 "경찰에 끌려가 맞았다"고 주장했다. 서울지방경찰청은 "안 의원이 미국산 쇠고기 반대 시위를 벌이다 경찰 기동대 지휘관과 전경 등 3명을 폭행했다"고 반박했다. 진실 공방이 어떻든 문제는 국회의원이 국회를 외면하고 왜 시위 현장에 있었는가 하는 점이다. 거기는 국회의원이 서 있을 자리가 아니기 때문이다.

폭력 촛불집회 편승하는 의원들 한심

시위에 참가한 일부 민주당 국회의원들은 "경찰의 폭력 진압으로부터 시민을 보호하겠다"고 했다지만 그런 살신성인(?) 정신에 울어야 할지 웃어야 할지 갈피를 잡기 어렵다. 시민을 보호한다는 말 같지 않은 명분을 내세울 게 아니라 국회에서 문제를 풀 테니 집으로 돌아가라고 했어야 했다.

서울의 도심은 매일 밤 해방구가 돼있다. 쇠망치와 쇠파이프, 경찰 버스를 쓰러뜨릴 밧줄을 준비하고 나온 사람들이 순수한 시민일 수 없다. 경찰도 경찰이라고 할 수 없다. 우리의 젊은 전경들은 곳곳에서 시위대에 둘러싸여 발길질을 당한다. 방패와 헬멧을 빼앗긴 전경들이 그걸 돌려 달라며 애원까지 한다.

시위의 폭력성에 대해서는 애써 외면하며 경찰의 강경 진압을 탓하는 일부 국회의원들이나 일부 방송도 제정신이 아니다. 폭력 촛불시위와 그 촛불시위에 편승하는 세력에 제대로 대응하지 못하고 있는 정부도 한심하기는 마찬가지다. 일부 의원은 시위대와 어울려 구호를 외치고 노래를 부른다. "고생하시는 여러분 힘내시라"고 시위대를 격려하는 전직 법무장관도 있다. 촛불 집회에 대해 "한국에서 직접 민주주의를 경험하고 있는 것"이라고 평가한 전직 대통령도 있다.

무법·불법·탈법·폭력이 난무하는데 이걸 두고 직접 민주주의를 경험한다면 그런 민주주의는 누구를 위한, 또 무엇을 위한 것인가. 그렇다면 대의

제(代議制)는 무엇이며 국회의원은 왜 필요한가.

국민의 대표자로 자처하는 이들이 광장에 나와 합법 정부의 퇴진을 부르짖으며 대의제와 법치를 흔드는 헌법 파괴 행위를 하는데도 국회의원이 이에 동조한다면 이미 국회의원 자격을 포기한 것이나 다름없다. 촛불 민심에 편승, 곁불이나 쬐려 하고 시위대에 아부하기까지 하는 작태를 보이려고 국회의원이 됐는가. 참으로 어처구니없는 세상이다.

■ 등원 서둘러 경제난국 타개에 힘 모아야

한국 경제에는 빨간 불이 켜진 지 오래다. 10년 전 외환위기 상황보다 더 나쁘다는 평가다. 그때는 국민들은 물론 여야 정치권도 외환위기를 극복하고자 하는 의지가 충만했다. 2002년 거리를 메운 '붉은 악마들' 은 '대한민국' 을 외치며 희망을 노래했다.

한국 경제에 폭풍우가 몰아치고 있는데 지금 서울 거리에서는 촛불시위대가 밤을 지새우며 산업 현장은 파업으로 얼룩지고 있다. 희망을 노래하는 것이 아니라 절망으로 가는 기차를 타고 있는 것이다. 한국 경제의 감독과 코치, 선수들은 제각기 따로 놀고 있다. '경제는 정치인들이 잠자는 밤에 성장한다' 는 말은 아무리 생각해도 진리인 것 같다.

〈한국경제신문. 2008.7.1〉

Chapter 19

지금 한국에선 어떤 일이?

정치만 잘되면 한국은 선진국 진입이 앞당겨질 것이라고 했다. 오래 전에 나온 말이지만 지금도 정치가 경제발목을 잡고 있다. 지난 3일 막을 내린 2월 임시국회는 여야가 처리를 약속한 대부분의 쟁점 법안을 시간 부족으로 통과시키지 못하는 황당한 일이 벌어졌다.

금융과 산업의 분리 완화를 골자로 한 은행법은 아무리 무책임한 국회라도 반드시 처리해야 했다. 금융위기 속에서 은행의 신용경색을 풀어주기 위한 시급한 법안이기 때문이다.

낙후된 지역경제를 돕기 위해 4월에 예산을 집행하기로 했는데 국가균형발전법을 대폭 손질한 지역발전법이 통과되지 않아 지방에 돈이 내려갈 수가 없게 됐다. 시급한 경제 살리기 법안들이 무더기로 햇볕을 보지 못했다. 한나라당의 무능과 무책임, 민주당의 다수결을 부정하며 민주주의를 주장한 훼방 탓이다.

쟁점이 돼왔던 미디어관계 법안 처리는 한나라당과 민주당이 6월로 연기하기로 합의, 미디어발전국민위원회라는 기구를 만들어 100일간 논의한 뒤 표결처리하기로 타협했다. 여야가 각각 10명씩 추천한 위원(정치인 제외)으로 논의한다고 하는데 위원 구성숫자도 문제지만 여야의 시각차가 워낙 커서 위원회에서 타협안을 도출해낼 가능성은 거의 없다.

여당은 무능과 무책임, 야당은 다수결 부정하며 민주주의 주장

쟁점법안을 국회 밖 기구에서 논의하게 한다면 국회의원은 왜 뽑았는가. 미디어법안에 대한 공청회·토론회는 정당·학계·시민단체 등이 주관해 그동안 10여 차례나 열렸는데 또 무엇을 논의하자는 것인가. 6월 국회에서도 이 문제로 난장판이 벌어질 가능성이 크다.

MBC노조는 정부여당이 미디어법을 통과시켜 방송을 장악하려하고 한국의 민주주의도 위태롭다면서 영어·일어·중국어·프랑스어·스페인어 등 5개 국어로 전 세계인들에게 한국의 현실(?)을 알리는 메시지를 내보냈다.

예컨대 중국어로는 "13억 중국인들이여, 언론탄압법 반대에 동참해 대한민국 국회의원들에게 전화를 걸어 달라"는 내용도 나온다. 이는 인터넷에서 바로 확인할 수 있다. 이런 국가 망신도 있는가.

국회 폭력은 더 이상 뉴스거리도 안 된다. 이번에는 국회 안에서 국회의원이 폭행을 당하는 초유의 사태까지 벌어졌다. 1989년 부산 동의대 학생들이 학교의 입시부정에 항의, 농성하면서 전경 5명을 납치 감금하자 이를 구하려던 경찰에게 화염병을 던져 경찰관 7명이 사망, 10여명에게 중화상을 입힌 사건이 동의대사태다.

관련 학생들은 대법원에서 유죄판결을 받았는데 세상이 바뀌면서 2002

년 김대중 정권시절 민주화보상위는 이 사건을 민주화운동이라고 결정, 보상까지 했다. 전여옥 의원(한나라당)이 민주화보상위의 결정에 대한 재심을 촉구하는 법안을 상정하려 하자 이에 불만을 품은 부산 민주화실천가족운동협의회 대표라는 사람이 전여옥 의원을 폭행했다.

지난 7일에는 경찰관 16명이 서울 도심 한복판에서 불법시위대에게 집단폭행을 당했다. 시위대는 경찰의 무전기도 빼앗고 지갑을 뺏어 카드로 옷과 담배를 사는 강도행위까지 했다. 무법천지가 따로 없다. 무법천지 발단은 '용산철거민 살인진압규탄 및 MB악법 저지를 위한 촛불문화제' 였다. 시위자 대부분은 쇠고기 수입반대 촛불시위 주도그룹이었다고 한다.

폭력과 무질서가 용납되면 야만국

한국은 경제 살리기가 급하지만 이보다 더 급한 건 폭력근절과 법질서 확립이다. 국회 밖의 힘을 통해서라도 국회 폭력부터 뿌리뽑아야한다. 국회윤리위는 폭력행사 의원을 제대로 징계한 적이 없다. 가재는 게 편이어서 그럴 것이다. 폭력과 무질서가 용납되면 야만국이다.

경제위기에다 북핵(北核)과 북의 도발 가능성으로 한반도에는 긴장이 고조되고 있다. 그런데도 국민들은 위기의식이 없고 정치는 국민들의 삶을 외면한다. 경제 살리기도 정치쟁점화 되고 있다.

경제 살리기보다 정치 살리기가 더 급한 과제가 되고 있는 한국은 도대체 어떤 나라인가. 참으로 한심하고 처참하다.

〈코리아타운 데일리. 2009.3.10〉

Chapter 20

국회의원 사표와 단식

"사표를 내려고 하지 않으니 나는 그를 파면하고 싶다." 트루먼 대통령이 맥아더 장군에 대해서 했다는 말이다. 얼마나 못마땅했으면 그랬을까.

어릴 적 "밥 안 먹겠다"고 버틴 기억은 누구나 한번쯤 있을 것이다. 어머니는 밥 안 먹겠다는 아이에게 애걸하며 밥을 먹이려한다. 아이는 그걸 안다. 그래서 단식을 결행하는 것이다. 아이가 원하는 걸 들어주겠다는 '협상' 을 통해 단식농성은 마무리된다. 낭만적인 단식투쟁이다.

한국의 국회의원들은 사표 던지는 걸 예사로 여긴다. 얼마 전 이미 사퇴서를 내놓은 민주당 국회의원 세 사람이 국회에서 통과된 미디어법을 다시 논의하든지, 아니면 자신들이 낸 사퇴서를 처리하라면서 국회의장실에서 농성을 벌였다. 그 중 한 명은 비례대표라서 탈당하면 국회의원직을 자동 상실하게 되는데 그 방법을 모르고 사퇴서를 처리하라고 한 것인가. 방한한 헝가리 대통령이 국회를 방문하기로 돼 있어 외교 결례를 우려해서 그들을 강제로 끌어냈다.

사퇴서를 냈으면 수리 여부가 결정될 때까지 국회에 들어가지 않는 게 도리다. 사퇴서까지 내놓고 국회에 들어와 농성을 벌이는 것은 여전히 국회의원으로 행세하겠다는 것과 다를 바 없다. 밥 안 먹겠다고 선언하고 밥을 먹는 행위와 무엇이 다른가.

사표 던져놓고 다시 되돌아오는 몰염치

이들 외에도 의원직 사퇴서를 국회의장에게 내놓은 사람들은 민주당 대표 등 다섯이나 된다. 지난 7월 민주당 의원들은 미디어 관계법이 통과된데 반발해 집단사퇴를 결의하고 의원직 사퇴서를 국회의장이 아닌 정세균 대표에게 맡겨 놓았다.

자유선진당 소속 의원 17명 중 16명도 최근 이명박 대통령이 세종시 수정 불가피론을 언급한 직후 의원직 사퇴를 결의하고 사퇴서를 국회의장이 아닌 이회창 총재에게 맡겼다. 사퇴서 제출을 거부한 이영애 의원은 "국회의원 직은 함부로 던질 수 없는 자리"라는 소신을 폈다.

1979년 김영삼 신민당 총재가 의원직에서 제명되자 신민당 의원 66명이 이에 항의해 사퇴서를 제출했지만 처리되지 않았다. 1990년 3당 합당에 반발해 평화민주당과 민주당 의원 79명이 사퇴서를 냈지만 역시 처리되지 않았다.

1998년 김대중 정부가 인위적 정계개편을 시도하자 이에 항거해 한나라당 의원이 총사퇴를 결의했지만 실행에 옮기지 않았다. 2004년 노무현 대통령 탄핵소추안이 처리되자 여당인 열린우리당 의원들이 총사퇴를 선언했다. 이것 역시 선언에 그쳤다.

1965년 한일 국교정상화 회담 때 민중당 소속 의원 8명의 집단사퇴가 국회에서 실제로 처리된 것이 유일한 사례다. 한나라당 박세일 의원은 2005년 행정도시법에 반대, 동료의원들의 만류를 뿌리치고 의원직을 실제로 사퇴했다. 그는 비례대표였기 때문에 탈당방식을 빌어 의원직을 던졌다.

국회의원이 의원직 사퇴서를 내면 회기 중에는 본회의 의결이 있어야 하고, 비회기 중에는 국회의장의 승인이 있어야 한다. 과거 '협박과 회유에 의한 의원직 사퇴' 가능성을 막기 위한 것이었다. 그럴 가능성은 이제 없어졌다. 사퇴서 제출만으로 의원직을 잃게 법을 바꾸면 부끄러운 정치 관행을 고칠 수 있을 것이다.

정치적 쇼는 하지 말아야

단식은 상대가 결정이나 태도를 바꾸지 않으면 '굶어 죽겠다'는 생명을 거는 행위다. 의원직 사퇴 역시 정치인으로서 생명을 걸고 결의를 다지는 행위다. 처리되지 않을 줄 알고 내는 사표라면 그건 정치적 술책이고 쇼에 불과하다. 거창하게 맹세부터 하는 건 거짓말쟁이들이 하는 짓이다.

월급쟁이들은 하루에도 몇 번씩이나 '사표 내버릴까' 하는 마음을 품지만 마음뿐 정작 사표를 내지 못한다. 국회의원들은 알까, 사표 제출 전에 파면하고 싶은 국민의 심정을.

〈코리아타운 데일리. 2009.12.8〉

Chapter 21

지방선거가 국가적 과제 흔들면 '재난'

한국의 6·2 지방선거는 한나라당의 뜻밖의 참패로 끝났다. 뜻밖이라는 것은 선거결과가 그동안의 여론조사와 크게 달랐기 때문이다.

한나라당은 여론조사결과만 믿고 있었던 것인지 민심의 변화를 감지하지 못하고 패했다. 민주당을 비롯한 야권이 승리한 것인가. 그렇게 보기는 어렵다. 국민들이 한나라당에 등을 돌렸을 뿐이다.

한나라당은 친이계와 친박계가 갈려 계파 간 갈등을 빚으며 마치 여야가 다투듯 사안마다 서로 비난을 일삼지 않았는가. 국회 의석의 과반수를 차지하고 있는 여당 한나라당이 당론도 정하지 못하고 한국의 미래를 좌우할 세종시 문제를 내팽개치고 있는 것을 보라. 한나라당 간판만 내세우면 쉽게 이길 줄 알고 공천을 잘 못한 것도 패배요인으로 들 수 있을 것이다.

한나라당은 "민심을 너무 몰랐다"는 자성도 하며 선거후유증을 수습하려는 것 같지만 두고 볼 일이다. 민주당을 중심으로 한 야권은 세종시 수정안과 4대강 사업에 반대하는 목소리를 높이고 있다. 선거에서 나타난 국민의 뜻이라는 것이다. 지방선거는 시장·도지사, 군수·구청장을 뽑는 선거였다. 세종시나 4대강 사업에 대한 국민투표는 아니었다.

한나라당 참패는 뜻밖이라고?

세종시와 4대강 문제는 국가적 과제다. 전국적 규모의 하천·국토종합개발과 같은 사업은 중앙정부만이 처리할 수 있다는 게 지방자치 관련법 규정이다. 관련법 어디에도 지방정부가 국가 정책에 대한 거부권을 보장하고 있지 않다.

멀쩡한 행정부를 쪼개어 국무총리와 9부 2처 2청을 세종시로 옮기는 수도분할이 어떻게 국가발전이고 지역균형발전인가.

공사가 본격적으로 진행되고 있는 4대강 사업을 되돌린다는 건 여간 심각한 문제가 아니다. 강은 홍수와 가뭄, 수질(水質)문제 등이 계속 발생되는 생물체다. 강은 상류와 하류가 연속체여서 어느 곳은 개발하고 어느 곳은 그냥 둘 수 있는 건 아니다.

예컨대 대구·경북은 4대강 사업을 찬성하고 경남은 반대한다. 대구·경북 지자체장 당선자는 한나라당이고, 경남지사는 한나라당을 반대하는 무소속이어서 그렇다. 한줄기로 흐르는 낙동강이 이념으로 나뉘어져 눈물의 강, 찢어지는 강이 될 판이다.

4대강 사업에 대해 종교인들이 반대목소리를 내는 건 더욱 이해하기 어렵다. 물 부족과 홍수피해, 수질, 강바닥 준설의 부작용 등은 과학의 문제, 수자원(水資源)과 토목의 문제다. 이런 문제에 종교와 도덕적 우월성을 앞세워 성직자들이 관여하면 과학적 분석이나 경제적 타당성 주장은 설 땅을 잃는다. 과학의 문제는 인권과 민주를 외치고 반독재투쟁을 하는 양심의 문제가 아닌 것이다.

도롱뇽을 보호하겠다고 천성산 터널공사 중단을 요구하며 단식농성을 벌여 공사에 차질을 빚고 공사비를 크게 증가시켰던 지율이라는 스님을 기억하는가. 서울대 K교수는 "갯벌을 매립해 활주로를 만들면 비행기 이착륙시 지반이 가라앉게 될 것"이라며 인천공항건설 반대운동을 벌였다. 그들은 지금 4대강 반대운동에 나섰다.

국가적 과제 실종은 국가적 재난

자연보호와 환경보호를 누가 반대하는가. 신은 인간이 완전하게 만들 수 있도록 이 세상을 불완전하게 만들었다고 한 어느 성직자의 말이 떠오른다. 인류문명의 발달은 자연을 인간생활에 도움이 되는 방향으로 개발해온 결과다.

선거결과 누가 이기든 국민의 뜻을 잘 헤아려 국가발전에 힘을 쏟을 수 있다면 무엇이 문제겠는가. 선거결과에 따라 억지 주장을 해서도 안 되고 옳다고 생각하는 것을 포기해서도 안 된다. 지방선거를 이명박 정권에 대한 중간평가라고 하든 않든 정부는 마땅히 해야 할 일이 있다. 국가적 과제가 실종된다면 그건 국가적 재난이 된다.

〈코리아타운 데일리, 2010.6.11〉

Chapter 22

청문회는 한국사회의 누드자화상

한국 국회의 인사청문회는 한국사회의 일그러진 모습을 그대로 드러낸다. 공직후보자들의 부동산 투기 및 매매, 위장전입, 병역기피 또는 면제, 재산형성 등을 둘러싼 공방뿐이다.

청문회(hearings)는 말 그대로 증언·진술을 청취하는 자리인데도 질문자는 일방적으로 의혹을 제기하고 망신을 주면서 제대로 답변이나 해명할 기회를 주지 않으려한다.

흠집이 많은 후보자들이 낙마하기도 했지만 청문회를 통과한 후보자들이라고 해서 그들의 흠집이 지워진 것은 아니다. 후보자에게 부동산 투기를 했느냐고 따지는 일처럼 우스운 일도 없다. 투자와 투기는 구별할 수 있는 것이 아니고 구별할 필요도 없기 때문이다. 노후에 대비하기 위해 땅을 샀든, 재산불리기 위해 샀든 법을 어겼다면 책임을 물으면 되는 것이다.

청문회에서 후보자와 후보자 부인의 학교성적표까지 요구한 경우도 있었다. 최근 김성환 외교통상부 장관 후보자의 치아 상태를 점검하는 문제로 다투는 촌극도 연출됐다.

공직후보자들이 그 자리를 맡을 자격과 능력이 있는가를 검증하는 일은 뒷전이다. 청문회가 왜 그런 식으로 진행되는가. 공직후보자의 신상문제나 불법과 관련된 문제가 있는지는 미리 검증할 수 있을 것인데 청문회장에 와서야 밝혀지고 논란을 불러일으키는 건 인사시스템에 문제가 있기 때문이다. 온갖 망신을 당하고 상처를 입은 자가 공직을 맡으니 일반국민의 준법정신은 물론 도덕적 기준이 허물어질 수밖에 없다.

질문만 하고 답을 듣지 않으려는 청문회

후보자를 지명하기에 앞서 왜 완벽하게 검증을 못하는가. 검증 자료를 국회에 넘기면 시간 허비할 일이 줄어들 것이다. 만일 청문회에서 추가적인 의혹이 제기돼 그것을 제대로 해명하지 못하면 물러나도록 하면 된다.

호통 치는 국회의원들이 입장이 바뀌면 어떨까. 실제로 자유선진당 박 모 의원은 검찰총장 후보자의 인사청문회 때 "위장전입 없이 자녀를 키우는 저는 부모자격이 없는 것인지 자괴감마저 든다"고 위장전입 사실을 질타했다.

그랬던 그는 그 후 그의 남편이 대법관 후보에 올랐을 때 청문회에서 박 의원 자신의 위장전입 사실이 드러났다. 자신의 위법사실이 밝혀지리라고는 꿈에도 생각 못했기에 그런 용감한 발언을 했을 것이다. 후안무치(厚顔無恥)도 도를 넘었다.

한국 사회는 적당히 법을 어기는 걸 관행이라는 이름으로 용인돼왔다. 과거 별 문제가 안 됐던 일도 오늘의 잣대로는 문제가 되는 일이 많다. 불법·탈법을 눈감아줄 수는 없는 일이지만 수용 가능한 어떤 기준은 있을 법하다. 어쨌든 이 문제는 우리 사회가 극복해야할 하나의 과제임이 분명하다.

세계는 온갖 전쟁을 치른다. 환율전쟁은 물론 무역전쟁, 외교전쟁, 자원전쟁이 곳곳에서 전개된다. 우리에게는 남북문제까지 겹쳐있다. 지난 9월 일본이 중국 어선을 나포해 중국과 외교적 마찰을 불러일으킨 센가쿠 열도(중국명 댜오위다오 · 釣魚島) 사태는 자원 때문에 생긴 갈등이다.

그 갈등이 봉합된 것 역시 자원 때문이다. 첨단제품 제조에 필수적인 희토류(稀土類)는 중국이 전 세계 매장량의 31%, 공급량의 97%를 차지하고 있다. 중국이 희토류의 일본수출을 중지할 뜻을 비쳤기 때문에 일본이 일단 물러섰다. 지금 각국은 자원확보 전쟁에 혈안이 돼있다.

국민 모두 법 지키고 도덕적 잣대 높이는 계기 돼야

나라의 앞날을 내다보는 정치인과 유능한 공직자가 앞장서지 않고 앞날을 내다보지 못하면서 기업인의 발목을 걸고 국민을 분열시키면 치열하게 전개되고 있는 이런 전쟁에서 이길 수 없다. 세계 지도를 펴놓고 한반도를 들여다보라. 우리 앞에 어떤 벽이 가로 놓여있고 어떤 문제를 풀어가야 하는가.

정치인과 공직자에게 그 자리에 어울리는 책임과 의무를 다할 것을 요구해야 마땅하다. 그러나 고위직에만 그 잣대를 적용할 게 아니다. 국민 모두에게도 법적 도덕적 잣대를 적용해야 하고 그 수준을 높여가야한다. 청문회를 보며 떠오른 단상이다.

〈코리아타운 데일리. 2010.10.12〉

Chapter 23

'과학벨트 선정' 정치인 손 떼라

과학비즈니스벨트 입지선정 문제가 뜨거운 감자다. 충청권은 기득권을 주장하고 있고 광주광역시·경기도·포항·대구·울산·창원 등 지방자치단체가 유치경쟁에 뛰어들고 정치인들도 가세하고 있다. 그래서 정치 쟁점화 돼버렸다. 그동안 정부가 최적지를 선정하겠다는 원칙론만 되풀이하고 아무런 결정을 못한 탓이다.

이명박 대통령은 신년 방송좌담회에서 "과학벨트는 지난 대선 당시 여러 가지 정치상황이 있었고, 혼선을 일으킬 수 있는 공약이 선거 과정에서 있었다"면서 국가백년대계를 위해 과학자들이 모여 과학자들 입장에서 결정하는 것이 좋겠다는 내용의 발언을 했다.

민주당과 자유선진당은 이에 반발, 충청권 유치를 기정사실로 하지 않을 경우 강력하게 대응하겠다고 하는가 하면 민주당 내 일부 호남지역 정치인들은 광주 유치를 주장하고 있다. 한나라당에서도 견해가 갈려 있다. 세종시 수정안도 무산됐는데 충청권에만 특혜를 주어서는 안 된다는 목소리도 충청권 이외의 지자체에서 나온다.

지역 간 갈등을 빚는 사업은 또 있다. 동남권신공항(제2허브공항) 후보지를 놓고 대구·경북·경남과 부산이 신경전을 벌이고 있다. 주택공사와 토지공사가 통합한 LH(한국토지주택공사) 본사도 갈 곳을 정하지 못한 상태다.

지역갈등 조정이 정부 본래 역할

입지선정을 둘러싸고 지역 간 갈등과 시비가 있는 건 어쩔 수 없는 일이라고 해도 중앙정부가 이곳저곳 눈치 보고 결정을 못하고 있는 건 문제다.

과학벨트 입지 선정을 머뭇거릴 까닭이 없다. 객관적이고 합리적인 기준과 원칙을 세워 놓고 거기에 걸맞은 조건을 검토해서 최적지를 고르면 되는 일이다.

그곳이 충청이라면 누가 마다할 것인가. 특정 지역에도 좋으면서 국가 전체에도 좋은 그런 곳을 찾아야 한다. 특정 지역을 홀대해서도, 특별 배려해서도 안 된다. 지역 간 경쟁이 있다 해서 그런 걸 교통정리 못 한다면 중앙정부가 존재할 이유가 없다.

과학벨트 입지를 전문가들이 참여해서 결정하는 건 당연하다. 정치인들이 정치적으로 결정할 일이 아닌 것이다. 국가 미래가 걸린 기초과학의 틀을 다지는 국가적 사업이 지역 간 힘겨루기와 정치적 계산으로 결정될 수는 없지 않은가.

2002년 대통령선거 당시 수도이전 공약은 선거에서 위력을 발휘했지만 참으로 황당한 것이었다. 결국 헌법재판소의 위헌판결을 받았지만 이미 그 공약으로 '재미를 본' 뒤의 일이었다. 그것으로 끝났으면 좋았는데 수도를 분할하는 세종시 건설계획이 다시 추진돼 우리 사회가 겪은 갈등과 고통은 참으로 컸다.

세종시 원안(국무총리와 행정부 9부 2처 2청 세종시 이전)은 수도를 분할하는 것이다. 그걸 막고자 이명박 정부가 수도분할을 백지화하고 세종시를 교육·과학 중심의 경제도시로 바꾸겠다는 수정안을 내놓았지만 국회에서 부결됐다. 충청권의 표심을 얻겠다는 각 정당과 정파의 정치적 계산 결과였다. 수도분할이 국가적 낭비와 국정의 비효율을 초래할 것이라는 게 훤히 보이는데 눈앞에 어른거리는 표만 쫓는 정치인들의 행태가 그랬다.

세종시 국력소모 전철 밟지 말길

과학벨트도 공약이니까 충청권에 입지해야한다고 주장하는 건 제2의 세종시 사태를 연상시킨다. 공약을 지키는 일은 중요하다. 그러나 지키기 어려운 공약도 있고 상황이 바뀌어 지키는 게 바람직하지 않은 공약도 있다. 공약을 들먹이며 잘못된 결정을 해서도, 또 하자고 해서도 안 된다. 공약을 어기는 일이 대수롭지 않다는 걸 말하고자 함이 결코 아니다.

옳은 일을 옳게 하는 것이 정권의 역사적 책무다. 국민은 그런 책무를 정권에 요구할 수 있고 요구해야한다. 정치적 쟁점이 돼버린 과학벨트 문제를 정치적 압력을 극복하며 잘 처리할 수 있을까. 과학벨트 결정에 정치인은 손 떼고 과학자에게 맡기는 게 순리다.

〈한국경제신문. 2011. 2.8〉

Chapter 24

공약의 정치학, 공약포기의 경제학

동남권 신공항건설 계획이 백지화됐다. 이명박 대통령은 공약을 지킬 수 없음을 밝히고 국민에게 사과했다. 공항 후보지로 밀양과 가덕도를 밀었던 해당지역 주민과 관계자들, 이해관계가 걸린 정치인들이 반발하고 있어 논란의 불씨는 쉽게 가라앉지 않을 분위기다.

박근혜 전 한나라당 대표는 "지금 당장은 경제성이 없다고 해도 미래에는 분명히 필요한 것이며 그게 미래의 국익이라고 생각하기 때문에 계속 추진돼야한다"면서 내년 자신의 대선 공약으로 내놓을 뜻을 비쳤다. 입지평가위원회 신공항 백지화 결정이 잘못됐다는 자료를 가지고 있는지 알 수 없다.

국토연구원은 이미 2009년 경제성이 없다는 결론을 내렸지만 정부는 우물쭈물하다가 시간만 끌어 갈등과 혼란을 자초했다. 일이 꼬인 것은 정부 탓이다.

잘못된 공약을 내세운 후보의 책임을 물어야하는 것은 당연하지만 국익에 해롭고 타당성이 없는 공약은 포기하는 게 옳다. 한반도 대운하는 공약이었지만 포기하라고 해서 포기됐다. 신공항은 공약이었으니 지키라고 하는 건 앞뒤가 안 맞는 논리다.

득표수단 된 지역개발공약

앞뒤 따질 겨를 없이 공약을 마구 쏟아내고 돈이 얼마 들어갈지 계산은 아예 없는 게 선거판이다. 국가부채는 천문학적으로 늘어나는데 10조원 정도는 돈도 아니라고 여긴다. 해서는 안 되는 대표적인 공약이 노무현 대통령 후보의 충청권 수도 이전공약이었다.

신공항건설도 노무현 대통령 때 검토되다가 이명박 대통령이 후보시절 공약으로 제시했다. 그래서 영남 지역 간에 뜨거운 유치전이 벌어졌고 이해관계 지역단체와 정치인들이 막장드라마 같은 혈투를 벌였다. 거기에 경제적 타당성이나 국가이익을 따질 틈은 없었다.

정책을 세우고 사업을 추진하는 것은 미래를 내다보고 하는 것이다. 따라서 '미래의 국익'과 '현재의 국익'은 다른 게 아니다. 그런데 알 수 없는 먼 미래의 어느 시점을 기준으로 문제에 접근하면 어떤 사업이든 타당성을 따지기는 거의 불가능하다. '미래의 국익'을 잣대로 사업을 평가하면 판단을 그르칠 수 있는 것이다.

과거의 허튼 공약만이 문제가 아니다. 내년의 총선과 대선에서는 또 어떤 공약이 쏟아져 나올 것인가를 생각해보라. 수도이전, 신공항 같은 공약이 나오지 않는다는 보장이 없다. 더욱이 쏟아질 복지공약을 무슨 수로 막을 것인가. 국민이 무슨 죄가 있다고 정치인의 표계산 놀음에 허리가 휘어지며 그 비용을 물어야하는가.

한국의 공항사정을 보자. 3개 공항(예천·울진·김제)은 폐쇄 또는 착공하다가 그만둔 채로 있다. 현재 15개 공항 중 인천 김해 제주 김포 등 4곳만 흑자를 낼뿐 나머지 11개 공항은 연간 10억 원~70억 원 선의 적자를 기록하고 있다. 공항건설이 대부분 정치적으로 결정됐기 때문이다. 정권이 바뀔 때마다 어김없이 지방공항이 한두 곳씩 늘어났다.

허튼 공약 심판은 유권자 몫

국익은 뒷전인 채 지역개발공약을 표를 얻는 수단으로 악용한 사례는 수없이 많다. 선거에서 표를 얻는데 도움이 되는 것이면 화려하게 포장해서 공약보따리에 넣는다. 국익을 따지거나 예산문제는 관심 밖이다. 지역갈등을 부추기는 건 공항만이 아니다.

과학비즈니스벨트 입지선정도 지역 간 갈등 때문에 대전-대구-광주 세 곳에 분산 배치하는 방안까지 논의되고 있어 '정치공항'에 이어 '정치벨트'가 될 판이다. 한국토지주택공사(LH)본사 이전도 경남 진주와 전북 전주가 힘겨루기를 하고 있다. 국가사업마다 지뢰밭이다. 정치권이 해야 할 일과 해서는 안 되는 일을 구별 못하며 갈등을 양산하면 국가는 침몰한다. 지진과 쓰나미만이 나라를 침몰시키는 게 아니다. 물가폭등에다 일자리가 없는 서민들은 "못 살겠다" 아우성인데 정치권은 경제 팽개쳐놓고 지금 무슨 문제를 붙들고 있는가. 국가백년대계를 생각하라는 건 정치인들에게 무리한 주문일까. 한국경제가 이 정도 버티고 있는 건 분명 기적이다.

앞으로는 아예 지역개발공약을 하지 못하게 하는 법이라도 만들어야 허튼 공약의 출현을 막을 수 있을까. 어쨌든 허튼 공약의 심판은 유권자의 몫이다.

〈중소기업뉴스, 2011.4.11〉

Chapter 25

기업 활동 옥죄는 국회 횡포

경제계와 정치권이 정면으로 충돌하는 모습이다. 허창수 전경련 회장이 최근 기자 간담회에서 "반값 등록금과 감세(減稅) 철회 등의 정책은 면밀한 검토 없이 즉흥적으로 나왔다"고 비판한 것이 발단이 됐다.

정치인들은 선거 때 '재벌 때리기'를 서슴지 않는다. 서민들의 표를 얻는 데 도움이 된다고 생각하기 때문이다. 정치권의 포퓰리즘 정책을 비판하는 일은 으레 있는 일이고 그런 비판에 정치권은 별달리 반응하지 않았다.

그런데 허 회장이 용감하게(?) 쓴 소리를 하자 여야 정치권이 일제히 발끈하고 나섰다. 허 회장이 그런 발언을 하지 않았더라도 '재벌 때리기'를 할 판인데 딱 걸린 것이다. 국회는 전경련 회장 등 경제단체장들과 기업총수를 불러 따지겠다고 한다. 여당 야당 할 것 없이 출석요구를 하고 나섰다. 여러 가지 의견을 듣고 입법 활동에 참고 하겠다는 게 아니라 재계 인사들에게 호통치겠다는 뜻이 담겨 있다.

한나라당은 '부자감세'라는 틀에 스스로 갇혀 감세기조를 후퇴시키더니 지난 4·27 재·보선에 지고 나서 반값 등록금을 들고 나와 정국에 제대로 대처하지 못하고 안팎으로 분란만 일으키고 있다. 손학규 민주당 대표는 "학생과 학부모들의 절규가 포퓰리즘인지 심각하게 생각해보지 않을 수 없다"며 반값 등록금을 비판하는 대기업 대표들을 비난한다. 필자는 학생과 학부모의 절규만 들리고 먹고 살기 어려운 국민들의 절규는 들리지 않는지 묻고 싶다.

포퓰리즘 비판하자 '기업 때리기'

진짜 민심은 일자리를 만들고 물가도 잡고 먹고사는 길을 열어달라는 것인데 정치권은 '재계 때리기'를 원하는 게 민심이라고 오판한다. 서민들은 먹고살기 힘들다고 불만인데 정치권은 그 불만을 재계 탓으로 돌리고 있는 것은 아닌가. 기업을 때리면 국민들이 잘 사는 길이 열릴 수 있다고 믿는 것인가. 기업의 잘못된 행태를 비호하자는 이야기가 아니다.

학교와 교육이 무너지고 있는 걸 외면하고 대학의 구조조정방안은 내놓지 못하면서 투표권을 가진 대학생들의 등록금 문제로 논쟁을 벌이고 있으니 답답하고 참담하다. 왜 반값 등록금만 가지고 떠드는가. 국회의원 세비와 정당 보조금을 반으로 줄이면 안 되는가. 국회의원 수를 줄이면 또 어떤가. 기름값도 음식값도 아파트값도 반으로 줄이면 안 되는가. 반값이 아니라 통 크게 무상으로 하면 안 되는가.

일반국민이야 반값이든 무상이든 혜택이 많은 걸 싫어할 까닭이 없다. 그러나 누군가에게 혜택을 베풀면 혜택을 보는 사람을 위해 누군가는 그 부담을 떠안아야 한다. 국민이 더 많은 세금을 내야 하는 것이다. 국가가 빚을 낸다 해도 결국 세금으로 갚아야 한다.

복지에 많은 자원과 재원이 투입되면 다른 중요한 일은 포기하거나 뒤로 미뤄야 한다. 자원은 한정돼 있기 때문이다. 그래서 일에는 우선순위가 있는 것이다. 그런데도 정치인들은 선거에 도움이 되는 일이면 동시다발적으로 무엇이든 하려 한다.

고용창출 · 물가안정 바라는 게 진짜 민심

반값이든 무상이든 또 어떤 복지든 그건 일시적으로 하는 '왕창 세일' 과는 다르다. 한 번 시행하면 지속적으로 부담은 늘어난다. 그런데도 정치인들은 통 큰 주장을 쏟아낸다. 그들이 화수분을 여러 개 가지고 있지 않고서야 감히 못할 주장이다. 선거와 표가 아무리 중요해도 경제를 포퓰리즘으로 다루어서는 안 된다. 정치인들에게 경제와 국가 장래를 생각하라는 건 국민의 정당한 요구다. 국민의 뜻과 다른 이야기를 하고 싸움하면서 국민의 소리를 듣지 않으려는 오만은 거두어야 한다.

포퓰리즘을 포퓰리즘이라고 비판하지 못하게 한다면 국민이나 기업은 '아버지를 아버지라 부르지 못하는 홍길동 신세' 가 된다. 기업도 국민의 사랑을 받아야 성장할 수 있다는 걸 분명히 깨달아야 한다. 기업의 행태가 못마땅하다 해도 기업을 옥죄는 국회의 횡포는 도를 넘고 있다.

〈한국경제신문, 2011.6.27〉

제2부 경제는 이념 아닌 먹고사는 문제 풀기다

01. 먹고살기 급한데 이념논쟁 그만
02. 경제 낙관론 주장할만한가
03. 경제 살리려면 정책혼선부터 걷어내라
04. 성장 올인 구체정책 세워야
05. 경제도 축구도 기본체력 강해야
06. 먹고사는 문제보다 중요한 게 있는가
07. 희망 주는 부동산정책 개발하라
08. 한미FTA 반대가 해법일 수 없다
09. 월드컵은 월드컵, 경제는 경제다
10. 경제위기론에 대한 한심한 정부인식
11. 노무현 정부 부동산정책 출발부터 잘못
12. 올림픽 감동을 경제에서 되살려야
13. 도요타 리콜사태를 보며

Chapter 01

먹고살기 급한데 이념논쟁 그만

총선 전 "선거를 왜 하느냐"고 학생들에게 물었다. 질문이 황당했던지 한참 후에야 나온 답이 "탄핵심판"이었다. "탄핵사태가 없었다면 선거는 안 해도 되는 거냐"고 다시 물었다. 대학생들이 답변하기에는 유치했지만 "국회의원 선출하기 위해서"라는 답이 나왔다. 다시 "국회의원 뽑아서 뭘 하자는 것인가"라는 물음에 "정치를 잘하기 위해서"라는 답변이 있었고, 다시 "정치를 잘 한다는 게 무엇인가"라고 물었다.

말꼬리 잡기를 계속하다가 이른 결론은 '선거도 정치도 국민을 잘 먹고 잘살게 하기 위한 것'이라는 것이었다. 뻔한 이야기인데 이걸 대학생들이 몰라서 바로 답하지 않은 게 아니다.

먹고사는 문제를 해결하는 방법에서 갈라진 게 자본주의와 사회주의, 공산주의다. 경제발전의 역사적 사실은 더 이상 경제체제논쟁의 무의미함을 보여주었다. 그런데 총선이 끝나자 민노당의 국회진출 때문인지 열린우리당과 한나라당은 각기 당 안에서 이념논쟁·노선논쟁을 벌였다. 중도진보, 중도보수, 개혁보수라는 개념이 애매한 말들이 오간 것으로 알려졌다. "한 클릭 왼쪽으로 옮기자"는 주장도 있었다는 것이다.

국가경쟁력 갈수록 뒷걸음

한국의 현주소는 캄캄한 터널 속이다. 한국의 국가경쟁력은 대만 말레이시아에는 물론 중국 인도에도 뒤졌다. 최근 스위스 국제경영개발연구소(IMD)는 불안한 노사관계, 부실한 대학교육, 비효율적인 정부, 경제과제에 대한 정치권의 이해부족 등이 그 원인이라고 분석했다. 이건 새삼스런 이야기가 아니다.

국가경쟁력이 약화되고 있거나 1995년 국민소득 1만 달러 고지에 오른 후 8년째 제자리에 맴돌고 있는 건 무엇 때문인가. 이념과 노선정립이 안 됐기 때문은 아닐 것이다. 자유민주주의와 시장경제의 틀을 벗어나려는 움직임도 때때로 감지된다. 성장주장은 기득권층의 수구논리고, 분배주장은 개혁의지의 표출이라는 착각도 우리 사회에는 존재한다. 분배가 아무리 중요해도 성장 없는 분배가 가능하지 않다는 건 이미 역사적 경험이자 교훈이다.

개혁은 어느 계층 또는 집단의 전유물이 아니다. 개혁이란 먹고사는 문제에 방해가 되는 걸림돌을 치우는 것이다. 그런 개혁을 해야한다. 내용도 방향도 분명하지 않은 정책이 개혁이라는 이름으로 포장되어 시도 때도 없이 발표되면 진짜 개혁은 물 건너간다. 개혁을 개혁해야할 상황이 되는 것이다.

경제문제만 잘 풀리면 국민이 잘 먹고 잘사는 것은 아니다. 안보도 외교도 먹고사는 문제와 밀접히 관련돼있다. 17대 국회의원 당선자들 다수가 중국을 대외관계의 최우선에 놓아야 한다는 주장을 하고 있다는 것이다. 현재는 물론 미래에도 그렇게 하는 것이 국가 발전에 긍정적이라면 마다할 이유가 없다. 과연 그런가. 경제는 물론 외교·안보적으로 중요하지 않은 나라는 없다. 하지만 친(親)중국정서가 반미(反美)발상에서 나온 것이라면 우려할 일이다. 반미가 애국일 수는 없다.

재산도 소득도 없는 자, 일찍 직장을 쫓겨난 자, 신용불량자, 갈 곳 없어 헤매는 청소년들을 도울 수 있는 길은 아무리 찾아봐도 일자리 제공뿐이다. 국내기업은 중국 등지로 나간다. 국내에서는 견딜 수 없어 성공한다는 보장도 없지만 우선 버티려고 밖으로 나가는 것이다. 잘 나가던 수출도 중국쇼크에 영향을 받게 됐다. 미국의 금리인상 가능성도 한국경제에 부담이다. 원유가(原油價)폭등은 한국경제에는 폭풍이나 다름없다.

구체적 대응정책 마련 시급

경제문제는 시간이 해결해주지 않는다. 자금난을 겪는 중소기업은 쓰러지고, 현금을 쌓아놓고 있는 기업은 투자를 꺼린다. 경쟁력은 떨어지고 성장잠재력은 잠식되고 있는데 제대로 정책적 대응도 못한다. 그러면서 이념논쟁을 벌이고 있는 게 오늘 우리 사회다.

시대착오적이고 소모적인 이런 논쟁을 벌일 여유가 있는가. 구체적 정책을 놓고 각 정당은 스스로 입장을 밝히면 될 일 아닌가. 좌로 가고 싶으면 그렇다고 밝히는 게 옳다. 애매하게 포장해서 국민을 현혹시킬 일 아니다. 이념과 노선논쟁을 하며 소득 2만 달러, 동북아 경제중심을 노래하는 건 어울리지 않는다. 노래만 하다가 베짱이 신세 안 된다고 누가 보장할 수 있는가.

〈한국경제신문, 2004. 5.11〉

Chapter 02

경제 낙관론 주장할만한가

경제는 바닥을 기고 정치는 짜증나는 실랑이를 벌인다. 사회적으로는 갈등이 증폭되고 사회통합은커녕 네 편 내 편으로 갈린다.

노무현 대통령은 5일 MBC TV의 대담 프로에서 국가보안법은 폐지돼야 한다는 견해를 밝혔다. 국보법 유지가 필요하다는 대법원과 헌법재판소의 판결을 대통령이 정면으로 공박하고 나선 것이어서 대통령이 또 다시 논란의 중심에 서게 됐고, 입법·사법·행정부가 정면으로 대결하는 양상으로 번질 것 같다.

우리 경제의 어려움은 다 아는 일이고 내년에도 나아질 기미는 보이지 않는데 노 대통령은 이 날 한국 경제 낙관론을 폈다. 올해 경제성장률은 5.2%로 경제협력개발기구(OECD) 국가 가운데 거의 1위가 될 것이라고 했다. 2003년 성장률이 3.1%로 낮아 기저(基底)효과 때문에 올 성장률이 상대적으로 높게 나타나는 것이다. 성장률이 높아진다고 해서 경제를 낙관할 일은 아니다. 누가 경제 활성화를 바라지 않겠는가. 하지만 기업할 의욕을 잃은 기업인, 수십만의 청년실업자, 400만에 육박하는 신용불량자와 이와 비슷한 규모의 잠재신용불량자, 거리의 택시 운전기사에게 경제 돌아가는 걸 한 번 물어보고 경제 실상을 이야기했으면 좋겠다. 중요한 건 성장률이 아니라 성장잠재력이며 기업을 비롯한 모든 부문의 국제경쟁력이다.

노 대통령 발언, 경제실상과 달라

베이징에서 열린 한·중 경제포럼에서 중국학자는 한국 경제를 대학입시에 떨어진 고교생에 비유하기도 했다. 일본의 한국 경제 전문가인 도쿄대학의 후카가와 유키코(深川由起子) 교수는 국내 한 언론과의 인터뷰에서 "한국 사회의 가장 큰 문제점은 정부 정책에 방향이 없다는 것"이라며 "한국 스스로 불안을 만들고 있다"고 했다. 정부가 귀담아 들어야 할 대목이다.

경제를 살리려면 정책을 분명히 해야 한다. 정부는 분배와 성장 사이를 왔다 갔다 했고, 노사 문제를 다루는 과정에서 일관성을 잃었다. 경부고속철도 천성산 터널공사는 정책의 불확실성을 보여주는 하나의 사례다. 중단됐다가 재개된 공사가 환경단체의 반대와 어느 스님의 단식 농성 때문에 또 다시 중단됐다. 국민의 절반 이상이 반대하는데도 수도이전은 밀어붙이고 있는 것과 사뭇 다르다. 에너지 파동은 언제든 닥치게 돼 있는데 방사성 폐기물 처리장 하나 건설하지 못하고 있잖은가. 이런 게 바로 불확실성이고 그래서 정부 정책 방향에 의문을 던지는 것이다.

기업인들은 "국민소득 1만 달러에 3만 달러 분배정책" "한국에서 사업하기 어려워 2년 후에는 정치인과 노조만 남고 기업인은 중국으로 떠날 것"이라고 했다. 울분이 배어 있는 목소리다.

최근 미하엘 가이어 주한 독일 대사는 대한상의 주최 간담회에서 "독일은 어려운 변화의 시기를 관련국들과 밀접한 관계 속에서 살아가는 것과 달리 한국은 거의 홀로 서 있는 것 같다"고 했다. 국제사회에서 한국이 외톨이가 되고 있는 것으로 비쳐지고 있다는 게 아닌가.

과거사 집착 말고 경제회복 힘써야

언제부터인가, 오랜 기간 구축해 온 미국과의 동맹관계가 흔들렸다. 흔들리는 한·미 동맹관계를 보는 주변국의 태도도 변했다. 중국으로부터 무시당하고 일본은 우리를 외면하는 상황이 됐다. 통일 후에도 안보 동반자로서 미국의 중요성은 더욱 커질 것이다. 그런데도 실제는 어떻든 한국은 미국에 등을 돌리는 모습으로 비치고 있다. 외교나 안보의 바탕은 경제력이라는 걸 명심해야한다.

이제 경제에 '올인' 하자. 우리에게 희망을 노래 못할 까닭이 있는가. 지도자의 시선이 미래에 가 있으면 그 나라에는 미래가 있다. 과거에 발목 잡혀 미래를 열지 못한다면 그것이야말로 역사에 오점을 남기는 것이다. 그런데도 한국의 시계바늘은 과거로 회귀하고 있는 것 같아 안타깝다.

〈문화일보, 2004.9.6〉

Chapter 03

경제 살리려면 정책혼선부터 걷어내라

무식하면 용감하다는 것인지, 경제는 내리막길인데 위기의식이 없다. "한국인들은 자신의 능력은 생각 않고 결과의 평등에만 집착하고 있으며, 한국 정부는 평등주의 아젠다를 추구하는데 힘을 쏟고 있다." 최근 아시안 월스트리트 저널(AWSJ)의 사설이다.

가난했던 지난 시절 모든 국력은 경제에 집중됐다. 모두가 열심히 일했다. 오늘날 이 정도로 살고 있는 것은 그런 노력의 결과다. 고도성장 과정에서 문제점과 부작용도 많이 나타났다. 하지만 성장의 긍정적 효과는 이를 상쇄하고도 남음이 있었다.

지금은 IMF때보다 더 어렵다고 한다. 그 때의 충격은 되살리기 싫지만 '금 모으기' 에서 보듯 위기를 극복하자는 국민적 결의가 넘쳐흘렀다. 지금은 어떤가. 경제에 도움이 안 되는 일로 바쁜 세월을 보내는 게 우리 사회다.

어려울 때일수록 분명한 정책방향과 지도력이 국민들에게 용기를 불러일으킬 수 있다. 그러나 "대기업은 역사상 가장 재무구조가 좋고 가장 이익을 많이 내고 지금도 호황을 누리고 있어 투자여력도 많다. 그런데 그런 대기업들이 투자를 하지 않고 경제위기를 말하는 건 옳지 않다." 이는 대통령의 경제인식이다.

기업은 왜 투자를 꺼릴까. 전망이 분명한 사업이라면 있는 돈 없는 돈 다 동원해서 투자하는 게 기업이다. 돈이 있는데도 투자를 않는다면 그럴 까닭이 있을 것이다. 투자하지 않는다고 기업을 윽박지를 수 없는 일 아닌가.

'평등' 집착 말아야

대통령은 경제가 어렵다고 해도 "무리하게 영양제를 쓰지 않겠다"고 했다. 여기에는 경기부양책을 쓰지 않겠다는 대통령의 의지가 담겨있다. 그런데 정부는 경기부양책이라는 이름을 감추고 한국형 '뉴딜정책' 이라는 이름으로 대규모 투자를 해서 경기를 부양하려고 한다. 한국은행은 얼마 전까지 추가 금리인하를 요구하는 정부에 대해 경기부양효과가 적다고 했다가 세계적 추세와 어긋나는 금리인하 결정을 했다. 실질금리는 마이너스이고 투자부진과 경기침체는 금리가 높아서가 아닌데도 말이다.

한국형 '뉴딜' 이나 금리인하는 대통령이 언급한 영양제 안 쓰겠다는 정책과 앞뒤가 안 맞는다. 문제는 영양제의 투입여부가 아니라 정책이 혼선을 빚고 있다는 점이다. 경기침체라는 사실을 인정하고 싶지 않고, 따라서 경기부양이라는 말도 쓰고 싶지 않아서 그런 것인가.

노무현 대통령은 대선 때 연간 7% 경제성장을 공약했다. 구체적 수치로 나타나는 그런 공약을 내거는 건 당초부터 바람직한 게 아니었다. 또한 성장목표를 달성하지 못했다고 해서 정책 실패라고 비난할 수 있는 것도 아니다.

하지만 이회창 후보가 6%를 공약하기에 "약이 올라서 7%로 했다"고 노무현 대통령은 외국순방에서 언급했다. 이는 우리에게 당혹감을 안겨주고 선거공약의 합리성과 실천가능성을 의심하기에 부족함이 없다. 그렇다면 다른 공약, 예컨대 수도이전도 그런 식으로 발상해서 선거에 이용한 것이라고 여길 수밖에 없다.

경제에 국력 집중할 때

한국경제성장의 역사는 위기극복의 역사 바로 그것이다. 지금의 위기도 극복 못할 리 없다. 그러려면 정부와 여당은 정책의 불확실성과 혼선부터 걷어내야 한다. 모든 경제주체들이 경제성장을 위해 제몫을 제대로 할 수 있게 분위기를 조성하는 일이 급하다. 다시 말해 국력을 경제에 집중해야 하는 것이다.

지금은 성장이냐 분배냐를 놓고 논란을 하거나, 위기를 외면하고 경제에 문제없다고 큰소리칠 때가 아니다. 각종 단체가 파업을 할 때는 더욱 아니다. 기업을 뛰게 해야한다. 일자리 창출도 생산도 기업의 몫이다. 돈이 남아돌아도 투자를 망설이는 대기업의 고민과 운영자금이 모자라 허덕이는 중소기업의 사정을 함께 헤아리는 정책이 펼쳐져야 한다. 우리는 10년 또는 20년 후를 대비하며 뛰어야한다. 먼 훗날을 대비하기는커녕 발등에 떨어진 불도 끄지 못한다면 우리에게 미래가 있겠는가.

〈중소벤처신문, 2004.11.22〉

Chapter 04

성장 올인 구체정책 세워야

지난 1분기 성장률이 2%대에 그친 것으로 알려졌다. 예상을 벗어난 저조한 실적이다. "경제에 올인하겠다"는 대통령의 다짐도 있었고 "한국경제는 모든 측면에서 완전 회복, 빠른 속도로 성장을 다시 시작했으며 이 성장은 지속될 것"이라는 단정도 있었던 터라 실망은 배가된다.

소비가 늘어나 경기가 빠르게 회복될 것이라던 낙관적 기대는 사라졌다. 소비가 살아나면 경기회복에 도움이 되겠지만 그보다 중요한 건 투자증대와 이를 통한 주력산업을 비롯한 모든 산업의 경쟁력이다. 그래야 지속 성장이 가능하다. 소비심리 위축도 성장이 저조하기 때문에 나타나는 현상이다.

현재 반도체 자동차 무선통신기기 조선산업 등이 수출을 주도하고 경제를 떠받치고 있지만 이들은 80년대와 90년대에 집중 육성된 산업이다. 언제까지 이들 산업에 의존할 수는 없다. 어느 시대든 그 시대를 이끌어 가는 주력산업이 있다. 한국경제를 떠받칠 새로운 산업이 계속 솟아나야 한다.

우리 사회 어느 곳을 보아도 투자를 부추기고 경제 살리기에 힘을 쏟는 모습은 보이지 않는다. 기업은 기력을 잃고 강성노조의 힘은 커지고 있는가 하면, 집단·지역 이기주의에다 이념갈등까지 겹치고 있는 형국이다. 미래를 열기는커녕 과거를 파헤치는 일에 매몰돼 있는 우리 사회에서 경제가 활력을 잃고 있는 건 어쩌면 당연한 일이다.

경기회복 잠재력 고갈 우려

연출되고 있는 몇 장면을 한번 보자. 진주의 논개사당에 걸린 논개 영정이 일부 시민단체 회원들에 의해 불법으로 철거됐다. 윤봉길 의사의 사당인 충의사에 걸려있던 현판이 무단 철거됐다. 논개 영정은 친일 화가의 그림이고 현판은 친일행위를 한 박정희 전 대통령의 글씨라는 이유 때문이란다. 문화재청장이 광화문의 현판을 교체하려고 시도한 것과 같은 맥락이다. 전북대 박물관 정원에 있던 30여년 수령의 히말라야시다 나무 한 그루도 박정권 시절의 친일잔재라는 이유로 잘려져 나간 것으로 알려졌다.

그림과 글씨, 나무 한 그루까지 친일(親日)과 반일(反日)로 가르는 세상이 됐다. 중국의 문화혁명 시기에 무차별적으로 문화유산을 파괴한 홍위병의 행태와 비슷하게 보인다. 문화혁명은 중국을 빈곤과 혼란과 후퇴로 몰아넣은 20세기 최대의 실패한 혁명이었다. 마오쩌둥과 소수 참모들만의 아이디어로 갖가지 일을 벌였기 때문이다. 잘못된 과거를 바로잡아야 한다. 하지만 시대 분위기에 편승, 현판을 떼어내고 나무를 자르는 걸 애국운동으로 착각해서는 안 된다. 고속도로와 포항제철은 훼손하거나 청산하기에 너무 벅찬 시설이라서 그대로 두는 것은 아닌지 모를 일이다. 누구나 공과(功過)는 있게 마련이다. 박 전 대통령 역시 예외는 아니다. 하지만 그가 경제성장에 집착한 지도력은 바르게 평가해야 옳다.

육체적 불구는 개인적 불행이지만 정신적 불구자가 많은 것은 국가적 불행이다. 독일의 철혈재상 비스마르크의 말이다. 성장을 강조하면 구시대적 발상이고, 분배를 강조하고 과거를 바로잡겠다고 나서는 게 시대정신인 것처럼 비쳐지고 있는 게 오늘의 현실이다.

경제성장을 지속하기 위해서는 비효율적인 것을 개선하고 합리적인 것을 추구해 경제성장을 이루어내려는 국민적 생활태도나 자각, 여기에 바탕을 둔 사회적 분위기가 필요하다. 그런 기풍과 분위기를 조성하고 우리 사회에 번지고 있는 '정신적 불구' 행태를 바로잡아야 경제는 살아난다. 그런 일에 앞장서는 건 정권과 최고지도자의 몫이다.

투자 등 사회분위기 조성을

빨리 달리다가 힘들면 천천히 걸을 수도 있고 잠시 쉬어갈 수도 있다. 우리는 지금 쉬어가는 그런 불황을 겪고 있는 것이 아니다. 1분기 성장률이 저조하다는 것보다 빨리 뛸 수 없는 성장잠재력의 고갈이 걱정이다. 그래서 시간이 흐르면 경제가 좋아질 것이라고 기대하기는 어렵다. 지금은 기업을 뛰게 하고 경제성장에 걸림돌이 되는 모든 것을 걷어내는 구체적 정책이 필요하다. '개혁을 막기 위한 수단으로 경제위기를 확대' 하려는 게 아니다.

〈한국경제신문, 2005.5.17〉

Chapter 05

경제도 축구도 기본체력 강해야

한국축구가 동아시아축구선수권 대회에서 꼴찌로 망신을 당하자, 감독을 바꿔야 한다는 소리가 요란하다. 그런 가운데 14일 열린 남북통일축구경기에서 '위기의 본프레레호' 가 공격수들의 득점포가 살아나며 승리했다. 특수한 상황의 친선경기였는데 여기서 이겼다고 우쭐댈 일은 아니다. 더욱이 약체 팀에 이긴 것을 두고 한국축구의 회생을 말하는 것도 성급하다.

2002년 월드컵 4강은 다시 생각해도 짜릿하다. '대~한민국' 을 외치는 것만으로도 힘이 솟았다. '히딩크를 대통령으로 !' 라는 구호까지 나올 정도로 그의 인기는 치솟았다. 그런 히딩크 감독도 한때 경질해야한다는 여론에 밀려 실제로 경질될 뻔했다. 위기에 몰린 본프레레 감독은 "새로운 팀을 만들기 위해 선수들을 테스트하는 과정에 있다. 좀더 지켜봐 달라"고 한다.

본프레레 감독은 축구협회의 지원 소홀, 프로축구팀의 비협조 등 히딩크 때와는 다른 상황에서 팀을 이끌고 있다. 그를 일방적으로 매도하는 건 옳지 않다. 하지만 그는 경기에 지거나 졸전을 치른 후 "전술에는 문제가 없었으나 선수들이 열심히 뛰지 않았고 정신상태가 문제"라면서 선수들에게 탓을 돌렸다고 한다. 사실이라면 그의 리더십이 오히려 문제다. 경제가 나쁜 것은 투자에 소극적인 기업 때문이라며 기업 탓으로 돌리는 정부당국자와 다를 바 없다.

뛰지 않는 '축구선수' 골 넣을 수 없어

축구공은 둥글다. 둥근 공이 어느 골문을 가를지 모른다. 기술이 달리면 투지와 체력으로 강팀을 이기는 수를 찾아야 한다. 그게 훈련이고 작전이다. 히딩크는 체력이 뒷받침되지 않으면 어떤 기술도 먹히지 않는다면서 시간과 공간을 선점(先占)하는 '압도와 압박' 축구를 구사하기 위해 체력강화 훈련에 주력했다. 우리 선수들이 지치지 않고 뛸 수 있었던 것은 그런 훈련 때문이었다. 언제까지 히딩크 이야기만 하자는 게 아니다. 투지도 색깔도 없어진 한국축구가 안타까워서 하는 소리다.

오늘날 축구는 축구 이상의 의미를 지니게 됐다. 세계적 현상이다. 축구에 지면 밥맛이 없다는 사람은 많다. 하지만 경제성장이 주춤하면 먹고살기가 힘들게 된다. 많은 국민들은 "한국경제는 전보다 나빠진 것이 없다"는 대통령의 발언을 이해하지 못한다. 누군가가 나서서 "한국축구는 전보다 나빠지지 않았다"고 하는 엉뚱한 주장과 다름이 없다고 생각하기 때문이다.

당국은 경기가 언제 회복될 것인지를 전망하고 발표하는 걸 정책이라고 착각하고 있는지 모르겠다. 경기가 곧 풀릴 것이라는 기대를 심어주면서 난국을 얼버무리려고 해서는 안 된다. 성장잠재력이 잠식되는 걸 막고 경제에 활력을 불어넣는 게 정책이다. 우리의 생산현장은 기술에 매달리기에 앞서 근로의욕이 사라지고 투자심리가 위축돼 있다. 뛰지 않는 선수가 골을 넣을 수 없듯이 그런 생산현장에서 경쟁력과 생산성을 어떻게 높일 수 있겠는가.

위축된 근로의욕 · 투자심리 되살려야

본프레레는 대표팀을 맡으면서 "히딩크 이상의 성적을 원한다. 이기는 축구를 하겠다"고 다짐했다. 노무현 대통령은 "7% 성장"을 자신했고 "경제를 직접 챙기겠다"고 여러 차례 다짐했다. 국민들은 이런 다짐에 기대를 걸었다. 그러나 기대는 물거품이 되고 있다.

한국축구와 경제는 묘하게 대비된다. 나라의 운명은 축구가 아니라 경제에 걸려 있다. 경제를 진정으로 살리려면 경제의 기본체질이 약화되고 있는 현실부터 직시해야한다.

올해를 넘기면 내년에는 지방선거, 2007년에는 대선이 치러진다. 지금도 경제를 챙기지 않는데 선거철에는 오죽할까. 우리 사회가 이루고자 하는 모든 것의 바탕은 경제다. 이대로는 안 된다. 우리에겐 머뭇거릴 시간이 없다. 경쟁국들은 저만치 달려가고 있지 않은가.

〈한국경제신문. 2005.8.17〉

Chapter 06

먹고사는 문제보다 중요한 게 있는가

민주주의가 중요한가, 경제발전이 중요한가. 어느 쪽도 소홀히 할 수는 없지만 둘 가운데 하나를 택하라면 어떨까? 현재 우리 국민의 84.6%는 경제발전이 중요하다고 생각한다는 것이다. 국회 운영위원회가 조사기관에 의뢰해 전국 성인남녀 1200명을 면접 조사한 결과다.(문화일보 6일자 참조)

이는 경제는 바닥을 기고 있는데도 경제를 챙기지 않고 이런저런 일을 벌이면서 개혁이라고 포장하는 집권층에 대해 국민들이 불만을 표출한 것이다. 그동안 노무현 대통령은 셀 수 없을 만큼 경제를 챙기겠다는 다짐을 했다. "경제에 올인 하라는 것은 선동정치의 표본"이라는 엇갈린 말도 했다. "대한민국은 지금 선진국이 아니라는 증거가 없기 때문에 선진국"이라는 발언이 대통령 비서실장에게서 나왔다.

경제 성장과 발전은 높은 산을 한발 한발 힘겹게 오르는 등반에 비유할 수 있다. 등반에서 중요한 것은 지금 어디에 서 있는지를 아는 일이고, 더욱 중요한 것은 어디로 가야 할 것인지를 아는 일이다. 더 높은 곳으로 올라가야 하는데 산의 정상(頂上)이 아니라는 증거가 없기 때문에 정상에 올랐다고 주장하는 것과 다를 바 없다. 선진국이라고 우겨서 무엇 하겠다는 것인가.

국민희망 '경제 먼저 챙겨라'

현 정권이 집권 이후 한 일을 보자. 성장이냐 분배냐를 두고 시비를 벌이고 과거사 정리, 국가보안법 폐지, 신문관계법과 사학법에 매달렸다. 천성산 터널공사 중단 등에서 보듯 이미 시행중인 국책사업이 차질을 빚어 엄청난 예산을 낭비했다. 수도이전 계획이 무산되자 수도 분할을 획책하는 행정도시 건설에 발 벗고 나서는가 하면 177개 공공기관을 지방으로 이전하겠다고 했다. 일단 일을 벌여놓고 보자는 식이다.

그런데 이들 모두는 경제 살리기와 무관한 문제가 아닌가. 지난 2년 간 장·차관급 자리를 22개 늘리고 공무원도 2만 3000명 늘렸다. 이러고도 경제가 활기를 띤다면 그게 오히려 이상한 일일 것이다. 그래도 지금 이 정도 버티는 것은 집권세력이 부정하고 싶은, 앞선 세대가 이룩해 놓은 경제력 덕이다.

예산적자는 늘어나고 국가채무도 2002년의 133조원에서 2004년 203조원으로 늘어났다. 2005년에는 248조원, 2006년 280조원, 2007년에는 299조원으로 계속 증가할 것으로 추정된다. 정부가 내세운 대형 국책사업 규모도 이미 700조원을 훨씬 넘어섰다. 세금 낼 국민의 허리는 휘는데 빚내서 쓰는 일에 익숙해서인지 몇 십조원은 아예 돈 같아 보이지 않는 모양이다. 지금 한 푼이라도 성장 동력 확충에 써야 한다.

한국은행은 내년 경제성장률을 5.0%로 전망했다. 다른 연구기관에 비해 낙관적이다. 낙관적 전망을 탓할 일은 아니나 2003년의 3.1%, 2004년 4.6%, 올해의 3.9% 등 수년간의 성장 부진을 감안하면 미흡한 수준이라고 할 수밖에 없다. 그러나 그것도 달성될 수 있을 것인지 장담할 수 있는 건 아니다. 5~6% 이상 성장할 수 있는데도 비틀거린다면 경제를 챙기지 않았다는 것밖에 달리 설명할 길이 없다. 우리 사회에 만연한 반(反)기업 정서를 보라. 한편에서 보일러 틀고 다른 쪽에서는 에어컨 트는 형국이 아닌가.

성장 동력 확충에 한 푼이라도 더 써야

중요한 것은 성장률보다 성장잠재력 제고에 있다. 2001~2005년 설비투자 증가율은 연평균 1% 수준에 불과하다. 성장잠재력이 멈췄다는 이야기다. 한국산업의 노동생산성은 미국의 35% 수준에 불과하다. 그래서 지금보다 앞으로가 더 걱정이다. 10년, 20년 후 우리가 무엇을 먹고살 것인지를 생각해보자.

갈수록 경쟁은 치열해진다. 세계 각국은 월드컵 축구 경기처럼 하나의 시장에서 경제전쟁을 치른다. 한국경제, 살아남을 것인가 사라질 것인가. 그것이 문제다. 지난 1992년 미국 대선 때 클린턴이 당시 대통령 조지 부시의 연임을 저지한 말은 "문제는 경제야, 이 바보야"였다. 우리 국민이 하고픈 말이다. 먹고사는 문제보다 중요한 과제는 없다.

〈문화일보, 2005.12.8〉

Chapter 07

희망 주는 부동산정책 개발하라

5·31 지방선거 결과는 부동산 가격이 폭등하는 등 먹고살기 어려운 국민이 노무현 정권에 대해 사실상의 탄핵을 한 것이나 다름없다. 선거 이후 최우선으로 재검토해야 할 정책으로 부동산·세금 정책이라는 여론이 많았다. 하지만 경제부총리와 건교부장관, 청와대 경제보좌관의 말을 들어보면 부동산·세금 정책에 변화가 없다는 것이다.

'움직이면 쏜다'는 건 경찰이 범인에게, 또한 보초 근무병이 수상한 사람을 발견했을 때 하는 말이다. 우리의 부동산 양도소득세에도 이 말은 적용된다. 그런데 움직이지 않아도 쏘겠다고 한다. 종합부동산세와 보유세가 바로 이 경우다.

부동산값이 뛴 것은 세금이 낮아서가 아니다. 낮은 금리에다 돈은 많이 풀려 있고 기업의 투자의욕은 꺾여 있다. 무분별한 개발정책으로 풀린 토지보상비는 갈 곳이 없어 부동산으로 몰렸다. 2005년의 토지보상비는 16조

~18조원으로 추정되고, 올해부터 3년간 매년 19조원 정도 풀릴 예정이다. 어디 그뿐인가. 행정도시, 혁신도시, 177개 공공기관의 지방이전 계획은 전국의 땅값을 부추겼다. 그래놓고서 세금으로 잡으려 한다. 꼬리 붙들고 목표한 방향으로 돼지를 몰고가려는 것과 다를 바 없다.

부동산·세금정책에 대한 '5·31 탄핵'

'버블 세븐' 이라는 이상한 용어를 만들어 특정 지역에 사는 사람들을 몰아 붙인다. 일부 투기꾼이 있겠지만 이런저런 사정으로 아파트 분양 때부터 살았거나 몇 십년 살고 있는 사람들이 무엇을 잘못했는가. 충청표 겨냥해서 행정도시를 밀어붙이고, 서민표 겨냥해서 20%와 80% 운운하며 양극화를 강조하는 등 편 가르기를 했지만 서민들은 이번 선거에서 정부 여당의 기대를 외면했다. 먹고살기 어려운데 남을 때린다고 자기 형편이 좋아지지 않는다는 걸 알았기 때문이다.

노무현 대통령은 부동산정책을 완벽하게 만들었는데 이를 무력화하려는 집단 때문에 잘 먹히지 않는다고 했다. 남에게 탓을 돌릴 수 있는가. 집값 부동산값이 크게 오른 것은 이 정부 들어서다. 경고인지 동정인지는 알 수 없지만, "나중에 종합부동산세 한번 내보시라"고 했다. 일부 지역 사람들이 집을 안 팔고 불끈 쥐고 있다고도 했다. 처음부터 비싼 집을 산 것이 아니고 정책 잘못으로 값이 뛰었는데 왜 집을 팔아야 하는가.

김병준 전 청와대 정책실장은 "부동산세가 8배 올랐다고 세금폭탄이라고 하는데 아직 멀었다"고 했다. 주택소유자에 대한 협박이었다. "헌법보다 고치기 힘든 부동산제도를 만들겠다"는 것은 오만과 독선이었다. 좋은 제도면 아무도 바꾸려고 하지 않을 것인데 그런 걱정은 왜 할까. 그 자리를 물러난 뒤 부동산과 세금정책에 대해 "우리가 가는 길이 옳다고 확신한다"고 기염을 토하기도 했다.

소득대비 재산세 부담 고려해야

부동산세에 대해 흔히 미국의 경우를 예로 든다. 양도세의 경우, 주거용 주택은 일정기간 거주한 경우 양도 차익에서 일정액을 면제하는가 하면, 집을 판 돈으로 가격이 같거나 더 비싼 집을 구입하면 양도세를 안 낸다. 현금으로 실현되지 않은 소득에 대해서는 과세하지 않기 때문이다. 재산세액이 소득의 일정 비율을 초과할 때 그 초과액을 소득세에서 세액공제를 한다. 소득 대비 재산세 부담을 고려하기 때문이다.

우리의 경우 소득 대비 주택가격이 미국보다 훨씬 높다. 정책 실패로 집값이 올랐는데 아무 잘못도 없는, 더욱이 대부분의 재산이 주택인 서민들이 세금폭탄을 왜 맞아야 하는가. 집값이 올랐다고 소득이 오르는 게 아니니 빛 좋은 개살구가 아닌가. 움직이면 쏠 것이 아니다. 움직이지 않으면 더욱 쏠 게 아니다. 잘못된 정책을 바로잡기 위해 물러서는 건 패배가 아니다. 집 없는 서민에게, 자라나는 세대에게 희망을 주는 부동산정책을 개발하라. 세금폭탄으로 집값을 잡을 게 아니다.

〈문화일보, 2006.6.12〉

Chapter 08

한·미FTA 반대가 해법일 수 없다

한·미 자유무역협정(FTA) 어디로 갈 것인가. 10~14일 서울에서 열리는 한·미 FTA 제2차 본협상은 협상 자체도 만만치 않지만 반대론이 확산되고 있어 걱정이 앞선다. 12일에는 농민과 노동자, 시민단체들이 대규모 반대 시위에 나선다고 한다. 민노총은 협상 저지를 위해 12일 하루 총파업을 벌인다고 한다. 조합원들의 근로조건과는 직접 관련도 없는 FTA 협상이 왜 파업의 대상인지 묻지 않을 수 없다.

정부 6개 부처는 공동담화문을 발표, 평화적 시위는 보장하겠지만 불법 시위에 대해서는 법에 따라 엄정 대처하겠다는 입장을 거듭 밝혔다. 당연한 이야기를 새삼 강조해야 하는 정부의 처지가 딱하다. 정부가 불법 시위를 걱정하는 것은 자업자득(自業自得)이다. 불법 시위에 경찰과 군인이 다쳐도 별 문제를 삼지 않은 정부가 아니던가. 지난 6월 제1차 협상 때 한국원정투쟁단의 워싱턴 시위는 합법적이고 평화적이었다. 왜 미국에서는 평화적으로 시위를 하고 한국에서는 그렇지 않은가. 불법 폭력시위를 한국 정부는 법대로 다스리지 않기 때문이다.

불법시위 걱정은 정부의 자업자득

찬반토론을 통해 사회적 합의를 도출하기 위한 FTA 공청회도 반대세력의 물리적 저지로 무산되거나 파행을 빚었다. 돌이켜 생각해 보자. 천성산 터널공사, 새만금 간척사업, 위도 방폐장 건설, 평택 미군기지 이전 등을 반대하던 사람들과 단체는 막대한 예산 낭비, 국가적 에너지 낭비를 초래했다. 하지만 어떤 책임도 그들은 진 적이 없다. 불법시위도 적당히 넘어간다는 사실만 확인시켰다.

FTA에 대한 찬반의견이 왜 없겠는가. 정부가 국민 각계각층을 설득하고 국론을 모으는 일에 앞장서야 하는 이유가 여기에 있다. 정부의 그런 노력은 미흡했고, 일부 방송은 FTA의 부정적 측면을 부각시켜 전문적 견해를 가지지 않은 일반국민을 오도하는 일도 서슴지 않았다.

현재 세계무역기구(WTO)에 통보된 300개 이상의 지역 무역협정 가운데 약 70%가 FTA다. WTO 발족으로 지역주의가 쇠퇴할 것으로 기대했지만 WTO 차원에서 진행되는 다자간 협상에 만족하지 못한 나머지 FTA는 세계적으로 확산되고 있다. 거대한 유럽연합(EU)이 탄생했고 중화(中華)경제권이 통합되고 있다. 미국과 일본, 미국과 대만이 FTA를 우리보다 먼저 체결하는 경우를 상상해 보라. 우리가 어떤 선택을 해야 할지는 자명하다.

한미 FTA 협상은 누구의 강요에 의해서가 아니라 우리 스스로 선택한 정책이다. FTA가 체결되는 경우 농업과 서비스부문 등 우리의 저생산성 부문은 어려움을 겪을 수 있다. 그러나 이 부문의 구조조정과 생산성 향상은 한국이 선진국으로 진입하는 과정에서 반드시 극복해야 할 과제다. 그래서 이들 부문에 대한 근본대책이 필요한 것이다.

한국 경제와 사회 한 단계 높일 기회

미국과의 FTA 체결은 우리 경제와 사회 전체를 한 단계 높일 수 있는 기회가 될 수 있다. FTA 체결로 수출시장이 확대되고 안보 리스크가 그만큼 줄어들 뿐 아니라 우리의 모든 제도와 관습 등을 국제기준에 맞춰 가야 하므로 그 과정이 바로 발전으로 이어질것이기 때문이다.

10일 새벽 이탈리아의 우승으로 끝난 독일월드컵에서 세계의 축구 수준이 높다는 걸 우리는 다시 확인했다. 과거 히딩크 감독은 강한 상대와 싸워 크게 지면서도 그걸 강팀을 만드는 연습과정으로 치부했다. 아드보카트 감독도 강팀, 강한 선수와 경기를 해야 기량이 발전한다고 했다. FTA도 이와 다를 바 없다. FTA 반대는 국제경기를 외면하고 국내경기만 고집하며 실력을 쌓겠다는 것과 다를 바 없다. 운동경기에서는 상대에 따라 작전도 달라진다. 상대의 주장에 치밀하게 대응해서 좋은 결과를 이끌어낼 수 있는 FTA 협상을 기대한다.

〈문화일보.2006.7.10〉

Chapter 09

월드컵은 월드컵, 경제는 경제다

지구를 뜨겁게 달구었던 독일월드컵은 끝났다. 승패는 반드시 실력대로만 되지 않는다. 한 번의 기회를 살리면 이기고 한 번의 실수가 돌이킬 수 없는 패배로 이어지는 게 축구다. 그래서 패한 팀은 심판의 오심과 불운을 탓하기도 한다. 한국의 16강 탈락은 안타까웠지만 우리 선수들은 실력만큼 싸웠다. 세계의 벽은 우리가 섣불리 예측했던 것보다 두터웠다는 걸 다시 확인할 수 있었다.

국제축구연맹(FIFA)에 가입한 나라는 207개국, 192개 유엔회원국보다 많다. 세계가 축구에 열광할만하다. 그러나 우리는 그 정도가 심했다. 방송은 월드컵이 시작되면 월드컵 외에는 관심을 가져서는 안 되는 것처럼 분위기를 만들고 월드컵이 삶의 전부인 것처럼 사람들을 마비시킨다. 방송사 월드컵 편성은 개최국 독일의 두 배 이상이었다고 했다. 같은 시간에 같은 경기를 방송 3사가 동시에 중계한 것은 세계에서 유례가 없는 일이었다. 호주

·일본 경기의 시청률이 일본보다 더 높았다는 걸 어떻게 설명해야할까.

축구 때문에 전쟁을 하기도 했고 축구 때문에 잠시 전쟁을 멈추기도 한 경우가 있었다. 그러나 아무리 축구가 좋고 중요해도 축구에만 매달려 살아갈 수는 없다. 우리가 본선진출, 16강, 8강을 열망하며 기울인 노력은 눈물겹다. 그런데 그보다 훨씬 중요한 문제에는 제대로 대처하지 않는 게 문제다.

축구에만 매달릴 수 없다

월드컵 기간 중 한·미 자유무역협정(FTA), 평택 미군기지 이전 문제, 심상치 않은 경제동향, 북한의 미사일 위기 등 현안들은 표류했다.

이를 다루는 책임 있는 당국이 없다는 게 많은 국민의 인식이다. 2002년 한·일 월드컵 대회가 한창이던 6월 29일 북한해군의 기습 선제공격으로 발생한 서해교전에서 우리 해군장병 6명이 전사한 엄청난 사건도 월드컵 열기에 묻혀버리지 않았던가.

아드보카트 감독은 고별 기자회견에서 "2002 월드컵 멤버들의 실력이 4년 동안 나아지지 않았다"고 지적했다. 그는 "더 나은 팀, 더 나은 선수와 경기했을 때 기량이 발전한다"며 선수들의 유럽 리그 진출을 권유했다. 히딩크 감독도 강한 상대와 싸워 크게 지면서도 그걸 강팀을 만드는 연습과정으로 치부했다. 약한 팀과 싸워 이기는 건 의미가 없다고 했다.

한·미 FTA도 이런 시각에서 접근해야한다. 선진국과 경쟁해서 경제체질을 강하게 만들지 않고 선진국이 될 수 없는 것이다. 만일 일본과 대만이 우리보다 먼저 미국과 FTA를 체결하는 경우를 한번 생각해보자.

아드보카트 감독은 “네덜란드처럼 유소년 축구가 발전한 곳이 좋은 대표팀을 가질 수 있다”며 유소년 축구의 중요성도 강조했다. 수많은 중소기업이 육성되고 활기를 띄어야 국민경제가 강해질 수 있는 이치와 같다. 골을 넣은 선수는 스타가 되지만 그 골은 혼자만의 작품은 아니다. 선수들 모두의 협력의 결과다.

경제 챙기는 것이 더욱 중요

대기업과 중소기업의 상생협력도 이와 다를 바 없다. 대기업이 국민경제를 이끌어 가는 것 같지만 수많은 중소기업의 협력 없이는 불가능하기 때문이다.

우리는 왜 월드컵에 열광하며 한밤중에 거리에 나와서 ‘대~한민국’을 외쳤는가. 무언가 자신을 온통 내맡기고 특정한 일에 매달리고 싶은 열정 때문이다. 나라를 경영하는 지도력은 이러한 열정을 국가발전으로 승화시킬 환경을 마련해 주어야 한다. 우리 사회에는 국민의 열정을 엉뚱하게 사장시키는 일이 얼마나 많은가.

한국선수들은 열심히 뛰었다. 그랬기에 16강에 들지 못했어도 선수단에게 아낌없는 박수를 보내는 것이다. 쉬지 않고 전진하면 언젠가 4강을 넘어 우승할 날도 올 것이다. 그런 희망으로 뛰고 또 뛰어야하는 것이다. 축구에 정성을 쏟듯이 일자리를 만들어 국민들의 열정을 쏟게 해야한다.

경제 챙기는 것보다 중요한 과제가 있는가. 나라를 사랑하는 길은 거리에서 ‘대~한민국’을 외치는 데에 있지 않다. 축구강국이 경제강국은 아니다.

〈중소기업뉴스, 2006.7.12〉

Chapter 10

경제위기론에 대한 한심한 정부인식

한국의 1인당 국민총소득(GNI)은 2006년 1만 8372달러를 기록했다. 원화강세(달러에 대한 원화환율하락)에 힘입은 바 컸고, 올해에는 2만 달러를 달성할 전망이다. 노무현 대통령은 "경제적으로 보면 우리는 이미 선진국에 들어섰다' 고 진단한 바 있지만 소득 2만 달러수준이면 선진국이 되는 것은 아니다.

1990년대에는 2만 달러는 선진국을 의미하는 잣대로 통용될 수 있었지만 지금은 다르다. 선진국들은 이미 3만 달러 시대에 접어들었기 때문이다. 한국은 4%대의 낮은 경제성장률로는 선진국 진입보다는 중진국 지위가 고착화되는 '중진국 함정' 에 빠졌다는 분석도 나온다.

지난 해 국내총생산(GDP)성장률은 5%였지만 실질 국민총소득(GNI)은 그 절반에도 미치지 못하는 2.3% 증가에 그쳤다. 주로 수입원자재가격 상승 등으로 교역(交易)조건이 악화되면서 실질 무역 손실이 확대됐기 때문이다. 소득증가율이 경제성장률을 밑도는 현상은 1996년 이후 2002년을 빼면 11년째 계속되고 있다. 경제가 성장한 만큼 국민의 주머니사정이 호전되지 않는 '영양가' 없는 성장이 되고 있는 것이다.

한국은 중진국 함정에 빠졌다?

영국 파이낸셜타임스(FT)는 최근 한국경제는 잠자다 불쑥 일어나 사방을 헤매고 다니는 몽유병자 같다면서 "서울이 몽유병(夢遊病)에 걸렸다(Seoul sleepwalk)"는 기사를 실었다. 듣기에 거북하지만 세계에 비친 한국의 모습이다.

대한상공회의소의 보고서는 기업의 86.3%가 현재 한국의 경기를 '침체상태'로 보고 있다고 했다. "정신 차리지 않으면 혼란 온다"거나 "한국은 '샌드위치' 위기"라고 재계는 경고하지만 정부 당국자들은 위기론 자체를 인정하지 않으려 한다. 그런가 하면 부동산문제를 붙들고 시비하는 걸 서슴지 않는다.

노무현 대통령은 "(세금 무겁다면서) 비싼 동네에서만 살겠다니까 문제지, 싼 동네로 이사 가면 양도소득세 내고도 돈이 한참 남는다"고 했고, 권오규 경제부총리는 "서울 강남서 집 팔아 분당으로 이사하면 양도소득세를 내고도 상당한 현금을 확보할 수 있다"고 돈 버는 방법까지 친절하게 가르쳐주고 있다. 집은 다른 상품과 달리 삶 그 자체다. 보통사람들은 사업이 망하거나 집안에 큰 일이 생겨 목돈이 필요해졌을 때에 집을 줄여 가는 게 보통이 아니던가. 살던 집을 팔고 떠나라는 정부도 있는가.

김영주 산자부장관은 기업인들의 경제걱정 소리를 두고 "호들갑스럽게 목소리를 높이고 있다"고 했다. 권오승 공정거래위원장은 "기업하기 좋은 나라를 만들자는 것은 목소리 큰 일부 대기업에만 혜택이 돌아가는 나라를 만들자는 것으로 비칠 수 있어 바람직하지 않다"고 말했다. '기업하기 좋은 나라'를 만들자는 말도 못할 판이다.

▒ '기업하기 좋은 나라' 만들자는 말도 못할 판이라면

중국은 지난 1월과 2월 두 달 연속 '조선(造船) 한국'을 제치고 처음으로 세계 선박수주 1위를 차지했다. 조선만이 아니다. 우리의 주력산업인 철강·조선·휴대폰·반도체 등은 몇 년 앞을 내다보기 어려울 정도로 중국과의 격차가 줄어들었다. 앞으로 무얼 먹고살 것이냐를 생각해보자. 한가하게 위기가 아니라고 딴청부릴 여유가 있겠는가.

기업의 투자는 크게 줄었고 한국경제는 일본과 중국 사이에 끼어있는 샌드위치 신세나 다름없는데 기업인들의 걱정을 호들갑 떤다는 식으로 폄훼하고 있다. 한심한 일이다. 정부는 경제현실을 똑바로 보고 기업의 기(氣)부터 살려라.

경제 걱정하는 건 누굴 비난하자는 게 아니라 우리의 살길을 모색해야한다는 걸 강조하자는 것이다. 이걸 호들갑 떤다고 하면 무슨 말을 해야 하나. 정부가 앞장서서 경제정책을 잘 했다고 홍보하면서 국민을 편 가르거나 일부를 협박하고 기업인들을 윽박지르면 경제가 살아나는가.

〈우리신문, 2007.3.30〉

Chapter 11

노무현 정부 부동산정책 출발부터 잘못

"하늘이 두 쪽 나도 부동산은 잡겠다"는 노무현 정부의 부동산 정책은 탱크를 앞세워 고지를 점령하겠다는 군사작전을 연상시킬 정도로 그 의지가 대단했다. "헌법만큼 바꾸기 어려운 부동산 제도를 만들겠다"는 발언도 서슴지 않았다. 그동안 크고 작은 부동산 대책이 40차례나 발표됐다.

하지만 문제의 원인을 제대로 분석하지도 않은 채 시장원리를 무시하고 시행한 정책의 결과는 참담하다. 현재 나타나고 있는 주택 거래 감소, 아파트 미분양 사태 악화, 전세금 급등은 잘못된 부동산 정책의 결과로 나타난 현상이다. 이런 점은 지난 8일 건설산업 비전포럼의 한 세미나에서 지적되기도 했다.

높게 치솟았던 집값이 약간 떨어졌다 해도 이미 너무 높은 수준에 있어 한국경제의 성장과 경쟁력 향상에 큰 걸림돌이 돼있다. 초기 대응을 잘못해서 부동산 문제가 심각해진 후 종합부동산세·보유세·양도소득세를 중과

(重課)하고 주택담보대출을 규제했지만 주택 거래만 줄어들고 미분양 사태를 빚는 등 부작용들이 나타나고 있다. 전국 미분양 아파트는 지난 8월 9만 2000여 가구에 달했고 연말까지 20만가구의 신규 분양이 예정돼 있어 미분양 아파트는 더 크게 늘어날 전망이다.

움직이면 쏘고 가만있어도 쏜다는 식

아파트 분양가 상한제와 청약 가점제 등으로 주택 수요자들이 주택 구입을 미루고 전세 거주 수요가 늘어났기 때문에 전세금도 뛰었다. 분양원가 공개와 분양가 상한제는 주택 건설을 기피하게 만들고 아파트의 질(質) 저하를 초래할 것이다. 이런 반(反)시장적 제도를 노 정부는 부동산 정책으로 도입했다. 왜 자동차나 TV에는 원가 공개와 가격 상한제를 적용하지 않는지를 생각해 보라.

잘못된 정책은 잘못된 결과를 낳는다. 정부는 부동산 문제의 발생 원인을 제대로 보지 않고 투기꾼만 잡으면 된다고 생각했다. 집값은 정책 잘못으로 올랐는데 서울의 강남 등 특정 지역에 사는 사람들을 투기꾼 또는 부도덕한 사람으로 몰아붙이고 세금폭탄을 들먹이며 "싼 동네로 이사 가면 양도소득세 내고도 돈이 한참 남는다"며 집 팔고 떠나라고 했다.

집을 팔려면 징벌적 양도소득세를 물리고 그냥 있으면 보유세와 종합부동산세로 견디기 힘들게 만든다. 움직이면 쏘고 가만있어도 쏘겠다는 것이다. 주택 정책이 집 가진 자에게 고통을 주겠다는 게 아니고 무엇인가. 법원은 종합부동산세 부과 대상이 1가구 1주택자인 경우 재산권을 침해할 우려가 있어 보완이 필요하다고 판결했다. 그건 그렇다 치고 좋은 집으로 옮겨가려는 사람이나 집 마련할 길이 멀어진 서민의 분노와 박탈감은 어떻게 달래야 하는가.

초과수요가 있는 주택의 공급 통로는 수요 억제에만 초점을 맞춰 재건축을 어렵게 하는 등 각종 규제 수단을 통해 막았다. 풍차를 향해 돌진하는 돈키호테가 따로 없다.

차기정부는 반(反)시장적 정책 접어야

부동산시장을 요동치게 만든 근본 원인은 정부의 무분별한 개발사업이다. 2003~2007년 5년 사이에 집행된 토지보상비는 87조원, 2008~2009년에도 각각 연간 약 25조원이 풀린다. 시중 부동(浮動)자금은 넘쳐나는데 국토 균형개발이란 이름으로 행정중심도시, 혁신도시, 기업도시를 세운다고 곳곳에 대못을 박으며 땅값을 올리고 투기를 부추기며 엄청난 토지보상비를 뿌렸으니 전국의 땅값과 집값이 오르지 않을 까닭이 없다.

노 정부에 더 기대할 게 없다. 새 정부는 부동산을 잡으려면 우선 행정도시를 비롯한 혁신도시 건설 등 '국토균형개발 정책' 부터 다시 검토하고 시장을 거스르는 정책을 접어야 한다. 부동산시장을 요동치게 하는 폭탄을 던져 놓고 엉뚱하게 규제를 남발하는 정책으로는 새총으로 탱크를 잡으려는 것과 다를 바 없다.

〈문화일보, 2007.11.14〉

Chapter 12

올림픽 감동을 경제에서 되살려야

베이징 올림픽에서 한국 선수들이 연출한 드라마는 국민들의 가슴에 진한 감동을 남겼다. 금메달 13개, 종합순위 7위는 대단한 성과다. 마음껏 즐거워한들 누가 탓하랴. 하지만 드라마가 끝났으니 아쉽지만 먹고사는 일상의 현실로 다시 돌아와야 한다. 올림픽 승리에 자만하거나 도취돼 있을 여유는 없다. 월드컵 4강 신화를 이뤘던 축구는 뒷걸음질치고 있지 않은가. 야구는 게임마다 아슬아슬한 드라마를 연출하며 우승, 국민들을 열광시켰지만 썰렁한 국내 야구장의 관중석을 보라. 수영에서의 메달은 값진 것이지만 우리 주위에 제대로 된 수영장이 얼마나 있으며 또 핸드볼 팀은 몇 개나 있는가. 인프라에 투자하고 선수층을 넓혀 기초를 다져야한다. 그러하지 않고 메달에만 초점을 맞추는 건 억지요 강압이나 다름없다.

한국 경제는 침체돼있고 정치는 좌표를 잃고 방황하고 있다. 촛불시위에서 보듯 법과 질서는 깨지고 이념갈등마저 겪고 있다. 노동자들은 일터가 아닌 거리에서 주먹질이고 기업인들은 투자를 망설인다. 이대로는 안 된다.

세계경제환경은 먹구름이다. 한국경제에 영향을 미치는 미국의 경제난은 그렇다 치고 중국경제의 향방에 관심이 쏠리지 않을 수 없다. 올림픽을 치른 이후 일본과 한국은 물론 호주, 캐나다, 그리스가 '올림픽 후유증'을 앓은 것과 비슷한 길을 밟지 않을까 하는 우려 때문이다. 올림픽을 위해 400억 달러를 투입한 중국 경제는 수출증가율과 산업생산 증가율 둔화, 물가불안 등 심상치 않은 조짐을 보인다. 중국의 성장률 1%포인트 감소는 한국의 중국수출 2.5% 하락으로 이어진다는 분석(삼성경제연구소)도 있다.

메달에만 초점을 맞춰서는 안 돼

젊은 새로운 선수들로 구성된 야구는 큰일을 해냈다. 새로운 중소기업이 우후죽순처럼 솟아나 활력이 넘쳐야 경제가 산다. 우리가 살려내야 할 것은 투자의욕과 개척정신이다. 위대한 투자자로 알려진 존 템플턴은 그가 쓴 '성공론'에서 "햇살만 내려 쪼이는 곳은 사막이 된다"는 말로 호경기만 있는 사회는 오히려 위험한 사회임을 지적했다. 위기가 기회임을 웅변하고 있는 것이다. 스포츠 세계에서 지름길이나 요령이 통하지 않는다. 꾸준히 땀 흘리는 선수는 언젠가 빛을 본다. 종착점 없는 경제마라톤에서 얄팍한 꼼수로 이길 수는 더욱 없는 것이다.

한국은 기술에서 앞서가는 경제대국 일본과 승천하는 용이 되고자 경제성장에 매달려 온, 이제는 문화적 우수성까지 과시하고자하는 중국 사이에 있다. 이 틈바구니에서 살아남으려면 이들과 무언가 달라야한다. 기술개발에 온힘을 쏟고 기술이 부족하면 그걸 보완하기 위해 더 많이 뛰어야한다. 친절과 봉사정신에서 돋보여야하고 질서나 규율, 문화와 도덕적으로도 앞서가야 한다. 경제경쟁, 경제전쟁에서 살아남는 길은 먼 곳에 있지 않다.

올림픽 경기장 구석구석마다 표출됐던 중국의 반한감정을 생각해보자. 한국이 누구와 싸우든 상대편을 응원한 까닭이 무엇인가. 원인은 복합적이다. 중국과의 관계는 역사, 영토, 문화 등 여러 부문에 걸쳐 얽혀있기 때문이다. 서울 성화봉송 중국유학생 폭력사건(2008년 4월27일)이나 중국 쓰촨성 대지진 때 철없는 네티즌이 '중국이 천벌을 받았다' 고 한 악플이 중국인들에게 전해진 것도, 중국이 못산다고 착각하고 무시하는 우리의 행태도 반한감정을 자극하는데 한몫 했다. 남의 감정 자극하지 않고 할 말과 할 일을 당당하게 하는 성숙함을 익혀야 한다. 그래야 국제사회에서 살아남을 수 있다. 우물 안에서 남의 감정 거슬리는 언동은 애국이 아니다.

▪ 올림픽에 기울인 정성 경제에도 쏟아져야

운(運)이 있어야 이길 수 있다고 하지만 실력이 뒷받침돼야 운도 따른다. 경제도 마찬가지다. 경제가 활력을 찾으려면 부품산업과 조립산업, 중소기업과 대기업, 또 중소기업간 경쟁과 협력은 필수적이다. 경영자와 노동자는 물론 정부도 당연히 힘을 모아야한다. 위기 때는 위기극복에 매달리고 기회가 올 때를 대비해 철저히 준비하고 기회가 오면 최대한 활용해야한다. 위기 때 방황하고 기회를 놓치면 기다리는 것은 쓰라린 패배다. 우리의 젊은 선수들이 올림픽에서 보여준 것은 힘을 합하면 이뤄내지 못할 게 없다는 자신감이었다. 우리가 겪고 있는 경제난은 지도자들이 앞장서고 국민들이 마음을 모아나가고 기업이 뛰면 극복 못할 리가 없다. 올림픽에 기울인 정성과 노력, 그리고 국민적 성원이 기업과 경제에도 쏟아져야 마땅하지 않겠는가.

〈중소기업뉴스, 2008.9.3〉

Chapter 13

도요타 리콜사태를 보며

세계 최대 자동차 업체 도요타의 리콜사태는 대단한 쇼크다. 미국과 캐나다시장의 800만대를 포함해 전 세계적으로 1,000만대 리콜은 2009년 판매대수 780만대, 2008년 890만대보다 훨씬 많은 물량이다. 도요타에 이어 혼다자동차도 소형차 64만여 대를 리콜한다고 했다.

도요타는 2008년 GM을 제치고 세계 1위 자리에 올라선 후 질주를 계속했다. 그러던 1등 기업 도요타의 엔진이 꺼질 지경에 이르렀다. 이미 3년 전 미국과 일본에서 가속페달에 문제가 있다는 불만이 제기됐었다.

당시 도요타는 "차량 결함이 아니라 운전상의 문제"라면서 불만을 무시했다. 제방에 구멍이 난 것을 보고 자신의 손으로 막아 마을을 구해낸 네덜란드 소년의 이야기를 읽으며 감동했던 걸 기억하는가. 도요타는 작은 구멍 하나를 소홀하게 생각해서 이런 큰 사태를 불렀다.

도요타는 세계 1위 자리에 오른 후 자만에 빠졌고 양적 확대에 치중했다.

글로벌 생산능력을 키우는 과정에서 원가절감을 위해 해외공장에 들어가는 부품의 현지조달을 늘리면서 품질관리가 어려워졌다. 이게 도요타 사태의 원인이다. 일본 언론은 도요타 리콜사태를 "미국 자동차산업 부활을 목표로 도요타 때리기"라는 주장을 하고 있지만 이는 핵심을 벗어난 일본식 시각이나 다름없다.

자만에 빠지고 양적 확대에 치중한 도요타

세계 자동차 시장의 경쟁은 치열하다. 수요(연간 7,000여만 대)보다 생산이 훨씬 많기 때문이다. 원가를 줄여야 경쟁에서 살아남지만 품질향상이 전제되지 않는 원가절감은 독(毒)이다. 일본 산케이신문에 따르면 도요타의 피해액은 부품·인건비·물류비만 1000억 엔이다. 여기에 브랜드가치의 손상 등을 감안하면 피해액은 천문학적일 것이다.

영원한 1등은 없다. 1등이 되기도 어렵지만 지키기는 더욱 어렵다. 자동차 업계 1위였던 포드는 T형 포드로 자동차 시장을 거의 장악했지만 시대가 바뀌면서 달라진 고객의 욕구변화를 읽지 못해 GM에게 밀렸다. GM은 다시 도요타에 밀렸다. 또 어떤 차가 앞으로 달려 나갈지 알 수 없다.

휴대폰시장도 마찬가지다. 세계시장을 석권했던 모토롤라는 노키아에 밀리고, 삼성전자가 새로운 강자로 등장했다. 이제 다시 스마트폰 바람이 불고 있어 판도가 어떻게 바뀔지 아무도 모른다.

도요타 사태는 한국자동차에게 기회가 될 수 있을 것인가. 1대 1 경쟁에서는 '남의 불행이 나의 행복' 일 수 있다. 그러나 군웅이 할거하는 자동차 시장에서 그런 기대는 너무 안이하다. 도요타 사태를 기회로 세계적 자동차 업체들이 반격에 나서고 있다.

사실상 도요타를 성장모델로 삼아온 현대자동차에게 도요타의 위기는 남의 일일 수 없다. 해외생산을 늘리려면 부품의 현지조달을 늘릴 수밖에 없다. 도요타의 전철을 밟지 않을 만반의 대책이 필요한 이유다.

자동차시장은 정글

지난 1월 현대·기아차의 미국시장 점유율은 8%대로 상승했다. 하지만 GM, 도요타, 포드, 혼다, 크라이슬러가 여전히 앞서 달리고 있다. 지난 40년 간 미국소비자로부터 신뢰와 사랑을 받아온 도요타가 지금 외면당할 위기에 빠졌지만 신뢰를 다시 회복할 가능성은 충분하다. 신뢰를 회복하면 더욱 강해질 수 있다. 한국자동차에 비슷한 문제가 생긴다면 어떻게 될 것인가. 도요타 사태는 한국자동차업체의 당면과제를 말해준다.

자동차가 계속 달리려면 품질향상과 원가절감을 동시에 이뤄야한다. 원가절감은 어려운 과제지만 부품가격 인하만이 해법이 아니다. 부품업체와 상생(相生)하는 길을 찾아야한다. 한국자동차업계는 노사분규를 연례행사처럼 치르며 용케도 여기까지 왔다. 정글과 같은 자동차시장에서 살아남기 위해 노사가 해야 할 일이 무엇인가를 깊이깊이 생각할 때다.

〈코리아타운 데일리. 2010.2.3〉

제3부 세종시 건설, 수도분할의 역사적 평가는 끝나지 않았다

01. 광화문은 복원되고 수도는 분할되고
02. 논리 함정에 빠진 세종시 원안
03. 행정수도 밀어붙일 일인가
04. 신행정수도 건설 반대한다
05. 수도이전 갈등 국민투표로 풀자
06. 수도이전 '국민투표' 가 정답이다
07. 수도이전논란 대안-지방 지원과 분권(分權) 확대로
08. '독선의 정치' 멈추어라
09. 분도(分都)는 천도보다 더 나쁘다
10. 수도 서울 분할은 반(反)역사적 망국(亡國)행위다
11. 헌재(憲裁) 결정 임박한 행정도시 헌법소원
12. 행정도시 기공식은 했지만
13. 행복도시 대신 교육과학벨트를
14. 행정도시, 어떻게 할 것인가
15. 차라리 국민에게 물어라
16. 세종시, MB와 박근혜의 선택
17. 세종시 문제로 감정싸움 할 때인가

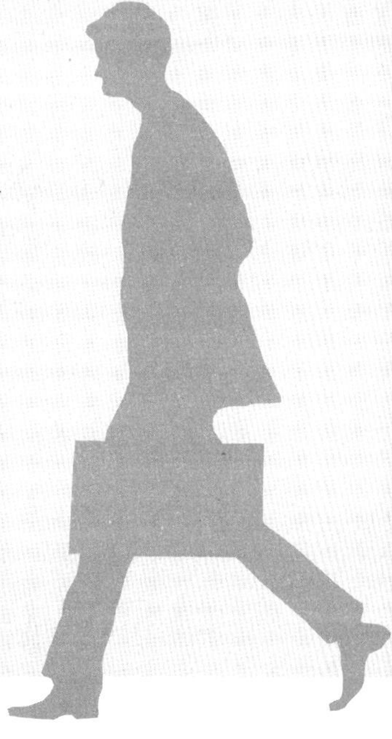

Chapter 01

광화문은 복원되고 수도는 분할되고

광화문이 새 모습으로 지난 광복절에 공개됐다. 조선 태조 4년(1395년)에 건립, 임진왜란 때 불탄 뒤 고종 2년(1865년)에야 겨우 복원됐지만 일제가 조선총독부 청사 건립을 위해 헐고 강제 이전, 6·25 때 다시 소실, 1968년 원래 자리에 철근콘크리트 구조물로 복원한 것을 이번에 목조 원형으로 다시 복원한 것이다.

일제는 총독부 새 청사를 지으면서 광화문을 헐어버렸다. 1926년 당시 동아일보 편집국장이던 설의식은 '헐려짓는 광화문'이라는 글에서 조선의 역사와 백성의 울분과 한이 서려 있는 광화문의 헐림은 민족혼의 헐림이라며 울분을 터뜨렸다.

일본인 야나기 무네요시(柳宗悅) 교수도 "아! 광화문이여, 광화문이여, 그대의 생명이 얼마 남지 않았구나…"라며 탄식하는 글로 총독부를 질타했다. 광화문을 없애려던 계획이 이전 계획으로 바뀐 것은 이 글 때문이라는 것이다.

광화문 복원을 보며 세종시를 생각한다. 광화문은 제자리에 원래 모습으로 돌아왔는데 수도를 분할하려는 계획은 진행 중이다. 일제가 조선 역사를 단절하고 이질적인 역사를 출발시키려고 광화문을 헐고 총독부 건물을 세운 것과 수도를 분할하려는 것이 크게 다르지 않다.

수도를 분할해서 어쩔려고?

수도 분할로 지역균형발전을 이루겠다는 허무맹랑한 논리의 속내는 특정 지역 표심 잡기 계산이었다. 그런 식으로 지역균형발전을 이루겠다면 차라리 행정부 각 부처를 전국 시·도에 흩어놓겠다고 해야 옳다.

세종시 수정안은 사실 충청지역에 대한 대단한 특혜였다. 원안을 수정하려니 그 정도의 특혜는 어쩔 수 없는 것이었을 것이다. 수정안을 제기한 정운찬 전 총리는 외롭고 의로운 싸움을 벌였지만 국회의 벽을 넘지 못하고 물러갔다. 정운찬 전 총리는 패배했고 이명박 대통령은 상처를 입었다. 야당과 박근혜 의원을 주축으로 한 한나라당 친박계는 일단 승리한 것처럼 보인다.

과연 누가 이겼고 누가 옳았는가는 역사의 평가를 기다리지 않아도 자명하다. 하지만 어쩔 것인가. 이제 국무총리실과 9부 2처 2청은 세종시로 옮겨야한다.

잘못된 약속이라도 약속한 것이니까 지켜야한다고 고집하기 전에 사안의 본질과 중대성에 대한 검토가 우선돼야했다. 그게 책임 있는 정치인의 책무다.

수정안에서 제시했던 각종 혜택이 사라지면 기업과 대학이 세종시로 갈

이유가 없다. 그래서 수정안을 부결시킨 원안 주장 정치인들은 원안에는 없고 수정안에 있는 특혜를 요구하고 있다. 행정부와 관련 연구기관 이전만으로 자족도시가 되기 어렵다는 걸 스스로 말하고 있는 것이다. "+α는 원안에 이미 다 포함돼 있는 내용"이라는 주장도 하는데 원안 어디에도 그런 내용은 없다. 대부분의 충청지역 주민들은 행정부도 이전하고 수정안에서 제기됐던 각종 특혜도 당연히 따라온다고 착각하고 있다.

대통령은 서울에 있고 총리와 장관들은 세종시에 있는, 수도 분할 상황이 옳은 일이며 또 언제까지 계속될 것인가. 행정부를 흩어놓고 국가를 운영할 수 있으며 국가적 위기상황에 제대로 대처할 수 있는가. 수도를 분할하기보다 차라리 헌법을 고쳐서 수도를 이전하는 게 옳은 일이 아닌가.

수도분할도 언젠가 복원될 것

숱한 곡절을 거쳐 광화문이 원래 자리에 다시 돌아오듯이 수도가 분할되면 다시 복원되는 날은 온다. 수도분할은 비정상적이고 옳지 않은 일이기 때문이다. 그러나 많은 대가를 치른 뒤의 일일 것이다.

충청지역에서 수정안을 다시 살리라는 움직임은 없을 것인가. 허황한 기대인가. 다음 대선 때에 행정부 이전에다 각종 특혜까지 더해주는 표심잡기 포퓰리즘이 나타날 가능성도 있다. 그럴 경우 다른 지역의 박탈감은 어쩔 것이며 국가 전체는 어찌되는가.

〈2010. 8〉

Chapter 02

논리 함정에 빠진 세종시 원안

세종시 운명이 바람 앞의 촛불이다. 정권의 정치적 손해를 감수하고 국가 백년대계를 위해 세종시 수정안을 추진하겠다던 이명박 대통령이 세종시에 대해 "국회의 결정에 따르겠다"는 입장으로 바뀌었다. 이변이 생기지 않는 한 국회통과는 어려운 게 현실이다. 그렇다면 세종시에 투자하기로 한 기업들은 결국 발길을 돌릴 수밖에 없다. 투자는 타이밍이자 시간 싸움이 아닌가.

세종시 수정안을 포기하는 건 민심 수습이 아니다. 이번 지방선거가 세종시에 대한 국민투표는 아니었다. 사정이 이런데도 야당은 국민들이 세종시 수정안을 반대한 것이라고 우긴다. 그런 논리를 따른다면 김대중·노무현 정권 시절 지방선거와 재·보궐선거에서 당시 야당이었던 한나라당이 이긴 것을 놓고 햇볕정책과 행정도시 건설계획을 포기하라는 민의의 표출이라고 봐야 한다. 또한 이명박 대통령의 당선은 대운하에 대한 국민적 지지를 받은 것으로 해석해야 마땅하다.

국무총리와 9부 2처 2청의 세종시 이전, 즉 수도분할이 지역균형발전을 가져온다는 논리는 허구다. 세종시 원안의 문제점을 모르는 사람도 없다. 그러나 이 문제는 이성적 합리적 판단을 기대하기 어려운 정치적 쟁점이 됐고 감정과 자존심의 문제로 변질됐다. 교육과학중심 경제도시를 육성하는 내용의 세종시 수정안은 충청지역은 물론 국가적으로 원안보다 훨씬 나은 것인데도 배척받고 있는 분위기가 통탄스럽다. 멀쩡한 행정부를 쪼개놓는 게 어떻게 지역발전이며 특정지역 주민들의 자존심을 살리는 일인가.

잘못 알면서도 '약속'에 얽매여

약속은 지켜져야 한다는 주장은 옳다. 그렇다고 잘못된 약속인줄 뻔히 알면서도 지켜야 한다는 주장은 현실을 외면하고 논리의 함정에 빠져 있는 것이나 다름없다.

노무현 대통령 후보는 2002년 대선 때 충청표를 겨냥, 급하게 행정수도 이전 공약을 내세워 그의 말처럼 '재미'를 봤다. 행정수도가 위헌판정을 받자 다시 행정도시 계획을 밀어붙였고 당시 야당이었던 한나라당은 마지못해 끌려간 것이 세종시 원안이다. 노 대통령은 행정도시 기공식(2007년 7월20일)에서 "청와대와 정부, 정부부처 일부가 공간적으로 분리되게 된 것은 매우 불합리한 결과"라며 청와대와 국회까지 모두 이전해야한다고 주장했다. 행정부처 분할의 비효율을 잘 알고 있었다는 얘기다.

세종시나 4대강 사업은 지방선거와 관계없이 다뤄져야 하는 국가적 과제다. 이미 진행 중인 4대강 사업을 그만두라는 것은 여간 큰 문제가 아니다. 세종시와 4대강 사업 중 포기해야 할 사업 하나를 선택해야한다면 세종시여야 한다. 행정부가 분할되는 경우 나타날 문제점은 한둘이 아니며 다시 되돌리기는 어렵다. 그건 국가적 재앙이다. 그러나 4대강은 언제든 다시 시작할 수 있기 때문이다.

공은 국회로 넘어갔다. 극적인 반전을 기대하는 건 어리석은 일일까. 어쨌든 국회의원 각자가 세종시에 대해 어떤 입장이었는가를 기록해서 역사에 남겨야 한다. 국가적인 중차대한 문제를 어떻게 결정하는지를 국민은 알아야하기 때문이다. 과연 국회가 국가와 국민을 위한 결정을 하리라고 기대할 수 있는가. 농민을 위한다며 결정한 쌀 관세화 유예 결과는 어떤가. 쌀은 남아도는데도 쌀 의무수입물량은 매년 늘어나게 돼있다. 과연 농민을 위한 옳은 선택이었던가.

국회의원 각자 입장 기록 남겨야

세종시 문제에 대해 한나라당 내의 이견(異見)이 해소됐다는 얘기는 들리지 않는다. 그렇다면 국회 표결결과는 수정안 부결이고 결국 자동적으로 원안대로 추진할 수밖에 없다.

축대가 무너지는 현장을 보며 가슴만 졸여야 하는가. 천안함 폭침만이 재앙이 아니다. 나라 안에서 우리의 발전을 가로막는 어뢰나 지뢰도 막아야 한다. 다시 한번 국가의 장래와 충청지역의 발전을 생각해야 할 때다.

〈한국경제신문. 2010.6.17〉

Chapter 03

행정수도 밀어붙일 일인가

수도를 옮기는 일이 기정사실로 굳어지려 한다. 건설교통부는 '올 상반기 현지조사→2004년 상반기 대상지 결정→2007년 착공→2010년 수도이전' 계획을 발표하고 수도 이전에 관한 법률안을 국회에 제출하겠다고 했다.

한나라당과 민주당 충청권 의원들은 물론 자민련 의원들은 이 문제를 놓고 힘겨루기 양상을 보인다. 내년 총선을 앞두고 표 계산을 하고 있다. 표를 의식하지 않을 수 없는 정치인들의 사정을 이해한다 하더라도, 국가적 대사가 특정 지역 출신들의 정치적 입지 강화에 이용된다면 이거야말로 큰일이다.

행정수도 이전은 바람직한가, 그렇다고 해도 지금 서둘러야 하는가, 이전하면 현재 서울이 안고 있는 문제들이 해소될 수 있는가. 결론부터 말하자면 어느 질문에도 그렇다는 답변은 나오지 않는다. 왜 그런가.

첫째, 수도 이전에 대한 국민적 합의가 없다. 주로 지역이기주의에 바탕을 둔 주장이 무성했다. 노무현 대통령은 행정수도 이전을 대선공약으로 내세워 당선됐으니 이미 국민적 합의를 얻은 것으로 생각할지 모른다.

지난 대선 과정에서 노무현 후보는 집권하면 국민투표를 통해 이전 여부를 결정하겠다고 했다. 국민투표를 거치지 않았으니 국민적 합의는 도출됐다고 할 수 없다. 그런데 이제 국민투표라는 말도 꺼내지 않고 기정사실화해서 밀어붙이려 한다. 전문가들의 분석과 검토를 거쳐 국론을 모으고 경제적 부담도 생각해야 하는 것이다. 어떤 절차를 거치든 국민의 뜻을 물어야 한다.

천문학적 경제부담 무시 못해

둘째, 수도 이전 문제는 지금의 상황에서 서두를 과제가 아니다. 우리에게는 당장 풀어가야 할 문제가 산적해 있다. 지금의 경제 상황은 1997년에 버금가는 위기 상황이다. 세계 경제 불황과 북핵(北核) 등 환경 탓도 있지만 근본적으로 한국 경제는 경쟁력을 잃고 있다는 게 문제다. 국력을 수도 이전에 쏟을 때가 아니다. 우리에게 그럴 여력도 없다. 수도 이전을 찬성하는 입장에서는 이 계획 추진에 큰 무리가 없다고 주장한다. 착공 시기는 2007년 하반기니까 그때까지 이전 계획을 단계적으로 추진하면 된다는 것이다. 그렇기 때문에 현재의 경제 사정을 탓하며 시기상조라고 몰아붙일 수 없다고 한다. 문제의 본질은 시기가 아니다. 천문학적으로 들어갈 경제적 부담을 무시할 수 없다. 하지만 그보다도 수도 이전의 필요성에 대한 국민적 공감대도 형성되지 않았는데 이를 추진하는 것은 옳지 않은 것이다.

셋째, 수도를 이전하더라도 현재 서울이 안고 있는 문제가 해소된다는 보장이 없다. 다시 말해 이전에 따르는 분산효과가 없다는 것이다. 수도권 집중의 해소와 국토의 균형 발전을 위해 수도권 기능을 분산해야한다는 주장에 이견이 있을 수 없다. 그러나 수도 이전이 해결책은 아니다.

소설가 이호철은 '서울은 만원이다'에서 산업화·도시화로 개발 시대의 막이 오르던 1960년대 중반, 그늘진 서울의 밑바닥 인생을 해학적으로 그려낸 바 있다. 소설의 제목이 말해주듯 서울은 오래 전에 만원이 됐다. 그러나 서울의 과밀화를 푸는 길을 수도 이전에서만 찾으려는 것은 너무 단순한 논리다. 불과 인구 50여만 명을 수용하는 행정수도 건설로 서울의 과밀 해소가 가능하다고 믿는다면 어리석은 일 아닌가. 수도 이전보다 중앙권력의 지방 분산으로 지역 균형 발전을 꾀하는 게 옳다.

통일시대 대비 긴 안목서 고려를

넷째, 수도 이전은 국가적 백년대계 차원에서 접근해야한다. 지역이기주의가 끼어들어서는 안 된다. 수도를 제대로 건설하는 데 수십 년이 걸린다. 5년 임기 대통령의 정치적 판단에 맡길 일이 아니다. 건교부가 앞장서서 서두를 일은 더욱 아니다. 땅 파고 건물 짓는 공사가 아니기 때문이다. 일단 시작하고 보자는 것은 위험하기 그지없다.

만일 행정수도 건설 사업이 추진되는 과정에서 중단되는 일이라도 생긴다면 국력의 낭비는 어쩔 것인가. 경부고속철도의 경우, 이미 오래 전에 숱한 검토를 거쳐 노선이 확정됐고 공사가 진행돼 왔다. 그런데 이미 확정된 노선이 환경 문제 등으로 논란이 일자 노무현 대통령은 공사 중단과 재협상을 지시하지 않았는가. 이런 것을 보더라도 정권이 바뀔 때마다 국가적 사업이 중단되거나 변경되는 등 차질을 빚을 수 있다.

백년대계의 사업을 밀어붙여서는 안 된다. 통일된 나라의 미래를 생각해 보자. 그때 수도가 어디에 어떤 모습으로 존재해야 하는지를 생각해 봐야 하지 않겠는가. 〈문화일보, 2003.4.15〉

Chapter 04

신행정수도 건설 반대한다

말이 안 될 것 같아도 반복해서 들으면 귀에 익게 되고 기정사실화 되는 경우도 있다. 행정수도 이전 문제가 이런 경우 아닐까. 행정수도 이전은 노무현 대통령이 후보시절 유세과정에서 불쑥 제기한 공약이었다.

많은 국민은 그 공약은 공약일 뿐 결코 성사될 일이 아니라고 여겼는데 국회에는 신행정수도건설 특별조치법안이 상정돼 있다. 이 법안을 효율적으로 심의하기 위한 신행정수도건설특위 구성안은 국회 본회의에서 부결됐다. 하지만 법안이 국회에서 어떻게 처리될 것인지 아직은 알 수 없다. 충청권 의원들이 크게 반발하고 있고 이 문제가 총선 표와 연계돼 다루어지는 것 같기 때문이다. 신행정수도 건설, 문제는 무엇인가. 첫째, 신행정수도의 성격이 애매모호하다. 신행정수도에는 행정부 외에 국회와 사법부, 외국 공관까지 옮겨간다고 한다. 이것은 수도 이전, 다시 말해 천도(遷都)다. 그렇다면 행정수도 이전이라고 애매모호하게 말할 게 아니다.

둘째, 수도 이전으로 수도권 집중 해소와 지역 균형발전을 이룰 수 없다. 수도권 집중 현상이 일어나는 것과 지역 균형발전이 안 되는 것은 마치 비 오는 날의 교통사고처럼 그 원인은 복합적이다. 그런데도 수도 건설로 대처하려고 하니 문제를 제대로 풀려는 것인지 의문을 던지지 않을 수 없다.

고작 50만 명 수용으로 수도권 과밀화 해소 말도 안 돼

50만 명을 수용할 수도를 건설해 현재의 수도권 과밀화를 해소한다는 건 무리다. 충청권에 수도를 건설하면 다른 지역이 고르게 발전한다는 보장은 어디에도 없다. 충청권은 지리적 여건으로 보아 수도권의 확산을 가져올 게 뻔하다. 지역 균형발전은 중앙권력의 지방분산, 지방교육 여건 개선 등으로 접근해야한다.

셋째, 임기 5년의 정부가 2030년까지 건설할 대사업을 국민의 합의 없이 밀어붙일 일은 아니다. 당국은 대통령 선거공약이었으니 이미 국민의 합의를 얻은 것이라고 우기고 있다. 국민들이 그 공약 때문에 표를 준 것이라고 단정하는 건 억지다. 그 공약은 수많은 공약 중 하나였다. 공약은 물론 중요하다. 하지만 실현 가능성도, 자원은 한정돼 있다는 사실도 고려하지 않고 표를 의식해 온갖 것을 묶어 화려하게 포장하는 게 공약이라는 걸 부인할 수 없다.

공약을 내세우려면 행정수도 이전 이외의 공약, 예컨대 7% 성장 달성, 새만금사업 계속, 야당 대표와 회동 정례화, 기업관련 규제 전면 재검토 등에 대해서도 어떤 설명이 있어야 한다. 헌법 위반이라고 하는 데도 대통령은 재신임을 국민에게 묻겠다고 했다. 수도 이전과 같은 중대한 문제야말로 국민투표에 부칠 일이다. 비록 국회에서 특별조치법이 통과되더라도 수도 이전에 대한 국민의 합의를 얻은 것으로 볼 수는 없다. 왜냐하면 행정수도 이전과 수도 이전은 분명 다르기 때문이다.

넷째, 막대한 비용도 문제다. 당초 4조~6조원이면 된다던 계산이 이제 와서 45조 6000억 원으로 늘어났는데 이에 대해서는 설명이 없다. 그러면서 국민의 합의를 얻었다고 우긴다. 경부고속철도 건설비가 늘어난 것을 보더라도 앞으로 몇 배 더 늘어날 것은 불을 보듯 뻔하다.

통일수도로 부적합

건설비 중 정부 예산에서 지출되는 건 얼마 안 되는 11조원이고, 나머지는 민간자본이라고 한다. 정부 돈이든 민간 돈이든 우리 국민이 부담해야 할 돈이다. 우리는 지금 이런 돈을 쓸 정도로 한가하지 않다. 지구촌 경제시계는 빠르게 돌아가는데 지금 한국 경제의 성장동력은 꺼져 있다. 사람도 기업도 한국을 떠나려고 한다. 무엇 때문일까.

다섯째, 통일이 언제 될지 모르지만, 통일에 대비하거나 수도권 안보를 챙기고 있다는 흔적을 찾아보기 어렵다. 충청권에 건설할 수도가 통일한국의 수도로서 적합할까. 수도건설은 백년대계(百年大計)가 아니라 국가의 천년대계(千年大計)라고 해도 좋을 중대사다. 중국의 산샤(三峽)댐 건설은 구상 70년, 조사 50년, 측량 40년, 논쟁 30년 끝에 1992년에 착공했다. 그런 흉내는 내지 못하더라도 수도이전과 같은 중대사를 제대로 토론도 거치지 않고 국민의 합의도 얻지 않고 기정사실화해서 어물쩍 밀어붙일 수는 없다.

문제 해결은 간단하다. 수도이전 백지화다. 그럴 수 없다면 국민투표에 부쳐라. 물러설 줄 아는 것은 대단한 용기요, 지혜이자 지도력이다.

〈매일경제신문. 2003.11.25〉

Chapter 05

수도이전 갈등 국민투표로 풀자

"천년을 가리라, 다시 만년을 가리라." 조선조 초 정도전은 이렇게 서울을 읊었는데 그 서울의 운명이 막다른 골목으로 몰렸다.

행정수도 후보지가 발표되면서 찬반 공방이 열기를 띠고 있다. 노무현 대통령은 정부의 명운과 진퇴를 걸고 성사를 다짐했지만, 중앙정부와 각 시·도 간 대립이 표면화하면서 국민투표가 필요하다는 여론이 일고 있다. 18일 노무현 대통령은 국민투표 공약은 이미 종결된 문제이며, 모든 건 국회에서 결정할 사안이라고 언급하기에 이르렀다. 하지만 논란은 계속될 조짐이다.

아무리 봐도 수도 이전, 다시 말해 천도(遷都)인데 행정수도 이전이라고 한다. 청와대와 행정부처는 물론 헌법상 독립된 입법부와 사법부, 헌법재판소까지 옮기는 게 천도가 아니라면 무엇이 천도인가.

충청권 공략 카드로 '재미 좀 본' 이 문제는 처음부터 갈등과 대립을 일으킬 수밖에 없었다. 수도를 옮겨야 한다면 마땅한 곳을 찾는 게 순서다. 충청권으로 미리 정한 것부터 문제는 잘못된 것이다. 공약이란 게 대체로 앞뒤 안 따지고 발표부터 한다. 그리고 이를 기정사실화해서 밀어붙인다. 말썽 많은 새만금사업도 노태우 전 대통령의 대선공약이었다는 점을 기억하자.

행정수도 이전공약이 천도로 돌변

17대 총선을 앞두고 신행정수도건설특별법이 국회 차원의 공청회 한 번 없이 졸속 처리됐다. 야당은 충청표를 얻겠다고 자충수를 두었다. 열린우리당은 총선에서 재미 봤고 법안의 국회통과는 국민의 합의라고 한다. 그럴듯한 것 같지만 탄핵 때 "국민의 의사가 반영되지 않은 국회 결의는 무효"라고 외치던 사람들의 주장이라 어쩐지 썰렁하다.

노 대통령은 대선 직전 행정수도 이전에 대해 "당선 후 1년 이내에 국민투표로 최종 결정하겠습니다"(2002. 12. 14, KBS TV)라고 분명히 말했다. 국민투표를 하겠다는 이 공약에 대해서는 말이 없다. 그리고 건설비가 4조~6조원에서 45조원으로 늘어난 데 대해서도 설명이 없다. 불리한 건 감추고 유리한 건 내세우는 억지다.

노 대통령은 당선 후에도 "국가의 역사적 상징성을 가지는 수도이전은 국민적 합의와 강력한 뒷받침이 없으면 어려우므로 반드시 국민합의를 거치겠다"(2003. 1. 18, KBS TV)고 했다. 대통령 취임후 "천도는 한 시대와 지배 세력의 변화를 의미하는데 이런 큰 변화를 국민이 선택했고 그래서 때가 무르익었다고 생각한다"(2004. 1. 29, 지방화시대 선포식) "남북연합단계가 되면 개성이나 판문점에 통일수도가 만들어질 것이고, 행정수도 이전은 천도가 아니다"(2004. 2. 24, 방송기자클럽회견)라고 했다.

그런가 하면 신행정수도건설추진위의 김안제 민간위원장은 "입법부·사법부까지 옮기면 천도라고 볼 수 있다"고 했다. 어느 장단에 춤을 춰야 하는가.

다음 정부서 명운 걸고 반대하면?

건설비용은 각종 대형 국책사업의 건설비가 당초 예상보다 몇 배씩 늘어났다는 점으로 미뤄보면 늘어날 가능성은 분명하다. 정부 예산에서 부담하는 돈은 11조원밖에 안 된다고 한다. 민간 돈이든 정부 예산이든 우리 국민이 부담할 돈이라는 점을 망각하고 이런 계산을 하고 있다. 중앙행정기관과 공공기관의 매각도 어려운 일이지만 통일 후 서울을 수도로 한다면 그때 가서 환매(還買)가 가능하다는 것인가.

수도 건설을 시작하는 2007년 하반기에는 다음 대통령을 선출한다. 수도 건설이 마무리되는 2030년까지 모두 다섯 명의 대통령이 바뀐다. 그동안 통일이 가시화된다면 또 어쩔 것인가.

행정수도 이전에 정부는 명운과 진퇴를 걸겠다고 하지만, 다음 정부가 명운과 진퇴를 걸고 반대하지 않는다는 보장도 없다. 이 문제로 더 이상 찬반공방이 일지 않도록 국민투표를 하자. 그게 모든 갈등과 찬반 논쟁을 봉합하는 길이다. 반대 목소리를 정치적 의도를 가진 공세라고 치부할 일은 더욱 아니다. 수도 이전이야말로 특정 집단, 특정 지역 주민이 아닌 모든 국민의 중요한 관심사가 아닌가.

〈문화일보, 2004.6.19〉

Chapter 06

수도이전 '국민투표'가 정답이다

수도이전 논쟁은 엉뚱한 방향으로 나가고 있다. 수도이전 반대론에 대해 "대통령에 대한 불신임·퇴진운동"(노무현 대통령) "반대 주장에는 대선 불복심리와 탄핵 주도세력이"(김병준 청와대 정책실장) "부유층의 기득권 보호 측면"(천정배 열린우리당 원내대표) 등의 언급은 적절하지 못하다. 반대 입장을 보도하는 신문을 향해 "저주의 굿판을 걷어치워라'고 주장한 '청와대 브리핑"은 정도(正道)를 벗어났고 품위를 잃었다.

신행정수도건설특별법에 대한 헌법소원까지 제기됐고 반대자가 찬성자보다 훨씬 많은 터에 반대론을 이런 식으로 매도하고 성토할 수는 없다. 수도이전은 모든 국민의 관심사이기에 반대할 수도, 찬성할 수도 있다. 반대론을 정권 퇴진과 연계시키고 대선 불복 심리가 있다거나 기득권 보호 운운하면서 국민을 편 가르고 모독해도 되는 것인가.

정부와 여당은 국회에서 법이 통과됐으므로 하자가 없다면서 국민 과반수의 반대 여론에는 눈과 귀를 막는다. 수도이전을 기정사실화하려고 서둘러 지방을 돌며 공청회라는 이름으로 반대론자들을 성토하는 등 홍보대회를 한다. 국민 통합을 이끌어내야 할 정부가 취할 온당한 태도라고 하기 어렵다.

반대하는 다수국민 매도 부적절

수도 건설은 2030년까지 천문학적인 돈이 들어갈 사업이다. 수도 건설이 끝나려면 노무현 대통령 퇴임 후에도 대통령이 다섯 번이나 바뀐다. 그 과정에서 무슨 일이 벌어질지, 통일이 되거나 가시화된다면, 또 대통령이 바뀌어도 사업이 계속될 것인지 아무도 예상 못한다. 이 사업이 중단 없이 추진되리라고 누가 보장할 수 있는가.

헌법소원의 결과가 정부에서 바라는 대로 각하 또는 기각이라 해도 그것은 특별법이 위헌이 아니라는 결정일 뿐, 수도이전에 대해 국민이 합의한 것으로 볼 수 있는 게 아니다. 수도이전 논란은 헌재 결정으로 종결되지 않는다. 수도이전에 대한 찬반 논쟁은 법 제정 이전부터 있지 않았는가. 수도이전이 중요하고 필요하다면 무엇보다 중요한 건 국민적 합의 도출이다. 따라서 논란을 끝내고 국민적 합의를 도출하는 해법은 국민투표다.

국회에서 법이 통과됐는데도 찬성보다 반대하는 국민이 훨씬 많다는 건 무엇을 말하는가. 한나라당은 다수당으로서 마땅히 해야 할 역할을 못하고 법을 통과시킨 원죄가 있다. 한나라당 실수 덕에 재미 본 열린우리당과 정부는 법이 통과됐으니 문제없다고 밀어붙일 게 아니다. 국회에서 의결된 탄핵안을 쿠데타라고 비난하던 논리는 어디에 접어둔 것인가. 국민의 다수가 반대하는 까닭을 국민들 속으로 파고 들어가 물어 보라. 국민 뜻과는 관계없이 여야 모두가 총선전략으로 특별법을 통과시킨 건 천하가 아는 일이다.

헌재결정 나와도 국민합의 필요

정부는 수도 건설에 들어갈 돈이 얼마 안 된다고 애써 설명하려 한다. 부동산 값이 싸다고 구매를 부추기는 복덕방 이야기처럼 들려 안타깝다. 모든 국책사업의 비용은 예외 없이 당초보다 몇 배씩 늘어났다는 건 경험적 사실이 아닌가. 비용의 많고 적음만을 따지자는 게 아니다. 많은 돈을 투입할 가치가 있는지를 따지고 싶은 것이다. 그 돈을 다른 생산적 부문에 투자하면 국가경쟁력 향상에 얼마나 보탬이 될 것인지를 한 번 생각해 보라. 또 수도 건설을 어떻게 건설 경기 활성화와 관련시켜 설명할 수 있는가. 자주국방, 농어촌지원, 부실연금 지원 등 큰돈 들어갈 데가 즐비하다. 한가하게 수도 건설에 매달려 국력을 소모할 때가 아니다.

지방분권, 지역 균형 개발의 중요성을 아무도 부인하지 않는다. 하지만 충청권으로 수도를 이전하지 않으면 이 문제를 풀 수 없다는 건 억지다. 공부방을 옮겨야만 성적도 오르고 가족 간 화목도 보장될 것이라고 주장하는 것과 다를 바 없다. 국가 간 경제전쟁은 치열하게 벌어지고 있고 경쟁국은 질주하고 있는데 우리 경제는 주저앉고 있다. 지금 수도이전 논란으로 국력을 소모할 땐가.

〈문화일보, 2004.7.20〉

Chapter 07

수도이전논란 대안– 지방 지원과 분권(分權) 확대로

수도이전 논쟁이 엉뚱한 방향으로 변질됐다. 국가의 장래가 걸린 중요한 정책문제인데 이전 반대론을 '정권 흔들기', '대선불복 심리', '기득권 보호' 등으로 매도까지 한다. 이건 반대하는 국민을 모독해도 지나친 것이다.

"수도이전은 대선공약이었고 특별법도 통과됐으니 국민적 합의를 보았다"고 하지만, 그렇지 않다는 국민이 다수다.

이전비용도 문제지만, 돈이 적게 들더라도 해서는 안 될 일은 하면 안 된다. 수도이전에 들어갈 돈을 다른 생산적 부문에 투자하면 국가경쟁력 향상에 얼마나 보탬이 될 것인가를 따져보라. 지금은 투자확대·기술개발 등 우리가 먹고 살아갈 미래산업 육성에 매달려야 한다.

아무리 좋은 일이라도 한꺼번에 할 수 없다. 자원은 한정돼 있다. 수도이전은 2030년에 마무리 되는 장기 사업이다. 그 기간에 5명의 대통령이 새로 등장한다. 또 통일 등 무슨 일이 어떻게 일어날지 알 수 없다. 노무현 대통령이 이전한다고 했듯이 다음 어떤 대통령이 이전 안 한다고 하면 어쩔 것인가.

특별법의 위헌 여부에 대한 헌법재판소의 결정이 비록 각하 또는 기각이라 해도, 그것은 특별법이 위헌이 아니라는 결정이지, 수도이전 그 자체가 바람직하다는 걸 확인하는 국민적 합의는 아니다.

기존도시들 특화(特化)지원을

최선의 대안은 이 계획을 철회하는 것이다. 그게 안 되면 국민적 합의 도출을 위한 국민투표가 필요하다.

수도권 과밀화와 지방의 낙후는 비오는 날 교통사고가 잦은 것처럼 원인은 복합적이다. 무엇보다 중요한 건 권력의 지방 분산이다. 중앙정부가 권력을 독점하는 한, 수도를 어디로 옮기든 집중은 불가피하게 돼 있다.

권력의 지방 분산은 수도가 이전하는 것으로 이루어지는 것은 아니다. 지방분권은 이미 제정된 지방분권특별법에서 목표하고 있듯이 권한 및 사무의 지방이양, 교육자치제도 개선, 국가와 지방자치단체의 협력 강화 등으로 이루어나갈 수 있다.

지역 간 불균형 시정도 국가균형발전법의 목적에 맞춰 그대로 추진하면 된다. 지방분권과 국가균형발전은 훌륭한 정책과제다. 문제는 이를 수도이전과 연계시키고 있는 데 있다. 수도를 옮기지 않으면 지방분권도 국가균형발전도 안 된다는 논리가 어떻게 성립될 수 있는가.

국가균형발전을 위해서 정부가 할 일은 지방의 교육·문화·의료시설 등 생활여건을 획기적으로 개선하고 취업기회를 넓히는 일이다. 그래야 수도권으로 학교·병원·직장을 찾는 발길이 멈추게 된다.

국립대(大)마다 1조원씩만…

지방 국립대마다 예컨대 1조원씩만 투입한다고 해보자. 각 대학에 기숙사를 비롯한 최적의 시설을 확충, 교육여건을 개선하고 새로운 장학제도를 도입하는 한편 교수 대우를 파격적으로 해보자. 지방 명문대가 왜 생기지 않을 것인가.

지방의 몇 개 지역을 기술산업단지, 중소기업육성단지로 특화·발전시키는 것도, 기존의 도시특성을 살려 산(産)·학(學)·연(硏) 클러스터(cluster)를 만드는 것도 고려할 일이다.

수도권 과밀화 해소와 국가균형발전을 마다할 국민은 없다. 그러나 그 길이 수도이전밖에 없다는 건, 학생의 성적 떨어지는 원인도 알려고 하지 않고 공부방 옮기려는 것과 다를 게 없다.

수도의 공간적 이동은 해결책이 아니다. 충청권으로 수도를 이전한다고 해서 다른 지역이 균형 발전된다는 논리는 성립되지 않기 때문이다.

〈조선일보, 2004.7.30〉

Chapter 08

'독선의 정치' 멈추어라

수도이전 특별법에 대한 헌법재판소의 위헌결정을 두고 해괴한 일이 벌어진다. 헌재의 결정은 최종적인 것인데 이의 수용 여부를 따지는 세상이다. 불만이 있다고 해서 수용하지 않는다면 어떻게 하자는 것인가? 헌법재판소 무용론까지 제기되기도 한다.

이름이 꽤 알려진 김용옥 교수는 헌재 재판관들을 '갑신칠적(甲申七賊)'이라면서 "관습헌법이라는 법률학사전에도 없는 말을 지어내 바보짓을 했다"는 극언까지 한다.

노무현 대통령은 헌재 결정에 대해 "헌정질서 혼란 우려"라는 표현을 했고 충청권에 행정도시 건설을 시사하는 발언을 했다. 결코 물러서지 않겠다는 뜻을 나타낸 셈이다.

여권에서는 "헌재 탄핵" 주장도 하고 헌법재판소법 개정론도 나온다. 헌재 보복이라는 인상을 주기에 충분하다. 헌재 재판관들은 법에 따라 결정을 했는데 이를 시비하고 있다. 이는 무엇을 말하는가? 헌재는 정권에 유리한 판정만 하라는 주문이고 '나의 뜻과 다른 결정은 부정돼야 마땅하다'는 주장이나 다름없다.

'변형된 수도이전' 추진고집

헌재가 대통령을 탄핵소추에서 구해 주었을 때에는 민주주의가 살아 있다고 했다. 헌재 결정이 못마땅하다고 해서 헌재 재판관을 인신공격하고 탄핵하겠다는 것은 극에 달한 후안무치(厚顔無恥)요, 법치주의의 근간을 허무는 폭거다.

과거 독재·권위주의 시대에는 기존의 제도나 법질서를 부정하거나 도전하는 것은 용기요 양심으로 치부됐다. 개혁을 하겠다는 세력이 지금도 법이야 어떻든 투쟁해서 돌파하면 뭐든지 할 수 있다는 생각을 하고 있다면 그건 시대착오적이자 오만이고 독선이고 아집이다.

대통령은 헌재를 믿고, 국회 결의를 믿다가 어려움에 빠졌다고 했지만 수도이전 문제가 제기되고 추진된 과정을 한번 되돌아보자. 많은 국민들은 수도이전은 정략적으로 제기됐고 많은 문제가 있다고 보아 반대했다. 결코 대통령과 정권에 반대하기 위한 게 아니었다. 그런데도 찬성하면 내편, 반대하면 네 편으로 가른 것은 대통령과 여권이었다.

충청 지역 주민의 울분을 왜 모르겠는가. 그들의 허탈감과 상실감을 메울 대책을 찾아야 한다. 충청 지역이 아닌 다른 낙후된 지역은 할 말이 없어서 조용히 있는 게 아니라는 점도 알아야 한다. 비(非)충청권에 대한 배려를 요구한다면 어떻게 대응할 것인가? 어쨌든 대책과 대응은 모두 정부의 몫이다.

수도이전의 대안을 찾겠다는 논의도 많지만, 대안은 지방분권과 지역 균형 발전에 제대로 힘을 쏟는 것이다. 지방분권과 지역 균형 발전을 누가 마다하는가? 수도권이 과밀화되고 지역 균형 발전이 잘 안 된 원인은 복합적이다. 수도이전은 하나의 수단일 수 있는 것이지만 그게 목표가 돼 버렸다. 수도만 이전하면 지방이 발전할 수 있다는 억지 논리를 내세웠다. 모르고 했다면 무식하고 알면서 했다면 속임수다. 수도이전은 결코 도깨비 방망이가 아니다.

▪ 투쟁식 개혁보다 희망의 정치 펴야

헌재의 결정을 피해 가기 위해 행정도시를 건설하려 한다. 이는 포장을 바꾼 '변형된 형태의 수도이전'이나 다름없다. 헌재 결정은 국민적 합의를 이루지 못한 수도이전에 대한 심판이었다. 그런데 또 다른 정략적 발상을 하고 있다. 할 일이 그리도 없는가. 통일에 대비하는 모습은 간데없다. 경기는 본격적인 하강 국면에 진입하고 있고 한국 경제의 장기 침체 징후가 나타나고 있는데 수도이전을 않으면 나라가 망할 것처럼 야단이다. 민생 경제를 살려 달라는 국민의 외침이 들리지 않는 모양이다. 장사가 안 되는 음식점 주인들이 솥뚜껑 들고 데모하겠다는 판이다.

희망의 정치를 펴라. 경제가 어렵더라도 국민에게 희망을 심어라. 지금 힘들더라도 노력하면 좋아질 것이라고 국민들이 믿을 수 있게 하라. 해야 할 일 제쳐두고 하지 않아야 할 일에 국력을 소모하고 갈등을 부추길 까닭은 어디에도 없지 않은가.

〈문화일보, 2004.11.2〉

Chapter 09

분도(分都)는 천도보다 더 나쁘다

바늘로 코끼리를 죽이는 방법을 묻는 퀴즈가 있다. 답은 의외로 간단하다. 코끼리가 죽을 때까지 바늘로 찌른다는 것이다. 그 일이 가능하고 또 옳은 것인가는 불문하고 목적을 달성할 때까지 물러서지 않고 끝장을 보겠다는 집념을 나타내는 이야기다.

할 일, 해야 할 일이 산처럼 쌓여있는데 한가하게 수도이전에 집착하는 것은 바늘로 코끼리 죽이기와 다를 바 없다. '수도이전' 은 자체가 목적이 돼버린 지 오래다.

왜 수도를 옮겨야 하는가에 대한 물음은 의미가 없어졌다. 수도권 과밀화 방지와 국토균형발전이라는 논리는 허구인데도 그걸 반복 주장한다. 국회는 조만간 연기·공주지역에 행정중심복합도시를 건설하는 특별법을 통과시킬 예정으로 있다. 법이 통과되면 총리실과 행정부처 3분의 2이상인 12부 4처 2청이 이전하게 된다.

왜 어떤 부는 가고 어떤 부는 남는 것이며, 그렇게 결정한 기준은 무엇인지 뚜렷한 설명이 없다. 행정중심복합도시의 성격과 기능이 무엇인지도 명확하지 않다. 정부와 여당은 수도이전 공약으로 한번 본 '재미'를 다시 보려하고, 기회주의적인 한나라당은 충청표 붙잡자고 안간힘을 쓰면서 야합, 이전대상 부처개수를 흥정한 결과니 그럴 수밖에.

국정운영 차질·낭비 불 보듯

총리실과 정부부처의 절대다수를 대통령과 격리시키는 것은 수도를 둘로 나누는 명백한 분도(分都)다. 대통령과 국회, 사법부, 행정부 일부가 서울에 남아 있으니 수도를 옮긴 게 아니라고 하겠지만 그건 억지요, 헌재의 위헌 결정취지를 왜곡해서 비켜가려는 잔꾀다. 그런데도 한나라당 대표는 일부 부처의 서울잔류를 들어 "수도는 분명히 지켰다"고 주장한다. 구차한 변명이고 자기기만이다. 한나라당은 당초부터 수도이전문제에 엉거주춤 갈팡질팡했다. 그러다가 결국 열린우리당의 손을 들어주었다. 한나라당은 열린우리당의 2중대라고 해도 할 말은 없을 것이다.

심장수술은 성공적으로 끝났다고 했는데 환자가 죽는 경우가 있다. 심장수술만 잘하면 뭐 하는가. 인체의 다른 기관이 받을 영향을 몰랐으니 환자는 죽을 수밖에 없는 것이다.

땅 사고 건물 짓고 도로 내고 행정부처 옮기면 행정도시는 건설된다. 기념식을 화려하게 치르고 이전부처가 업무를 시작하면 행정도시 건설은 성공한 사업으로 포장되고 선전될 것이다. 마치 심장수술을 성공적으로 끝낸 것처럼. 그러나 분에 넘치는 축제와 알맹이 없는 과대포장은 후유증을 남긴다.

수도권과밀화방지와 국토균형발전 방안은 행정도시 건설에서 찾아지지 않는다. 그 주장은 처음부터 충청권을 제외한 다른 지역을 기만한 것이 아니었던가. 수술은 성공적으로 끝났지만 환자가 고통을 받는 순서가 기다리고 있다. 행정의 비효율과 국가적 낭비, 국정운영과 국가위기관리의 차질 등이 그것이다.

이는 대통령과 총리, 행정부처 등 국가의 중추기능이 서로 3백리나 떨어져 있는 경우 누구나 예상할 수 있는 문제점이다. 서로 격리돼있는 행정부처와 국회와의 관계도 순조로울 수 없을 것이다. 분도가 천도(遷都)보다 더 나쁜 이유가 여기에 있다.

행정도시의 문제점이 부각되면 서울에 남아있는 다른 부처도, 다른 국가기관도 이전하자는 논의는 자연히 제기될 것이다. 결국 분도는 천도로 이어지는 과정을 밟게 되지 않겠는가.

시비 막으려면 국민투표를

집권여당은 말할 것도 없고 집권하겠다는 야당이라면 아무리 표가 급해도 먼저 생각할 것은 국가 백년대계다. 최소한 통일된 한국의 수도 모습도 한번은 생각해야한다.

여야합의로 국회를 통과한 신행정수도 특별법이 위헌판결을 받았듯이 행정도시특별법도 같은 운명에 빠질 가능성은 크다. 최선의 해법은 국회가 행정도시특별법 제정을 포기하는 것이다. 서울시의회가 이미 공언했듯이 법이 통과되면 헌법소원은 제기될 것이다.

소모적인 시비를 막고 헌재의 위헌판결취지를 존중해서 차라리 당당하게 국민투표를 하자. 분도는 절대 안 된다고 주장하며 1백일 단식이라도 하면 국회의 생각이 달라질까? 국회가 나라를 생각하는 결단을 할 것인지, 참으로 답답하다.

〈한국경제신문. 2005.3.2〉

Chapter 10

수도 서울 분할은 반(反)역사적 망국(亡國)행위다

설익은 과일을 먹거나 어설픈 연극을 보고 난 뒷맛은 떨떠름하기 마련이다. 3월 2일 국회를 통과한 '행정도시특별법' 을 보는 기분이 바로 그렇다. 수도를 이전하려다가 헌법재판소의 위헌판결을 받자, 다시 시도한 게 수도 분할을 획책하는 '행정도시특별법' 이다.

행정부처의 일부만 서울에 남기고 총리실과 행정부처의 3분의 2 이상인 12부 4처 2청을 충남 공주·연기지역으로 이전하면 수도는 두 동강난다. 수도이전보다 더 나쁜 결과를 가져오게 되는 것이다. 이 때문에 3월 15일에는 '수도분할 반대 범시민 궐기대회'가 서울시청 앞에서 열렸다. 앞으로 반대 집회와 반대운동은 계속 이어져 갈등은 더욱 커질 것으로 보인다.

'행정중심복합도시특별법' 은 열린우리당 주연에 제1야당 한나라당이 조연한 망국극(亡國劇)의 극본이나 다름없다. 주연, 조연할 것 없이 기본도 익히지 않은 풋내기연기로 관객인 국민을 아연실색케 했다.

수도분할은 정치권이 만들어낸 망국극(亡國劇)

그런데도 열린우리당은 감동적인 연기를 했다고 착각하는가 하면, 한나라당은 "그래도 수도를 지켰다"고 강변한다. 한나라당이 협상으로 문제를 풀지 않았다면 더 많은 정부부처가 옮기게 될 터인데 그걸 막았다는 것이다. 자기기만과 변명도 이 정도면 금메달감이다. 정부와 열린우리당이 개발한 독약을 함께 마셔놓고 죽어 가는 줄도 모르면서 그런 착각을 하고 있으니 한심한 일이다. 정부여당의 원죄는 언젠가 심판 받겠지만 한나라당의 행태에 분노하는 것은 '때리는 시어머니보다 말리는 시누이가 더 밉다'는 심리 때문이다.

대통령과 총리, 행정부처 등 국가의 중추기능이 서로 3백리나 떨어져 있게 되면 국정차질은 물론, 국가경쟁력과 행정의 효율성 저하는 불을 보듯 뻔하다. 하지만 오직 충청지역의 표 계산만을 해서 시작한 일이기에 이런 문제점은 처음부터 고려대상이 아니었다. 노무현 대통령이 2000년 해양수산부 장관시절 해양수산부의 부산 이전에 반대한 것으로 알려져 있다. 그때의 반대명분이 궁금하다.

1992년 미국대통령 선거에서 클린턴이 당선되자 대통령경제자문위원장을 지냈던 허버트 스타인 교수는 대통령 당선자에게 "앞으로 4년 간 무엇을 할 것인가를 생각하기 전에 20년 후 미국이 어떤 모습으로 발전해야 할 것인가를 그려보고, 그런 미국을 건설하기 위해 해야 할 일을 생각하라"고 주문했다.

우리 앞에는 해야 할 일이 산적해 있다. 경제성장도 해야 하고 외교국방도 챙겨야하며 통일에도 대비해야한다. 20년이 아니라 최소 50년, 100년을 내다보고 달려야 하는데 기껏 다음 선거에만 초점을 맞추는 일을 하고 있다. 행정도시는 2007년에 건설을 시작, 2012년에 이전한다는 계획으로 그 일정을 대통령 선거 해에 맞춰 놓았다. 노무현 대통령은 행정수도 건설 공약으로 "재미 좀 봤다"고 실토한 바 있지만 여당은 그 '재미'를 앞으로도 계속 보려는 유혹을 떨쳐내지 못하고 있는 것이다.

수도이전은 정치적 표(票) 계산으로 시작된 것

돌이켜보면 '행정수도특별법'의 위헌판결은 정부여당에게는 물론 국민 모두에게 행운이자 축복이었다. 수도이전을 계획했던 대통령과 정부여당에게 물러설 수 있는 명분을 주어 잘못 제기된 문제를 되돌릴 수 있게 했고 그건 결과적으로 국가 전체에 도움이 되는 일이었기 때문이다. 그런데도 정부여당은 위헌판결 취지를 무시하고 겨우 끈 불을 다시 살려냈다.

한나라당은 2003년 '행정수도특별법'에 찬성했지만 충청도의 민심은 2004년 총선에서 한나라당에게 국회의원 24석 중 단 1석을 주었을 뿐이다. 헌법재판소가 위헌결정을 하자 한나라당은 박수를 쳤다. 그랬다가 또 다시 행정도시법에 찬성했다. 기회주의적 정당이 아니고서는 있을 수 없는 작태다.

'행정도시법'이 국회를 통과한 후 한나라당이 심한 몸살을 앓은 건 당연하다. 당의 결정에 반대한 박세일 의원은 탈당, 의원직을 내던졌고 전재희·심재철 의원은 단식으로 항의했다. 일부 의원들은 '수도 지키기 투쟁위원회'를 결성했다. 원내대표도 바꾸었다. 더욱이 한나라당은 '행정도시법' 국회통과를 앞두고 당론을 결정하는 의원총회에 소속의원 3분의 2밖에 출석하지 않아 제대로 당론을 수렴한 것도 아니었다.

그래놓고서 버스 떠난 뒤에 서로 삿대질이다. 물론 열린우리당이 과반의석을 차지하고 있는 터라 한나라당이 반대했다고 결과는 달라지지 않았을 것이다. 하지만 한나라당은 줏대도 없이 마지못해 끌려갔으니 열린우리당의 2중대라는 말을 들을 수밖에 없는 것이다.

노무현 대통령은 3월 22일 국민에게 드리는 글에서 "행정수도 이전은 대한민국의 균형발전과 수도권 문제 해결을 위한 전략적 선택"이라고 했다. 과연 그런가? 수도이전 발상은 거창하게 설명할 것 없이 표를 계산한 선거전략이었다. 수도를 이전해야한다면 우선 그 필요성에 대한 국민적 공감대를 형성하고, 다음으로 어디로 어떻게 이전해야 할 것인가를 논의하는 게 순서다. 하지만 정치논리로만 접근했기에 충청지역 이전으로 못 박았다. 충청 이외지역을 겨냥해서는 국토균형발전을 앞세운 사탕발림 약속을 하고 공공기관이전 등 선물보따리를 나누어주겠다고 했다.

지방 낙후와 수도권 과밀화 원인은 복합적인데

국토균형발전을 위해서 행정수도를 이전해야한다면 가장 낙후된 지역, 수도권에서 더 멀리 떨어진 지역을 선택하는 게 옳은 일이다. 수도권과 가까운 지역에 행정도시를 만들면 오히려 수도권의 확장을 초래, 낙후지역의 인력과 자본을 빨아들여 불균형만 더 키울 가능성만 커진다. 그런데도 충청을 고집한 이유는 묻지 않아도 다 아는 일이 아닌가.

지방의 낙후와 수도권과밀화 원인은 복합적이다. 하지만 우선 서두를 일은 권력의 지방분산, 즉 분권(分權)이다. 분권이 제대로 이루어진다면 수도이전의 필요성은 없어지는 것이다. 수도를 옮기는 것으로 지방이 살고 국토균형발전이 쉽게 이루어진다고 한다면 학생의 성적이 떨어지는 원인도 모르면서 공부방을 옮겨 성적을 올리겠다고 생각하는 것과 다를 바 없다.

'행정도시법' 통과로 수도권 민심 이탈조짐이 나타나자 여당은 서울공항을 이전해서 그 곳을 개발한다거나, 명동 일대를 금융벨트로 개발한다거나 지방대학을 수도권으로 옮기겠다는 등 수도권 과밀화를 부추기는 대책을 쏟아냈다. 수도권과밀화 해소 명분은 내팽개쳐 버린 것이다. 한국에 수도권과 충청지역만 있고 그들 주민에게만 투표권이 있는 것은 아니지 않은가.

수도분할은 균형도, 분권도 아닌 비효율이다

수도분할에 이어 공공기관을 지방 곳곳으로 흩으려고 한다. 그래서 지방자치단체들은 유력한 기관을 유치하려고 경쟁을 벌인다. 업무상 자주 접촉해야할 공공기관을 흩어놓으면 효율성은 어떻게 끌어낼 것인가. 또 공공기관을 이전할 필요성과 원칙에 대한 합의를 이끌어내지 않고 강제로 이전대상 기관과 지역을 결정하면 이것 역시 갈등의 원인이 된다.

정부부처와 공공기관이 떠난 빈자리를 누가 메우는가? 그 자리에 기업을 유치하면 수도권 과밀화 해소에 도움이 되는가? 멀쩡한 정부청사를 팔고 새로 도시를 건설하고 각 지방마다 공공기관 건물을 짓는데 드는 돈은 또 얼마겠는가? 그 돈은 어디서 나오는가? 묻고 싶은 게 한 둘이 아니다.

나라에 할 일이 켜켜이 쌓여있고 돈 들 일이 즐비한데 한가하게 이런 일로 시간과 돈을 허비하고 있다. 10년, 20년 후가 걱정이 아니라 당장 지금이 걱정이다. 수도 이전 문제를 꺼내 추진한 노무현 대통령과 열린우리당은 당사자로서, 또한 그런 기도를 효과적으로 견제할 역할을 포기한 한나라당은 동조자로서 역사에 분명히 기록될 것이다. 어떤 평가가 나올 것인지는 물론 역사의 몫이다.

남북한이 갈라지고 나서 대한민국은 숱한 역경을 이겨내고 오늘에 이르렸다. 수도 서울의 역사성 선점이 국가정통성 확립에 큰 역할을 했다. 서울은 남쪽의 수도가 아니라 오랜 역사를 거쳐 오는 동안 한반도 전체의 중심이었다. 그래서 많은 국민들은 수도 서울을 지키려는 것이다. 수도 서울의 이미지와 경쟁력은 바로 한국의 이미지와 경쟁력으로 이어진다. 그런 서울을 옮기려고 하거나 두 동강내려는 게 반역사적 망동(妄動)이 아니고 무엇이겠는가. 또 통일을 생각한다면 통일된 한국의 수도는 어디에 위치해야 할 것인가. 이 물음에 분명한 답이 있어야 한다.

〈민족정론, 2005.3/4월호〉

Chapter 11

헌재(憲裁) 결정 임박한 행정도시 헌법소원

행정도시특별법에 대한 헌법재판소의 결정이 임박한 것으로 알려져 정치권은 물론 온 국민의 관심이 집중돼 있다. 위헌결정을 우려한 열린우리당 의원들은 '합헌 의견서'를, 충청권 3개 시·도지사는 '합헌 주장 호소문'을 헌재에 제출하는 해괴한 일을 벌였다. 헌재에 대한 일종의 압력이다.

헌재는 이미 신행정수도건설특별법이 위헌이라고 결정했다. 그것은 대통령과 정부 여당에는 물론 국민 모두에게 다행스러운 일이었다. 노무현 대통령후보가 대선 과정에서 '재미 좀 보려고' 제기했던 충청권 공략카드를 거두어들일 수 있는 명분을 주었기 때문이다.

그런데도 신행정수도건설특별법의 위헌성을 그대로 계승한, 수도 분할을 획책하는 행정도시특별법을 또 만들었다. 야당 일부도 거들었다. 법의 명칭도 '신행정수도 후속대책을 위한 연기·공주지역 행정중심복합도시 건설을 위한 특별법'이라는 긴 이름이다. 수도 이전이 위헌이었으니 거의 같은 모습, 거의 같은 내용의 행정도시 건설도 당연히 위헌일 것으로 기대된다.

해마다 국가채무는 무서운 속도로 늘어난다. 복지 증대, 국방 개혁, 농어촌 지원, 국가 균형발전 5개년계획, 혁신 도시 건설, 공공기관 지방이전, 쌀 비료 전력 신발 옷 비누 등 대북 지원에 들어갈 돈은 천문학적이다. 돈 나올 곳은 생각지 않고 돈 쓰는 일에 매달리면 언젠가 파탄 난다는 것은 개인도 가정도 나라도 마찬가지다.

합헌결정 한다면 타당성 논란 계속될 듯

수도 이전에 이은 행정도시 건설의 목적은 수도권 과밀화 억제와 지역 균형발전이라고 했다. 그런데도 서울의 송파 신도시뿐 아니라 5~6개의 미니 신도시를 건설, 수도권 과밀화를 자초하는 앞뒤가 어긋나는 일을 계획한다. 충청권에 행정도시를 만들면 모든 지방이 고르게 발전한다는 억지 주장도 한다. 성적이 떨어지는 원인도 모른 채 공부방을 옮기면 성적이 오른다는 주장과 다를 게 없다.

헌재가 합헌결정을 하면 어떻게 되는가. 문제는 무엇인가. 첫째, 헌재는 행정도시특별법의 위헌 여부를 판정하는 것이지 행정도시 건설의 필요성과 타당성을 판정하는 것은 아니다. 법적으로 문제가 없다면 어떤 일이라도 할 수 있는가. 정부는 '하고 싶은 일' 을 할 게 아니라 '해야 할 일' 을 우선순위에 따라 해야한다. 세상사 모두가 그렇듯이 해야 할 일이라도 때가 있다. 1년 늦으면 10년 뒤처지는, 변화의 속도가 빠른 시대에 우리는 살고 있다. 세계 각국은 국가경쟁력 강화에 사활을 걸고 있다. 돈 많이 들여 집 잘 지어놓고 패가망신하는 경우는 흔히 있다. 우리의 시급한 과제는 아무리 따져보아도 행정도시 건설은 아니다.

둘째, 행정도시 건설이 앞으로 계속 추진된다는 보장이 없다. 멀쩡한 수도를 이전하겠다는 공약을 하듯이, 앞으로 등장할 정부 또는 대선후보가 행정도시 건설을 하지 않겠다고 선언할 가능성이 왜 없겠는가. 스님 한 사람의 단식농성으로 경부고속철도 천성산 터널공사가 중단됐다. 또 새만금간척사업 공사도 중단되지 않았는가. 이런 사례에서 보듯 국가적 사업이 중도에서 차질을 빚지 않는다고 장담할 수 없다. 행정도시 건설이 시급하고도 중요한 사업이라면 어떤 정부에서도 중단할 수 없도록 해야한다. 그래서 굳이 추진하겠다면 국민적 합의를 도출하기 위해 국민투표에 부치자고 주장해 왔던 것이다.

행정도시 건설 중도차질 우려 남아

수도를 두 동강 낼 수는 없다. 서울은 한반도 남쪽의 수도가 아니라 오랜 역사를 거쳐 오는 동안 한반도 전체의 중심이었다. 국가적 과제를 두고 수도권과 지방을 대립시켜 수도분할 반대의 대의(大義)를 수도권 기득권 지키기로 매도할 수는 없다. 지방을 살리는 일을 누가 반대하는가. 지역 균형발전의 길을 수도분할에서 찾아서는 안 된다. 일단 시작한 일이니 끝을 보자고 오기를 부리면 나라는 멍든다.

〈문화일보, 2005.11.7〉

Chapter 12

행정도시 기공식은 했지만

'세종시' 라는 이름의 행정중심복합도시 기공식이 지난 20일 열렸다. 노무현 대통령은 기공식에서 "청와대와 정부, 정부부처 일부가 공간적으로 분리되게 된 것은 매우 불합리한 결과"라면서 청와대와 국회까지 모두 이전해야한다고 주장, 수도이전이 위헌이라는 헌재(憲裁)의 결정을 뒤집는 발언을 또 했다.

행정도시 건설로 수도를 분할하면 행정의 비효율과 국가적 낭비, 국정운영 차질 등 문제점이 많다는 숱한 지적에 대해 "아무 문제없다"고 우긴 게 언젠데 이제 와서 딴소리다. 수도분할의 문제점을 모르고 추진했다면 무능한 것이고, 알면서 했다면 기만행위다.

수도이전과 행정도시 건설은 국가균형발전과 수도권 과밀화 억제가 목표라고 했지만 그건 명분이었을 뿐 충청표를 얻기 위한 선거 전략이었다는 건 이제 온 국민이 알고 있다. 2007년 하반기 기공식, 2012년 정부기관 이전

시작 등이 모두 대통령 선거를 앞둔 시점에 맞춰져 있는 것도 의도적이다.

행정도시를 만들면 국가균형발전과 수도권 과밀화를 억제할 수 있다는 건 위장병을 다리수술로 고치려는 것과 다를 바 없다. 2030년까지 인구 50만 명의 도시를 만든다고 해서 수도권 과밀화가 어떻게 해소될 수 있으며 그 도시가 어떤 경쟁력을 가질 수 있겠는가. 수도권 과밀화를 해소한다면서 판교와 송파, 동탄 등에 신도시를 건설한다는 건 앞뒤가 어긋난다.

'정부부처 일부가 공간적으로 분리되게 된 건 불합리'

수도권과 지척인 충청 연기·공주지역에 행정도시를 건설하면서 국가균형발전을 위한 것이라는 논리도 억지다. 지역균형발전을 위한다며 공공기관을 인위적으로 전국 각 지역에 배분한 것도 무리였다. 행정도시 건설과 공공기관 이전, 그리고 혁신도시 건설은 전국 부동산값 폭등의 진원지 역할을 했다.

행정도시 건설비용이 45조 6000억 원이라고 하지만 토지공사가 토지부지 조성 등에 8조원 가량을 별도로 더 투입할 계획이라는 것이 밝혀져 이것까지 합하면 모두 54조원 정도 들어간다. 그러나 실제로 얼마가 들지는 가늠하기 어렵고 100조원이 넘을 것이라는 전망도 있다. 새만금사업, 경부고속철의 경우에서 보듯이 크고 작은 국책사업의 비용은 한 건의 예외도 없이 당초 예상액의 몇 배까지 늘어난 것은 엄연한 경험적 사실이다.

많은 국민들은 먹고살기 어렵다고 아우성이다. 일본은 앞서 달리고 있고 중국은 허허벌판에 공장을 짓는데 우리는 허허벌판에 행정도시를 건설하겠다고 한다. 행정도시만 그럴듯하게 '명품'으로 만든다고 잘사는 나라가 되는가. 호화스러운 사옥을 지어놓고 쓰러진 기업도 많다.

세계 대도시 수도치고 문제가 없는 수도는 없다. 지역 간 불균형이 없는 나라도 없다. 하지만 수도를 이전하거나 분할하는 선진국은 없다. 거대 도시의 문제점 때문에 강력한 분산정책을 썼던 런던, 파리, 로마가 집중을 통한 경쟁에 나서고 있다. 일본도 수도이전을 추진했다가 중단, 도쿄의 도시경쟁력을 키워주고 있다. "수도권을 비워야 경쟁력이 높아진다"는 노무현 대통령의 논리와는 달리 초대형 도시의 경쟁력을 곧 국가경쟁력으로 인식하고 있기 때문이다. 서울은 도쿄 오사카 홍콩 상하이 베이징 싱가포르 등과 경쟁해야 하고 이겨야 한다.

▪ 세종시 땅, 미래를 열어갈 다른 용도로 키울 수 없을까

행정도시 기공식을 했다고 돌아올 수 없는 다리를 건넌 건 아니다. 기업하기 좋은 환경을 조성, 기업을 끌어들이거나 각종 연구기관과 대학을 유치한다면 바람직한 기업도시, 과학기술연구도시, 거대한 실리콘밸리를 만들 수 있다. 더욱이 수도권 지역에 공장용지가 부족하다는 점을 감안할 때 이미 수용한 땅을 잘 활용한다면 한국의 미래를 만들어 가는 희망의 땅으로 만들 수 있다. 이런 걸 두고 전화위복이라고 하는 것이다. 그러나 이를 현 정부에 기대할 수 없다는 게 안타까울 뿐이다. 대한민국의 미래를 위해 지혜를 모으고 국민적 합의를 도출해야한다.

〈조선일보, 2007.7.23〉

Chapter 13

행복도시 대신 교육과학벨트를

최근 김문수 경기지사와 이완구 충남지사가 열띤 논쟁을 벌였다. 수도권 규제 완화, 행정중심복합도시(행복도시) 건설, 지역발전 문제 등으로 맞선 것이다. 김 지사는 "행정기관 몇 개를 행복도시로 옮긴다고 그곳이 발전하는 것은 아니며, 국민만 불편하게 하는 낭비정책"이라는 주장도 했다.

행복도시가 무엇인가. 노무현 전 대통령이 후보 시절 내건 행정수도이전 공약이 헌법재판소의 위헌판결을 받자 다시 밀어붙인 게 수도를 분할하는 '세종시' 라는 이름의 행복도시다. 국가균형발전과 수도권 과밀화를 억제할 수 있다는 이유를 댔지만 공부방을 옮기거나 공부방을 두 개 만들면 성적이 올라간다는 논리와 다를 바 없는 궤변이었다.

국무총리와 정부 15부 중 9부 2처 2청이 행복도시로 가는 경우 행정의 비효율과 국가적 낭비, 국정운영과 위기관리 차질은 불을 보듯 뻔하다. 국무회의, 국회, 기타 업무협의차 관계부처의 장과 관계 공무원들의 잦은 서울나들이를 생각해 보라. 시간 낭비는 물론 위기상황일 때 적절한 대처가 가능할 것인가. 쇠고기 문제에서 보듯 국가 일은 관련 부처가 협의하고 조정해서 풀어가야 할 일이 대부분이다. 지금도 대전에 있는 조달청 문화재청 중소기업청의 장들은 업무협의차 관련부처나 국회 일로 근무일의 거의 절반을 서울나들이에 쓰고 있는데(한국경제 8월 30일자 1면) 행복도시로 옮겨가는 정부 부처의 장들도 비슷한 고충을 겪을 것은 불을 보듯 뻔하다.

전 정부 지역정책 '대못' 이을텐가

이명박 정부의 지역발전정책을 보면 행복도시 건설 등 노무현 정부가 박아놓은 '대못'을 빼기는커녕 이어가겠다고 한다. 숱한 문제점이 예상되거나 현실화되고 있는데도 이미 결정된 것이니 어쩔 수 없는 것 아니냐고 한다면 두고두고 국가에 부담이 될 것이다. 지역개발논리를 앞세워 건설한 양양국제공항이 적자누적으로 문을 닫을 수밖에 없는 걸 보라. 부작용을 미리 막기 위해 지금이라도 궤도 수정을 해야 하고 이를 위한 국민적 논의가 필요하다.

행복도시 건설에 "아무 문제없다"고 우기던 노무현 전 대통령은 지난해 7월 20일 열린 행복도시 기공식에서는 "청와대와 정부, 정부부처 일부의 공간적 분리는 매우 불합리한 결과"라면서 청와대와 국회까지 모두 이전해야 한다고 주장했다. 수도 이전의 위헌 결정을 뒤집는 발언이었고 바꾸어 말하면 이는 행복도시를 만들어서는 안 되는 이유가 된다.

누가 지역발전을 반대하겠는가. 지역발전에 도움이 되면서 국가 전체의 발전에도 도움이 되는 정책을 개발해야한다. 행복도시를 건설하지 않게 되는 경우 충청권의 상실감과 허탈감은 충분히 예상할 수 있다. 하지만 정부

부처가 와야 지역이 발전한다는 논리는 억지다. 충청권은 물론 국가 전체에도 좋은 방안이 왜 없겠는가.

교육기관 옮겨 살아있는 도시 건설을

행복도시 자리에 서울대를 유치하라. 서울대 전체가 옮겨갈 수도, 일부를 옮기거나 새로운 모습의 글로벌대학을 만들 수도 있을 것이다. 국제중, 영재고, 과학고도 세워라. 교육기관이 지방에 있다 해서 교육이 안 될 리가 없다. 공영방송 KBS도 옮겨라. 방송을 어디서하든 전국을 다 커버하지 않는가. 우수한 중·고교, 대학과 각종 연구소, 첨단기업, 이들과 관련된 산업과 시설이 들어서면 연기·공주-대덕-청원-오송을 잇는 교육과학기술도시 벨트가 형성될 수 있다. 이름뿐인 행복도시보다 훨씬 행복한, 살아 숨 쉬는 자생적인 도시가 될 수 있을 것이다.

지역개발 한다면서 수도를 두 동강이로 갈라놓을 수는 없다. 승천하는 용이 되고자 하는 중국과 기술선진국 일본 사이에서 우리는 지금 한가한 지역갈등과 수도분할에 매몰돼 있을 여유가 있는가. 우리 모두 심각하게 생각해보자.

〈한국경제신문. 2008.9.9〉

Chapter 14

행정도시, 어떻게 할 것인가

1. 신행정수도에서 행정중심복합도시까지의 경과

행정중심복합도시(세종시) 문제는 2002년 노무현 민주당 대선후보가 신행정수도를 충청권으로 이전하겠다는 공약발표(2002.9.30)에서 비롯됐다. 신행정수도특별조치법 국회통과(2003.12.29)와 공포(2004.1.16), 신행정수도특별법 헌법소원 제기(2004.7.12), 특별법 헌재에서 위헌 판결(2004.10.21), 신행정수도 후속대책위원회 발족(2004.11.18), 12부 4처 2청으로 부처이전 범위 결정(2005.2.23), '신행정수도후속대책으로서의 행정중심복합도시건설특별법' 국회통과(2005.3.2)와 공포(2005.3.18), 행정중심복합도시건설특별법 헌법소원 제기(2005.6.15), 헌법소원 헌재에서 각하(2005.11.24), 행정도시 개발계획 확정(2006.11.29), 행정도시 명칭 '세종' 확정(2006.12.21), 행정도시 기공식(2007.7.20)의 과정을 거쳐 오늘에 이르고 있다.

신행정수도이전계획이 헌재의 위헌판결을 받자 다시 만든 것이 '신행정수도 후속대책을 위한 연기·공주지역 행정중심복합도시건설을 위한 특별법'이다. 국회통과는 여야 간 당리당략을 앞세운 정략적 타결의 산물이었다. 행정수도이전 공약으로 민주당은 2002년 대선에서 '재미'를 보았고 당시 야당이던 한나라당도 충청표를 의식하고 신행정수도건설법과 행정도시건설법 통과에 협조한 것이다.

토지수용면적은 당초 수도이전규모(2,130만 평)보다 오히려 늘어났다(2,205만 평=72,908km²). 토지수용면적으로 보거나 노무현 전 대통령의 여러 차례의 언급을 보면 행정도시는 수도이전의 전 단계로 추진된 것이라는 느낌을 갖기에 충분했다. 노무현 전 대통령은 "행복도시는 걱정하지 말라. 이름이 꼭 행정도시가 아니라도 입법, 사법 등 중앙기관이 다 함께 가는 것이 순리다"(2007.2.27. 취임 4주년을 맞아 인터넷신문협회 소속사들과 합동회견), "청와대와 정부, 정부부처 일부의 공간적 분리는 매우 불합리한 결과이므로 청와대와 국회까지 모두 이전해야한다"(2007.7.20. 행정도시 기공식)고 했다. 수도이전의 위헌 결정을 뒤집는 발언이었고 바꾸어 말하면 행정도시를 건설해서는 안 되는 이유가 된다.

수도이전의 필요성이 있었다면 어디로 언제 어떻게 이전해야하는가를 두고 전문가와 국민들이 참여하여 결정해야 할 문제였다. 총사업비 22.5조원(정부 8.5조원, 토지공사 14조원) 중 2009년 9월 현재 5.4조원(24%)이 집행됐고 공사는 진행 중에 있다. 그동안 행정도시 건설문제를 둘러싼 논란은 계속 제기돼왔고 정치권에서도 행정도시 수정론에 공감하고 있었지만 공개적으로 문제를 제기하지 못했다. 그러다가 정운찬 총리의 등장과 국회청문회 과정에서 이 문제가 논쟁의 중심으로 부각된 것이다.

2. 행정도시 논란의 쟁점

■ 행정도시 건설문제를 둘러싼 찬반양론

행정도시 건설의 목적은 수도권의 과도한 집중에 따른 부작용 시정, 국가의 균형발전과 국가경쟁력의 강화에 이바지함에 있다고 특별법에 규정돼있다. 신행정수도건설특별법에서도 그렇게 돼있었다.

행정도시(세종시)를 원안대로 건설해야한다는 주장과 원안을 수정해야한다는 주장이 맞서있다. 원안추진 찬성론은 행정도시 건설이 공약사항이고 약속이기 때문에 추진해야한다는 것이다. 행정도시가 건설되지 않으면 수도권 과밀화 해소와 지역균형발전이 안 된다는 논리다. 수정론은 행정도시 건설이 수도를 사실상 분할하는 분도(分都)이고 자족도시가 되기 어렵고 국정의 비효율을 가져올 것이기 때문에 수정돼야한다는 것이다.

■ 공약의 중요성과 수정의 불가피성

공약이나 약속은 중요하다. 그걸 지키라는 요구도 당연하고 정당하다. 그러나 공약이 잘못된 것이거나 사후에 상황이 달라져 공약이행이 국가적으로 바람직하지 않다면 수정하는 게 옳은 일이다. 대운하 건설은 이명박 대통령의 대선공약이었지만 국민 대다수의 반대로 포기했다. 이명박 대통령은 서울시장 재직 시 행정도시는 수도분할이라며 "국가지도자는 결심을 하고 집행을 하는 것도 중요하지만 때로는 결정을 취소하고 결심을 바꾸는 용기도 필요하다"면서 노무현 대통령에게 수도분할을 재고해주기를 바라는 성명을 발표한 바 있다.

선거공약에 대해서 어느 정치인인들 자유스러울 수 있을까. 1992년 대선 때 김영삼 대선후보는 "대통령직을 걸고서 쌀 개방을 막겠다"고 했다. 실현

될 수 없는 공약이었지만 당시 다른 후보들도 모두 쌀 개방반대를 외쳤다. 그러나 쌀 개방을 할 수밖에 없었고 김영삼 대통령은 국민에게 사과했다.

행정도시 건설주장의 타당성 검토

수도권의 과도한 집중에 따른 부작용을 막고 국가의 균형발전과 국가경쟁력을 강화하려는 일에 반대할 사람은 없다. 문제는 행정도시를 건설해야 그런 목적을 달성할 수 있느냐의 여부다.

① 행정도시 건설과 수도권과밀화 억제

행정도시 건설은 수도권 과밀화 해소 또는 억제에 얼마나 도움이 될 것인가. 세종시의 목표인구는 2015년 15만 명, 2020년 30만 명, 2030년 50만 명이다. 이전대상 공무원과 관련 기관 직원, 그 가족을 합해도 5만~6만 명에 불과할 것이라는 예상이 지배적이다. 뚜렷한 인구흡수방안도 보이지 않는다. 2030년까지 50만 명이 수도권에서 세종시로 옮긴다 해도 수도권 인구의 2.2% 감소 효과밖에 없다. 인구 50만 명을 계획한 근거도 찾아보기 어렵다.

서울시정개발연구원 조사에 따르면 행정도시 건설로 인한 수도권 교통혼잡 완화효과는 (수도권 수단통행량 감소 0.48%, 도로 교통 혼잡 완화 0.13%) 지극히 미미할 것이지만, 수도권과 행정도시 간 통행은 평일에는 4.0% 증가하고 주말에는 3.6% 증가 한다는 것이다.

②행정도시 건설과 국가균형발전

행정도시를 건설하면 전국 각 지역이 고루 발전되는 것인가. 그동안 수도권 규제가 가져온 효과는 충청권의 발전이었다. 행정도시 건설은 수도권과 충청권이 연담화(conurbation)되는 현상을 초래할 것이다. 그렇게 되면 현재의 수도권보다 더욱 강력한 흡인력을 갖는 수충권(수도권+충청권)의 블랙홀이 생긴다. 이는 지역불균형을 확대시킬 것이다. 지난 20년 간 광역시·도별 지역내총생산(GRDP) 성장률을 보면 충청남도가 가장 높았다. 진짜 국가균형발전을 위해서라면 행정도시를 충남보다 훨씬 낙후된 지역으로 옮긴다고 했어야한다. 행정도시는 영남 호남 강원 제주권의 발전을 도와주는 것이라는 논리는 성립되기 어렵다.

국가균형발전은 모든 지역이 동일한 수준이 돼야한다는 가치를 추구하는 것은 아니다. 국가균형발전은 추상적이고 상징적 목표이다. 낙후지역을 발전시킨다는 보다 구체적이고 실질적인 목표로 바뀌어야한다.

지역불균형현상은 수도권-비수도권간의 문제만은 아니다. 경부축과 비경부축지역, 도시와 농촌간의 불균형문제가 더욱 심각하다. 행정도시 건설의 파급효과는 충청권 이외지역에는 거의 기대하기 어렵다. 더욱이 연기·공주지역은 경부성장축에 있고 수도권과도 인접하여 국토불균형은 오히려 심화될 것이다.

지방이 낙후된 가장 큰 이유는 지방을 발전시킬 수 있는 수단인 돈(예산)과 권력(인허가)을 지방정부가 갖지 못했기 때문이다. 돈과 권력을 중앙정부가 갖고 있으면서 개발을 주도하면 지자체 역할은 한계에 부딪칠 수밖에 없다. 더욱이 중앙정부가 각 지역에 산업을 나누어주겠다는 발상도 문제다. 균형발전을 하려면 분산이 아니라 분권을 해야 하고 지자체가 주도해서 발전을 이끌어야한다. 지역균형발전을 위해 막대한 비용을 지불할 용의가 있으면 비수도권지역 발전을 위해 직접적으로 투자하는 것이 효과적이고 실익이 큰 대안이 될 것이다.

지방을 발전시키려면 남해안 문화관광벨트 조성하는 게 옳다. 해양지향 발전 거점을 마련, 관광휴양이라는 미래산업발전, 낙후지역개발, 수도권 견제를 위한 효과적 대응축 형성, 동서간 실질적 융합 등 효과가 있을 것이다.

③ 행정도시 건설과 국가경쟁력

세계 대도시나 수도치고 문제가 없는 나라는 없다. 하지만 수도를 이전하거나 분할하는 선진국은 없다. 영국 프랑스 일본이 런던 파리 동경 등 대도시권의 분산정책을 포기하고 오히려 대도시의 경쟁력을 키우는 대도시집중정책으로 선회, 국가경쟁력을 제고시키는 발상의 전환을 하고 있다. 대도시의 경쟁력이 국가의 경쟁력이라고 믿기 때문이다. 서울은 도쿄·오사카·홍콩·상하이·베이징·싱가포르 등과 경쟁해야 하고 경쟁에서 이겨야 한다.

서울의 경제적·문화적 역할을 대신할 도시를 찾는 것은 불가능하다. 특히 세계화시대에 서울의 증권시장과 금융기관들의 역할을 염두에 둘 때 중요 경제부처가 이전하는 것은 큰 문제다. 경제부처를 지방으로 이전시켜놓고 서울을 동북아의 경제중심지, 금융의 허브로 만들 수 없다.

④ 행정도시 건설에 자원을 투입할 때인가의 문제

지금 우리가 이 정도 살고 있는 것은 30~40년 전부터 자동차 조선 반도체 제철 석유화학부문 등에 투자한 덕택이다. 10년, 20년, 30년 후에 무얼 먹고살 것인가를 걱정해야한다. 지금 서둘러야할 이유다.

많은 국민들은 먹고살기 어렵다고 아우성이다. 국가채무는 늘어나고 있다. 세계 각국은 살아남기 위한 경쟁을 벌인다. 허허벌판에 공장을 짓는 나라가 있는가 하면 우리는 허허벌판에 행정도시를 건설하겠다고 한다. 행정도시만 그럴듯하게 만든다고 잘사는 나라가 되는 것은 아니다. 호화사옥을 지어놓고 쓰러진 기업도 많다.

⑤ 행정도시 건설비용의 문제

행정도시 건설에 22.5조원(정부 8.5조원, 토지공사 14조원)을 투입하는 것으로 돼있다. 9월 현재 5.4조원이 투입됐다. 그러나 이미 지불한 비용보다 앞으로 더 큰 비용과 낭비가 예상된다면 이는 막아야한다. 잘못된 투자는 향후 지속적으로 비용을 발생시킬 것이기 때문이다.

지금까지 투입된 비용은 용지보상, 부지조성, 광역교통시설 등에 사용돼 계획변경에 따른 영향은 크지 않을 것이고 정부청사도 설계변경을 통해 과학연구시설 등으로 사용할 수 있으므로 매몰비용은 크지 않을 것이다. 비록 매몰비용이 상당하다하더라도 앞으로 들어갈 비용을 감안하면 지금 변경하는 게 옳다. 지금이 큰 매몰비용 없이 잘못된 결정을 되돌릴 수 있는 마지막 기회다.

행정도시 건설비용에 민간부담은 아예 빠져있다. 당초 수도이전계획에서는 정부 부담 11.2조원, 민간부담 34.4조원으로 총 45.6조원이 소요되는 것으로 추산한 바 있다. 이것을 기준으로 하면 행정도시 건설에서 떠맡을 민간부문의 부담은 상당할 것이다. 대형국책사업의 경험으로 미루어 보면 비용은 늘어나게 돼있다. 더욱이 정부부담을 8조 5천억 원으로 한정해 놓았다면서 정부부담이 얼마 되지 않는다고 하지만 이건 숫자놀음이다. 정부부담 상한을 정해놓았다고 해서 그게 지켜질 수 있는 것은 아니다. 정부 돈이나 민간 돈은 모두 국가 전체의 자원 비용이다. 기회비용도 고려해야한다.

물리적으로 도시를 건설하는데 소요되는 비용보다 더 중요한 게 사회적 거래비용이다. 행정부서가 이전하면 교통·시간 등의 비용이 더 지불돼야한다. 인천국제공항과의 연결 교통망 확보비용, 행정도시로 이전해온 기관들의 서울사무소 개설비용도 포함돼야한다. 경제행위는 물론 국가적 사업도 자원은 한정돼있다는 전제하에서 하는 것이다. 돈이 적게 들더라도 해서는 안 되는 게 있다. 해야 할 사업도 때가 있고 우선순위가 있다.

3. 행정도시(세종시)를 원안대로 건설하는 경우 득실(得失)

행정도시를 건설하면 수도권 과밀화를 막고 지역균형발전과 국가경쟁력 강화에 도움이 될 것인가. 찬성론자들은 그렇다는 주장이고 수정론자들은 그것은 주장일 뿐이라는 것이다. 행정도시가 건설되는 경우 충청지역에 도움이 되는 것과 국가전체에 미치는 부정적 영향을 비교해 보아야 한다. 승객도 화물도 없는 곳에 건설한 지방공항의 전철을 밟지 않는다는 보장이 없다.

행정도시 건설 그 자체가 목적은 아니다. 행정도시 건설보다 충청지역에 도움이 되고 국가 전체에도 도움이 되는 효율적인 방안이 있다면 이를 마다할 까닭이 없을 것이다.

수도이전에 이은 행정도시 건설은 정략적으로 추진됐다. 수정론도 정략적인가. 이명박 정부는 세종시 원안을 수정하는 경우 정치적으로 이로울 게 없다. 다시 말해 '재미 볼 일' 은 아니고 오히려 정권으로서는 손해 볼 일이다. 하지만 현재의 정치적 입장만 고려해서 두고두고 후회할 일을 해서는 안 되는 게 정권의 역사적 책무다. 법적 문제나 정치권 반발을 고려해 문제를 적당히 넘겨서도 안 된다. 국가의 미래를 생각해야한다. 단기적인 인기정책이나 임기응변적 대응을 해서는 안 된다.

국가정체성 훼손

세종시 원안 수정론의 근거는 도시의 자족성확보 문제와 행정비효율이었다. 그러나 행정부처의 이전은 수도분할이고 수도분할은 국가정체성을 훼손한다는 게 근본적 문제라는 점을 제기해야한다. 특수한 예외적 경우를 제외하면 수도를 쪼개는 나라는 없다. 행정도시 건설이 수도권과밀화 억제와 국가균형발전을 위한 유일한 수단이 아니라면 국가정체성을 훼손하면서 이를 고집할 이유는 없을 것이다.

한반도 유일의 수도 서울을 쪼개는 것은 국가정체성에 대한 도전이다. 국가의 정통성과 정체성은 훼손될 수 없는 것이다. 북한은 1972년 헌법개정 전까지 그들의 수부(수도)를 서울이라고 규정했다. 서울이 한반도의 중심이라는 상징성 때문이다.

독일은 행정부가 베를린과 본으로 나누어져 있는데 그들은 이를 이중수도라고 부른다. 수도분할은 수도이전보다 더 나쁜 것이다. 신행정수도이전에 반대했지만 행정도시에는 찬성한다고 주장하면 그건 더 나쁜 걸 찬성하는 셈이다.

자족성 확보에 한계

행정부처 이전만으로 자족도시가 되기는 어렵다. 이전 대상기관 공무원 등과 가족을 포함해도 5만 명 정도를 넘지 않을 것이라는 예상이 지배적이다. 이전대상 공무원 설문조사결과(2006.4)를 보면 가족동반 이주의사를 밝힌 공무원은 40%에 불과. 1998년에 이전한 대전청사의 경우 2008년 현재 65.8%만이 가족동반 이주했다. 2006년 건설교통부가 설문조사한 바에 따르면 과천공무원의 81.5%가 집을 팔지 않겠다고 응답했다. 41.7%가 본인만

이사할 것이라고 했고 17.6%가 가족 중 일부만 이사할 것이라고 했다.

세종시는 수도권과 120Km, 대전시와 청주시에 각각 10Km 떨어져 있고 경부고속도로, 제2경부고속도로, 경부고속철도 등과 연결돼 수도권과 1시간 거리다. 청주공항과 25km, 호남고속철도분기점이 오송역으로 계획돼 있고, 논산-천안 고속국도, 당진-대전 고속국도와 접근하기 쉽다. 이는 세종시의 지리적 장점이지만 다른 한편으로 텅 빈 도시화 가능성과 주중도시화 가능성을 말해주는 것이기도 하다.

행정부처를 이전하고 기타 기능을 추가하면 자족도시가 된다고 하지만 기타 복합기능을 보완할 방법과 수단이 마땅하지 않다.

극심한 국정비효율 초래

대통령과 국회, 100개 주한 대사관이 서울에 있는데 국무총리와 정부 부처는 세종시로 이전시키는 공간적 분산 구도는 국정의 비효율과 시간적 낭비를 초래하고 국가위기상황에의 효율적 대처도 기대하기 힘들게 할 것이다. 국무총리는 대통령의 보좌기관으로 대통령의 명을 받아 행정 각부를 통할하는 지위다. 충청의 국무총리가 대통령을 보좌하며 제대로 통할이 가능할 수 있는가. 오늘날 거의 대부분의 주요 정책 문제가 복합적이고 여러 부처에 관련되고 있어 상시적 부처 간 협의와 공동 대응은 필수적이다. 공간은 시간이고 시간은 대체불가능한 자원이다. 그래서 집중시키는 것이다. 행정도시 건설보다 차라리 수도이전이 낫다는 주장의 근거다.

화상회의를 이야기 하지만 업무상 대면을 중시하는 우리문화의 특성상 업무협조에 어려움 우려된다. 화상회의는 사실 확인 또는 합의사항에 대한 이행점검 목적회의에 한해 활용가능하며 국정현안을 종합적으로 논의하기에는 부적합하다. 더욱이 보안이 유지되기 어렵다는 치명적인 약점을 갖고 있다.

대전에 있는 조달청 문화재청 중소기업청의 장들은 업무협의차 관련부처나 국회 일로 근무일의 거의 절반을 서울나들이에 쓰고 있다(한국경제 2008년 8월 30일자). 대전청사 공무원의 경우 업무상 가장 불리한 점으로 서울로의 출장시간 과다를 지적하고 있다. 행정부처가 이전된다면 관계부처의 장·차관과 관계 공무원들은 잦은 서울나들이를 해야 할 것이고 이에 따른 행정의 비효율과 낭비는 막대할 것이다.

과천에 있는 정부부서는 국무회의와 국회출석을 위해 세종로 인근에 별도의 사무실 두고 있다. 대전청사 청장들도 서울에 별도 사무실 두고 있다. 특허청은 대전에 있으나 현재 등록된 변리사 4000여 명 중 100여명만 대전에서 활동 중이다.

통일시대 대비에도 역행

통일을 준비해야할 현 시점에서 수도를 분할하려는 것은 통일시대의 미래를 내다보지 못한 정책이다.

4. 세종시의 바람직한 청사진

시각의 차이-목적인가 수단인가

백지에 그림을 그리는 것은 비교적 쉽다. 이미 그려 놓은 그림을 기초로 해서 다른 그림을 그리기는 무척 어렵고 그림도 좋을 수가 없다. 대안마련은 이런 상황에서 접근하려는 것이다. 문제점 제기 그 자체는 이미 대안을 제기하는 것이나 다름없다.

집단 또는 지역 이기주의가 없는 시대도 사회도 없다. 이기주의가 국가 전체의 이익과 어긋날 때 이기주의는 버려야한다. 충청권이 지역이기주의에 매몰돼있다고 말할 수는 없다. 충청권이 행정수도 또는 행정도시 건설을 원한 적이 없다. 정치권이 부채질한 것이다. 그러나 기대하던 일이 무산되면 박탈감과 허탈감은 당연히 생긴다. 현실적으로 그걸 채워주어야 한다. 세종시를 충청권은 물론 국가발전에 도움이 될 수 있도록 건설해야하는 이유다.

세종시는 정치논리의 산물이기 때문에 정치적 이해득실 계산에서 벗어나기 어려운 태생적 문제점을 안고 있다. 일부 청치권이 앞장서서 행정도시 건설은 반드시 성사시켜야할 목적으로 인식하고 있다. 행정도시 건설이 목적일 수는 없는 일이다.

세종시 원안 건설에 찬성하거나나 반대하는 사람들 모두 수도권의 과밀화를 해소하고 국가균형발전을 해야한다는 점에 동의한다. 행정부처 이전이 그걸 달성하는 수단이 아니라면 원안추진을 고집할 까닭이 없다. 그렇다면 세종시 문제 해결의 접점을 찾을 수 있을 것이다. 예산을 더 많이 투입하더라도 세종시를 일자리를 창출하고 인구를 유입하고 과학기술을 발전시키는 도시로 만들 길을 찾으면 된다.

이미 많은 대안들이 제시돼있다. 교육도시, 기업도시, 국제과학비즈니스벨트 등이 그것이다. 이런 대안들은 한 묶음으로 추진돼야하는 것들이다. 광활한 땅에 몇 개의 기업이나 학교 등이 들어와서 자족도시를 만들 수는 없다. 세종시를 국가발전을 촉진시키는 도시로 만들기 위해 종합적인 계획을 세워야한다.

■ 교육도시

가장 먼저 생각할 것은 대학도시 건설이다. 미래를 내다보고 새로운 대학을 세우거나 기존의 대학을 유치 또는 이전해서 제대로 된 대학도시를 만드는 일이다. 선진국으로 도약해야할 우리가 세계적 수준의 이상적인 대학도시 하나 만들지 못할 까닭이 있는가. 국립대의 일부 이전(이공계 대학)도 가능할 것이다. KAIST는 세종시에 과학기술전략정책대학원을 세우고 생명, 의료, 나노, 에너지 분야의 연구시설을 설립할 계획으로 있고 고려대는 세종캠퍼스를 건설할 예정이다. 기타 유수한 사립대의 유치도 가능할 것이다.

대학도시가 되면 대덕의 KAIST, 세계적 수준의 기초과학연구원(국제과학비즈니스벨트가 조성되는 경우), 대기업의 연구소를 비롯한 각종 연구소, 첨단기업 등이 경쟁하고 협력하면서 과학발전의 메카로 발전할 수 있다. 대학과 연구소에는 밤에도 불이 꺼지지 않을 것이고 불야성을 이루는 도시는 우리의 미래를 밝혀줄 것이다. 또한 세종시–대덕–청원–오송–오창을 잇는 교육과학기술도시 벨트를 형성할 수 있을 것이다.

대학생이 좋아하는 도시는 그 곳에 사는 주민들에게는 파라다이스라는 말이 있다. 쾌적한 지역에 기숙사를 지어 대학생의 거의 전부를 수용할 수 있다면 인구유입은 걱정할 필요가 없다. 서울에 집중된 교육기능의 일부를 옮기는 것만으로도 수도권 과밀화 억제에 도움은 물론 지역발전에 기여할 수 있을 것이다. 한국의 대학촌의 실상은 어떤가. 대학의 주위환경이 유흥과 밀접하게 연관되어서 학생들은 학업에 열중하지 못하고 교통난으로 통학에 많은 시간을 빼앗긴다. 대한민국 일등은 큰 의미가 없다. 세계를 향한 일등대학을 만들어야한다.

한국 교육의 시장수요와 미래의 성장잠재력은 실로 막대하다. 막대한 사교육비, 조기유학생과 어학연수생까지 합하면 해외 유학생 수도 엄청나다. 유치원부터 대학까지 각종 외국어로 교육하는 국제학교 단지를 설립하는 방안도 생각할 수 있다. 규제가 없는 교육특구를 만들어 우수한 초·중·고를 신설하여 세계적 수준의 교육을 시도해야한다.

기업도시·첨단과학기술도시

세종시를 기업도시로 만들려면 우선 경제자유구역으로 지정하고 국내외 기업 유치를 위해 토지 무상임대 또는 토지 임대료 대폭 인하, 세 감면 등의 인센티브를 제공 할 수 있게 해야 한다.

세종시를 녹색기술·첨단기술·IT기술·의료기술 등의 첨단과학도시로 건설, 한국판 실리콘밸리로 만드는 계획도 필요하다.

현재 활력 있는 도시는 포항 울산 창원 거제 등이다. 행정기관이 있어서가 아니다. 정부 2청사가 있는 과천시는 자족도시가 아니다. 정부 청사 주변 상인들은 늘 불황에 허덕인다. 공무원이 오면 지역 상권과·지역 경제가 발전할 것이라고 기대를 걸었지만 기대와는 정반대였다. 정부청사를 바라보고 과천 시내에 지은 큰 호텔은 영업이 안 돼서 큰 어려움을 겪고 있다.

기업도시 群(포항 광양 아산 파주 등 기업위주 도시)의 연평균 인구성장률(1995~2008)은 2.3%, 소득세할 주민세 연평균 증가율(1995~2007) 16.8%, 재정력지수 연평균 증가율(1995~2008) 2.6%로 행정도시 群(과천 춘천 청주 전주 등 행정기관 입주도시)의 연평균 인구성장률 0.8%, 소득세할 주민세 증가율 8.1%, 재정력지수 연평균 증가율 마이너스(-)3.9%보다 월등히 높다.

국제과학비즈니스벨트

정부가 계획하고 있는 국제과학비즈니스벨트를 어디에 입지할 것인가는 정해지지 않았다. 세종시 때문에 국가 주요사업이 영향을 받게 돼있지만 세종시에 입지하는 걸 구체적으로 검토하지 않으면 안 되는 상황에 있다. 한국이 선진국의 뒤만 좇지 않고 새로운 것을 창조하는 역량을 가지려면 중요한 것은 기초과학에 투자하는 것이다. 기초과학에 투자하는 것은 씨앗을 뿌리는 일이다. 노벨 과학상은 20~40년 전의 연구 성과다.

1960년대 중반 배고픔에 허덕이던 시절이었지만 미래를 내다보고 KIST를 설립, 산업발전의 초석을 놓았듯이 이제는 선진국으로 도약하기 위한 발판을 마련하기 위해 국제과학비즈니스벨트 조성은 필수적인 과제다.

충남도청과 공영방송의 세종시 이전

충남도청을 세종시로 이전해 세종시를 충청권 중심도시로 만들고 인근 대전 행정타운, 공기업 등과 묶어 기초적인 도시 틀을 유지하는 것도 필요하다. 공영방송 이전도 하나의 방안이다. 새로 생길 지상파방송도 세종시에 입지하는 방안도 고려할 수 있을 것이다. 방송사 이전은 미디어 방송 영화 기타 콘텐츠 제작에 관련된 산업을 발전시켜 고용증대는 물론 신도시의 문화, 예술 산업발전에 기여할 수 있을 것이다.

의료단지 조성과 관광리조트 건설

수도권으로 인구가 집중하는 요인 중 하나는 질 좋은 의료혜택을 받기 위해서다. 서울대 병원을 세우는 등 의료단지를 만들어야한다. 동남아 지역 사람들이 한국에 의료관광하려는 열풍을 흡수할 수도 있다. 국가균형발전을 위해서 정부가 할 일은 지방의 교육·문화·의료시설 등 생활여건을 획기적으로 개선하는 일이다. 그래야 수도권으로 학교·병원·직장을 찾는 발길을 줄일 수 있다.

세종시 부지 일부에 로스앤젤레스 디즈니랜드, 플로리다 올랜도의 디즈니 월드, 도쿄 디즈니랜드와 같은 관광리조트를 건설하는 방안도 생각할 수 있다. 동남아를 비롯한 외국관광객 유치에도 도움이 될 수 있다.

5. 결론-세종시 마스터플랜의 추진에 고려할 점

세종시 문제는 소문난 잔치에 비유된다. 새롭게 제기하거나 밝혀질 문제는 거의 없다. 중요한 것은 세종시를 충청권은 물론 국가 전체의 발전을 촉진하는 방향으로 건설하는 문제에 정치권과 국민들의 공감대를 형성하는 일이다. 세종시 원안보다 좋은 대안을 제시하라고 하지만 대안은 전문가를 비롯한 국민들의 참여로 마련하면 된다. 이미 제시돼있는 대안을 종합적으로 검토하면 답은 나올 것이다.

먼저 고려할 일은 지자체가 도시계획과 개발을 주도해야하고 기업을 개발계획에 참여시켜야 한다는 점이다. 자족기반이 부족한 도시는 그 성장에 한계가 있다. 오늘날 교통수단의 발달로 먼 거리에서 통행이 가능하게 돼 도시외각으로 나가는 인구가 늘어난다. 그래서 도시교통문제를 발생시키고 도심공동화와 도시의 자족성을 떨어뜨릴 가능성이 있다.

한편 기업이 도시발전을 선도하는 사례도 나타난다. 처음부터 기업이 참여하는 자족형 도시건설을 계획해야한다. 기업입지형 도시는 도시개발을 할 때 기업유치계획을 사전에 반영하고 입주예정기업들을 도시개발 사업에 참여시켜 사업초기부터 경제적 자립기반을 확보하는 것이 중요하다. 유치

대상 기업을 도시계획단계부터 참여시키되 해당 지자체가 개발의 주체가 될 수 있게 하는 것이다.

중앙정부는 충분한 지원을 하되 주도해서는 안 된다. 세종시 문제의 해법도 지자체 스스로가 찾도록 해야한다. 해당지역을 가장 잘 아는 사람들이 지역의 발전계획을 수립해야 하기 때문이다. 정부는 세종시라는 땅과 돈을 충청남도에 최대한 지원하여 해당 지역 스스로 멋진 도시를 만들 수 있는 기회를 주고 지자체가 어떤 도시를 구상할 것인지를 결정토록 해야한다.

도시개발이 부지매각사업일 수 없는 것이며 거기에 머물러서도 안 된다. 21세기에는 도시의 사회경제적 문제해결과 지속가능성을 위하여 민관협력을 바탕으로 한 새로운 이상도시를 만들 필요가 있다. 그러한 이상도시를 세종시에 실현시킬 수 있다.

〈한국선진화포럼의 세종시 토론회 발제. 2009.10.22〉

Chapter 15

차라리 국민에게 물어라

세종시 문제로 나라가 시끄럽다. 여론도 갈린다. 한쪽에서는 '세종시 원안대로' 를 외치고 다른 한쪽에서는 '애당초 잘못된 것이니 수정' 을 주장한다. 야당은 그렇다 치더라도 여당이 중차대한 문제를 두고 편이 갈려 있다.

2002년 대통령 선거에서 민주당이 '재미' 를 본 행정수도 이전 공약은 헌재에서 위헌이라고 판결했지만 이미 본 '재미' 를 되돌릴 수 있는 건 아니었다. 위헌 판결로 끝난 일이었는데 행정중심복합도시로 부활해서 이름이 바뀐 게 세종시다.

한나라당은 2003년 신행정수도건설특별법의 국회통과에 협조하면서 2004년 총선에서 이기면 수도이전을 막을 수 있다는 계산을 했다. 그러나 탄핵파동으로 한나라당은 다수당이 되지 못했다. 2004년 10월 관훈클럽 토론에서 박근혜 당시 대표는 한나라당이 신행정수도법 통과에 협력한 것에 대해 공식 사과까지 했다.

행정도시 건설은 수도이전 목적을 포기하지 않은 채 위헌판정을 비켜간 교묘한 계획이었다. 한나라당은 행정도시 문제를 두고 찬반이 팽팽히 맞섰지만 결국 당론으로 찬성하기로 해놓고 국회표결에는 23명이 참석, 그 중 8명이 찬성했다. 한나라당의 역사적 책임과 무책임을 동시에 묻지 않을 수 없다.

■ '세종시 대안' 타 지역에선 특혜간주

세종시 '원안' 주장은 국무총리실과 9부 2처 2청을 이전하는, 다시 말해 수도를 쪼개자는 것이다. 수도를 분할해도 아무 문제가 없다면 왜 그토록 끈질기게 반대주장이 나오고 국가의 원로급 인사들이 앞장서겠는가.

국민과의 약속을 지켜야 한다는 건 원칙적으로 옳다. 그런데 누가 누구에게 약속을 했으며 무엇을 위한 약속이었는가. 정치적 의도가 없는 정책이 어디 있을까만 타당성이 없는 정책이라면 당연히 바꿔야 한다. 잘못된 약속은 물론 상황이 달라져 약속이행이 국가적으로 바람직하지 않다면 수정되는 게 옳은 일이다.

정부는 세종시 대안을 이 달 중 발표할 것이라고 한다. 깜짝 놀랄 만한 내용을 담을 수 있는가. 그동안 많이 논의돼왔던 교육·과학·기업도시, 국제과학비즈니스벨트 등이 구체화된 내용을 담아 제시될 것으로 예상된다. 그러한 대안이 '원안' 을 고집하는 사람들을 만족시킬 수 있을까.

많이 논의된 것이기에 별 게 아니라고 할지 모르지만 이런 대안은 사실 대단한 것이다. 다른 지역 입장에서 보면 그런 특혜가 어디 있겠는가. '원안' 주장자들은 어떤 대안을 내놓더라도 그걸 '원안' 에 더 보태자고 우길 것이다. '원안+알파(α)' 는 '원안' 에 문제 있다는 걸 말하는 것이며 그것 역시 사실상 수정론이나 다름없다.

세종시 문제를 두고 이명박 대통령과 한나라당 박근혜 전 대표가 대결하는 양상은 보기에 민망하다. 박근혜 전 대표는 원칙을 지켜야 한다는 점을 주장함으로써 약속과 원칙을 중시하는 정치인이라는 정치적 자산을 더욱 축적했다. 그것으로 만족할 수 있는 것 아닌가.

약속준수만을 주장하다가 승객도 화물도 없는 지방 곳곳에 지어놓은 공항과 같은 세종시가 안 된다는 보장이 없다. 지방공항은 지방을 발전시킨다는 명분으로 정치권이 앞장서서 추진한 것이었다. 유령공항에 대해 책임지는 사람은 없다. 목적과 명분이 좋다고 해서 결과도 좋아지는 것은 아니다.

약속 얽매여 정치적 타결도 난망

이명박 대통령은 국정을 책임진 최고지도자다. 그동안 어떤 언급을 했건 국민에게 사과하고 비록 정치적으로 손해 볼 일이라 하더라도 대통령으로서 두고두고 후회할 일을 하지 않아야한다. 그게 지도자와 정권의 역사적 책무다. 국민들은 그걸 요구하고자 하는 것이다.

세종시 문제를 두고 왈가왈부할 게 아니라 국민 전체에게 물어야 한다. 사안 자체가 너무나 중차대하고 국민 전체에 물어야 할 성격이기 때문이다. 오죽하면 정치인이 잠자는 밤에 경제는 성장한다고 할까.

〈한국경제신문. 2009.11.12〉

Chapter 16

세종시, MB와 박근혜의 선택

정부가 11일 공식 발표한 세종시 수정안은 국무총리와 9부 2처 2청 이전을 백지화하고 세종시를 교육·과학 중심의 경제도시로 바꾸겠다는 것이다. 땅값 할인과 세제 혜택 등 많은 인센티브를 제공해서 기업과 대학, 연구소를 유치하고 세종시를 국제과학비즈니스벨트의 거점지구로 지정하는 내용 등이 들어 있다.

우선 행정부 이전을 백지화한 것은 정말 잘한 일이다. 행정부를 이전하는 세종시 원안은 수도를 쪼개는 잘못된 일이기 때문이다. 행정도시 건설계획은 노무현 정부가 수도이전 목적을 포기하지 않은 채 헌법재판소의 위헌판정을 교묘히 비켜가며 박아 놓은 대못이었다. 그것은 처음부터 표만 얻으면 된다는 정략적 발상과 정치적 계산에서 비롯된 것이었다.

잘못 박힌 대못은 당연히 빼야 한다. 대못을 빼는 대가로 많은 특혜를 주는 수정안을 낼 수밖에 없었을 것이라는 걸 이해하지만 사실 그건 대단한 특혜다. 다른 지자체가 역차별이라며 반발하는 건 당연하다. 그런데도 야권은 원안 아니면 어떤 수정안도 받아들일 수 없다며 강력 반발하고 있다. "충청민심을 설득하라"고 했던 한나라당 박근혜 전 대표는 수정안이 발표되기도 전에 "원안이 배제된 안은 반대한다"고 했고 친박(친박근혜)계도 같은 입장이다. 세종시 문제는 원안과 수정안 중 어떤 것이 국가와 충청지역 발전에 도움이 될 것인지를 따져보지도 않고 수정안에 담겨있는 내용은 관심의 대상이 아니라는 것이다.

'행정부 이전' 대못빼기 잘한 결정

수도이전이 헌재의 위헌판결을 받자 한나라당은 법치의 승리라고 환호했던 걸 기억한다. 박근혜 당시 대표는 관훈클럽 토론에서 한나라당이 행정수도법 통과에 협력한 것에 대해 공식 사과까지 했다. 2005년 행정도시특별법(세종시특별법)을 만들 때도 한나라당은 충청표를 의식, 마지못해 당론을 모았다. 국회 표결에는 불과 23명이 참석해 그 중 8명이 찬성했다.

세종시 원안, 즉 행정도시 건설은 수도를 쪼개려는 것이어서 수도 이전보다 더 나쁜 것이다. 수도 이전에는 반대하고 행정도시 건설에는 찬성한다면 이건 모순이고 자기기만이나 다름없다.

세종시 문제풀기는 이제부터다. 정부는 수정안에 충청지역 주민들이 수긍할 것으로 기대하고 있다. 그런 움직임이 일부 감지되기도 한다. 반대한다면 오히려 다른 지역이 해야 할 일이지 충청권은 반길 일 아닌가.

어쨌든 세종시 수정법안은 국회에서 통과돼야 한다. 야당은 그렇다 치고 여당 내 친박계 협력 없이는 어렵다. 문제는 집권 여당인 한나라당이다. 한나라당은 아직 당론조차 정하지 않았다. 친이(친이명박)계와 친박계가 각각 다른 목소리를 내고 있을 뿐이다. 우선 당론부터 분명히 하고 국민을 설득하고 야권과 대화를 하거나 대결을 하라.

수정안 국회설득 대통령이 나서야

지도력은 위기국면에서 빛나는 법이다. 이명박 대통령이 나서서 박근혜 전 대표와는 물론 야당과 대화하고 국민에게 직접 호소해야한다. 박 전 대표는 약속과 신뢰를 중시하는 정치인으로 국민에게 부각돼 있다. 그게 그의 정치적 자산이다. 다음 대선에 대비해야한다면 국가의 장래를 위한 결단을 보여야 한다. 물러서는 건 대단한 용기요 지도력이다. 박정희 전 대통령은 숱한 반대를 무릅쓰고 미래를 내다보며 경부고속도로를 건설했다. 당시 반대한 사람들이 옳았는가, 박 전 대통령이 옳았는가를 한번 생각해보라.

세종시 문제는 정치권이 풀어야 한다. 그렇지 못하면 최종적으로 국민에게 물어야 한다. 세계는 죽고살기 살얼음판 경제전쟁터다. "삼성도 까딱 잘못하면 10년 후 구멍가게 된다"는 경고는 헛말이 아니다. 승자는 앞을 보고 달린다. 우리는 10년, 20년 후를 생각하고 오늘을 살고 있는가.

〈한국경제신문. 2010.1.13〉

Chapter 17

세종시 문제로 감정싸움 할 때인가

세종시 문제가 엉뚱한 방향으로 치닫고 있다. 과거에 한 약속을 지켜야 하느냐, 국가의 백년대계를 위해 수정해야 하느냐의 선택의 문제인데 이게 감정싸움으로 번지고 있다.

따지고 보면 멀쩡히 있는 행정부처를 분할하겠다는 발상 그 자체는 창피한 일이었다. 국가적으로 해서는 안 되는 것이었기 때문이다. 말도 안 되는 특별법을 만들어 놓고 약속을 지켜야 하느냐 마느냐로 다투고 있으니 한심한 일이 아닐 수 없다.

세종시 문제를 놓고 한나라당 정몽준 대표가 '미생지신(尾生之信)'을 말하자 박근혜 전대표는 '증자(曾子)의 돼지' 이야기로 맞받았다. 중국 춘추시대 노(魯)나라의 미생(尾生)이라는 사람이 애인과 다리 아래에서 만나기로 약속했으나 애인이 오지 않자 소나기가 내려 물이 밀려와도 그 자리에서 기다리다가 죽었다는 것이다. 약속은 지켰지만 고지식하다는 걸 말하고자 함이었다.

증자(공자의 제자)의 아내가 시장에 가려는데 아이가 따라가겠다고 떼를 쓰자 "집에 있으면 돼지를 잡아 요리를 해 주겠다"고 약속을 했다. 증자의 아내가 집에 오니 증자가 아이에게 한 약속을 지켜야한다면서 돼지를 잡고 있었다는 것이다. 작은 약속이라도 지켜야한다는 걸 말하고자 한 것이다.

행정부 분리하겠다는 발상은 한심한 일

중국 고사를 인용하며 말씨름을 하더니 '집안 강도론' 까지 나왔다. 이명박 대통령이 충북도청을 방문한 자리에서 한국이 세계와 경쟁하고 있고 금융위기가 끝나지 않은 점을 언급하며 "잘되는 집안은 강도가 오면 싸우다가도 멈추고, 강도를 물리치고 다시 싸운다"고 했다.

이에 대해 박근혜 전 대표는 "집 안의 한 사람이 마음이 변해서 강도로 돌변하면 그때는 어떻게 해야 하느냐"는 발언을 했고 청와대의 사과요구에 거부의 뜻을 표했다. 국정의 최고책임자인 대통령과 집권여당의 한 축인 박근혜 전 대표가 이렇게 대립하고 있으니 보기에 딱하다. 야당의 반대는 그렇다 치고 한나라당은 당론을 정하기는커녕 갈등만 증폭시키고 있다.

아무리 생각해도 멀쩡한 행정부를 쪼개려고 허허벌판에 정부청사 짓는 일에 매달릴 일은 아니다. 얼마 전 동아시아 축구선수권대회에서 한국은 중국에 0-3으로 패했다. 32년만의 패배였다. 우리가 남을 이길 수 있듯이 남도 우리를 이길 수 있는 것이다. 이기기 위해서, 또 지키기 위해서 갈고닦을 일이 어디 운동뿐인가. 경제든 산업이든 마찬가지다.

영국 이코노미스트지는 한국의 조선과 석유화학산업은 중국에 추월당하기 직전이고, 반도체·전자·철강은 시간문제, 자동차와 휴대폰은 안정권에 있다고 한국과 중국의 산업경쟁력을 비교한 바 있다. 한국경제의 버팀목인 7대 제조업의 현주소는 이렇다.

세종시 수정안이 무산되면 세종시에 투자를 결정한 기업과 대학들은 발길을 돌릴 수밖에 없다. 기업 관계자는 "수천억 원에서 수조원대에 이르는 투자를 결정해놓고도 아무런 일도 하지 못하는 상황"이라고 호소하고 있다.

세종시 문제를 이해관계 정치인들에게 맡길 수 없어

세종시 문제 빨리 끝내야한다. 정치권이 국민 전체의 뜻이 어떤 것인가를 파악해서 이성적 합리적으로 문제를 풀면 그보다 더 좋을 수는 없다.

그러나 정파 간, 계파 간 정치지도자들이 충돌하고 있고 지역에 기반한 정당의 이해가 복잡하게 얽혀있다. 국민의 의사가 전달되는 통로가 막혀 있다. 친박측은 "수정안·원안의 우열 비교 토론엔 불참하겠다"고 한다.

세종시 문제는 이해관계를 가진 정치인들에게 맡기기에는 너무나 중차대한 문제다. 집중된 소수는 분산된 다수를 이기게 돼있다. 국회가 국민전체의 뜻을 제대로 반영하지 못하면 국민에게 묻는 것이 옳다. 국민에게 국무총리실과 9부 2처 2청을 세종시로 옮기는 것이 좋은가를 물으면 되는 일이다. 세종시 문제는 충청권만의 문제가 아니라 전 국민의 이해가 걸린 문제이기 때문이다.

〈코리아타운 데일리. 2010.2.16〉

제4부 중소기업이 뛸 넓은 운동장이 필요하다

Chapter 01

중소기업 무너지는 소리

난데없이 화염병과 쇠파이프가 서울 도심에서 난무했다. 대선자금 수사로 온 나라가 어지럽다. 경제는 앞을 내다보기 어려운 상황으로 빠져들고 있어도 경제 살리겠다는 의지와 정책은 보이지 않는다. 중소제조업의 기반이 붕괴되는 징후들이 속속 나타나고 있다. 우리 사회, 정치, 경제의 어두운 단면들이다.

중소기업 평균가동률은 60%대에 머물고 있는 것으로 알려져 있다. 이는 공장 3개 가운데 하나는 멈춰 있다는 얘기다. 과거 중소기업 육성은 그 성과가 어떠했든 순위가 앞서는 정부정책 목표였다. 이제는 이런 구호조차 없다. 청년실업자 때문에 나라의 장래가 어두운데 고용창출의 원천인 중소기업을 부추기려는 정책은 실종됐다. 경제를 살리려는 의지와 노력이 보이지 않는 터에 중소기업 살리자는 이야기가 끼어 들 틈이 없는 것이다. 이제 총선이 다가온다. 경제 챙길 여유가 더욱 없을 것이다.

우리 사회가 어떤 문제로 바쁜가 한번 보라. 노동계의 극한투쟁에다 기업은 정치권에 돈주고 뺨 맞는 꼴이 돼있다. 기업은 내년도 사업을 어떻게 할 것인지를 생각할 엄두가 나지 않는다고 한다. 더욱이 대선자금 수사 등으로 반(反)기업정서가 팽배해지고 있다. 올 들어 일어난 사건들을 대충 훑어보자.

중소기업 살리자는 말 한마디 없어

국민의 혈세인 공적자금으로 연명한 은행의 매각을 반대한 조흥은행 노조의 집단행동, 한·칠레 자유무역협정(FTA)에 반대하는 농민들의 고속도로 시위, 화물연대 파업, 교육행정정보시스템(NEIS) 시행을 저지하려는 전교조의 집단행동, 경부고속전철 공사의 중단과 재개, 새만금 간척사업의 중단, 위도 핵폐기장 건설을 둘러싸고 전개된 정책혼선과 주민들의 반발, 노대통령의 재신임 발언, 정치권의 이전투구, 지난 11월 9일 밤 서울 도심을 불바다로 만든 민노총의 화염병시위 등등은 올해 우리가 겪었던 사건들이다. 이것만을 놓고 봐도 경제가 왜 이렇게 추락하고 있는지, 중소기업이 왜 붕괴되고 있는지 어렵지 않게 알 수 있다.

축대가 무너져 내리는데 이러고 있을 수는 없다. 중소기업의 인력난·자금난, 기술축적과 정보화 등을 도와줄 수 있는 종합적인 대책을 마련해야한다. 전국 중소기업최고경영자(CEO)의 37%는 정책의 일관성이 없다고 판단될 때 기업하기가 싫다고 했고, 또 65%는 현재의 상황이 지속되면 3년 이상 버티기 어렵다고 답했다는 조사결과도 있다.

일자리의 해외유출은 심각하다. 대기업, 중소기업 할 것 없이 외국으로 생산기지를 옮긴다. 정부의 원칙 없고 일관성 없는 정책, 강성노조의 분규, 고임금, 까다로운 규제 등등 한마디로 기업하기 어려운 환경 때문이다. 노사가 잘 화합해 일치단결하고 있는 회사도 많은 시설을 중국으로 옮길 계획을 하고 있다는 것이다.

일자리가 줄어드는 것은 당연하다. 근로자의 생산성은 별로 높지 않은 가운데 임금만 올라 기업의 경쟁력은 이미 악화돼 있다. 한국경제를 이끌어갈 성장엔진은 이미 멈춰 섰다는 이야기다. 이러면서도 소득 2만 달러시대를 말한다. 그 말은 허공의 메아리로 들릴 수밖에 없다.

투자의욕 샘솟는 정책마련을

시중에는 돈이 넘쳐 부동산으로 몰려다닌다. 강남 집값 잡는 것도 중요하다. 하지만 집값 잡는다고 경제가 살아나는 것은 아니다. 중소기업, 대기업 할 것 없이 투자에 매달려야한다. 대기업은 확신이 서지 않아 투자를 꺼리고 있다. 담보력이 부족한 중소기업에는 돈이 없다. 기업의 투자심리를 북돋우고 넘쳐나는 돈을 중소기업으로 돌리는 획기적인 방안을 마련해야한다.

기업하려는 마음이 우러나도록 정책방향을 분명히 제시해야한다. 이것도 저것도 안 하거나 못하고 걱정만 하고 있으면 문제가 풀리는가. 이대로 가면 우리에게는 일자리도 없고 미래도 없다. 정부는 중소기업이 무너져 내리는 소리를 듣고만 있을 것인가. 기업인에게 중요한 것은 정부가 경제를 확실히 챙긴다는 믿음을 심어주는 일이다.

〈중소 벤처신문, 2003.11.18〉

Chapter 02

중소기업인은 겨울나무가 돼야

소문난 잔치는 먹을 게 없다고 했던가. 또다시 중소기업 주간을 맞는다. 중소기업의 중요성을 강조만 하는 메아리 없는 행사가 돼서는 안 된다. 한국경제의 미래는 중소기업이 열어갑니다', '중소기업 사랑 속에 발전하는 국민경제' 라는 행사 주제어는 그럴듯하다. 하지만 중소기업의 현장 목소리는 다급하다.

우선 경영자의 절대다수가 투자계획이 없거나 투자를 유보하겠다고 한다. 중소기업인들의 투자의욕 상실을 반영한다. 내수침체, 자금난, 인력난, 저가제품 수입증가 등으로 중소기업의 사업기반은 급격히 무너지고 있기 때문이다. 농부가 봄에 씨앗을 뿌리지 않으면 가을에 거둘 게 없듯, 투자 않고 얼마나 버틸 수 있을 것인가.

많은 중소제조업체가 생산시설을 중국 등 해외로 이전했거나 이전할 계획을 밝히고 있다. 한국을 탈출할 수밖에 없다는 것은 국내에서는 버티기 어렵다는 것을 반영한다. 어떻게 하면 사업을 빨리 정리하고 해외로 떠날지를 고민하고 있는 중소기업인이 많다.

해외로 내몰리는 중소기업인

중소기업이 떠나는 것이 아니라 중소기업을 밖으로 내몰고 있는 것이다. 이러고서도 경제를 살리고 일자리를 창출하겠다고 한다. 중국으로, 아직은 위험이 큰 북한으로 공장을 옮기겠다며 개성공단 착공을 기다리고 있다. 이 땅은 기업하기 어려운 곳이란 걸 웅변해주고 있지 않은가.

역대 어느 정부도 중소기업의 중요성을 강조하지 않은 적이 없다. 최근에는 그 흔하던 중소기업 살리자는 소리도 들리지 않는다. 일자리 창출이 최우선 과제라고 하면서도 말이다. 중소기업이 비탈에 서서 넘어지려고 하니 기껏 나오는 정부대책이 중소기업 실태조사다. 아직도 중소기업의 사정을 파악조차 못하고 있다는 것 아닌가.

중소기업은 지금 어떤가. 내수경기 불황으로 물건이 팔리지 않는다. 가동률저하는 당연하고, 이는 자금난으로 이어진다. 자금조달 루트도 막혀 있다. 은행은 신규지원보다 기존 대출금까지 회수하고 있다. 비 올 때 우산 거둬 가고 있는 것이다.

중소기업은 왜 어려운가. 첫째, 중소기업 스스로가 환경변화에 제대로 대응하지 못했기 때문이다. 기술개발, 품질개선, 원가절감 노력을 게을리 했다. 세계시장의 움직임에도 둔감했다. 이는 각성하고 분발해야 할 중소기업의 몫이다.

모진 시련 견뎌낼 힘 길러야

둘째, 중소기업을 둘러싼 외부 환경 탓이다. 가중되는 인력난에다, 곧 시행되는 대기업의 주5일제를 앞두고 중소기업들은 주5일 근무제 역풍에 시달리고 있다. 임금삭감 없는 주5일제는 바로 임금인상이다. 생산성을 웃도는 임금인상은 기업에게 문을 닫으라는 명령이나 다름없다.

"주5일 근무 좋아하다가 앞으로 몇 년 안에 직장 잃어 주 며칠 따진다는 게 얼마나 사치였는가를 알게 될 날이 올 것이다." 어느 네티즌의 일갈은 정곡을 찌른다. 일자리 제공하는 것보다 확실한 복지가 어디 있는가.

생산성이 따라가지 못하는 근로시간 단축은 원가를 높일 수밖에 없다. 대기업 구매담당자는 납품단가를 깎아야 유능하다고 인정받을 수 있다. 그러니 납품단가를 무조건 깎으려고 한다. 그런가 하면 대금회수는 장기화된다. 봄에 납품하고 가을에 대금을 회수하는 경우는 흔하다.

대기업 강성노조는 투쟁을 통해 임금을 높인다. 이는 대기업과 중소기업의 임금격차를 확대해서 중소기업 기피현상을 초래한다. 정책당국이 해야 할 일은 분명하다. 중소기업 지원한다는 말 하지 말고 중소기업의 발목을 묶는 일부터 먼저 걷어치워라. 그게 정책의 몫이다.

아무리 환경이 어려워도 중소기업의 사활은 중소기업인에게 달려 있다. 중소기업은 겨울나무가 돼야 한다. 겨울에는 나무가 자라기 힘들다. 하지만 모진 추위를 겪으며 자란 나무는 훨씬 단단하다. 희망은 절망의 끝에서 온다고 했다. 절망의 끝에 희망의 열매가 맺히는 것이다.

〈중소벤처신문. 2004. 5. 17〉

Chapter 03

말뿐인 벤처·중소기업육성정책 안돼야

경기회복을 기다리는 마음이 급해서 그런지, 주식시장이 상승세를 나타내고 백화점 매출이 조금 늘어났다는 점을 들어 경기회복을 점치고 있다. 하지만 내수경기 '봄날'은 아직 멀었다. 중소기업과 개인사업자들은 여전히 차가운 겨울바람 속에서 떨고 있고 봄이 온다는 기척을 느끼지 못하는 게 현실이다.

정부는 지난 연말 2008년까지 12조원의 자금을 지원키로 하는 벤처활성화대책을 발표한 데 이어, 지난 1월에는 2010년까지 세계시장을 선도할 부품·소재품목 100개 확보와 300개 중핵기업 육성, 금융·인력양성 시스템 정비 등 중소기업정책과제를 확정했다. 대통령은 신년 기자회견에서 '벤처·중소기업 육성을 올해 경제정책의 중심에 두겠다'고 했고, 기술혁신형 중소기업 3만개를 육성하겠다고 했다.

중소기업을 육성하고 지원하겠다는 소리가 들리면 그건 그만큼 중소기업이 어렵다는 걸 말해준다. 벤처기업을 육성하고 정책의 무게중심을 중소기업으로 돌려 새로운 성장동력을 찾고 일자리를 창출하려는 정책은 바람직하다.

하지만 벤처기업이 중요하다고 해서 인위적으로 육성할 수는 없다. 벤처기업을 양산하려다가 진짜 벤처기업을 죽일 수 있다. 악화(惡貨)가 양화(良貨)를 몰아내는 상황이 올 수도 있는 것이다.

벤처생태계 조성에 역점 둬야

김대중 정부는 IMF 한파 속에서 벤처지원정책을 과감하게 시행했다. 지원에 힘입어 생겨난 벤처기업은 IMF환란에서 한국경제를 구출한 구세주처럼 보였다. 많은 사람들은 벤처 붐에 편승, 대박을 터뜨리는 환상에 젖기도 했다. 벤처 붐이 거세게 일자 벤처기업 육성목표를 당초 2002년까지 2만개로 잡았다가 2005년까지 4만개로 늘려 잡기도 했다.

그러나 벤처 붐이 거품이었다는 것을 알기에는 그리 오랜 시간이 걸리지 않았다. 벤처 열기는 싸늘하게 식었고 온갖 비리가 불거지면서 벤처와 코스닥은 신뢰를 잃었다. 벤처기업이 스스로의 힘으로 성장해야 하는데 그러하지 못했고, 정부지원에 힘입어 생겨난 기업은 기술력도 없는 껍데기 벤처인 경우가 많았기 때문이다.

정부중심의 지원에는 한계가 있게 마련이다. 벤처기업이 스스로 성장할 수 있는 생태계를 조성하는데 역점을 두었어야 했는데 정부가 단기간에 가시적인 성과를 거두려고 개별기업을 지원한 게 탈이었다.

이번의 벤처육성정책에도 단기에 성과를 얻고자 하는 조급함이 엿보인다. 정부가 목표로 세운 올해 5% 경제성장과 40만개 일자리 창출을 위해 벤처 붐을 조성하려 한다면 지난날 겪었던 잘못을 반복할 가능성이 크다.

중소기업 압박요인 제거해야

벤처대책이 잘못되면 벤처기업을 정부지원에 의존하게 만들 가능성이 있다. 건전한 투자자들은 벤처기업이나 코스닥을 외면하고 투기꾼들은 또 다시 찾아온 기회라고 투기바람을 일으킬 가능성도 있다. 이런 점이 걱정되는 것은 이번 벤처대책이 과거 벤처 붐과 코스닥 거품을 조장했던 대책과 본질적으로 다르지 않기 때문이다.

중소기업을 살리겠다는 정책을 누가 마다하랴. 그러나 중소기업 육성을 되풀이해서 강조하기에 앞서 대기업노조의 부당한 분규와 임금인상 등 중소기업에 부정적 영향을 미치는 요인을 제거해 나가야한다. 경쟁력이나 생산성과 관계없이 '많이 놀고 많이 받겠다'는 우리 사회의 잘못된 풍조도 중소기업을 크게 압박하는 요인이다.

중소기업의 인력난 해소대책도 서두르자. 엄청난 실업난 속에서도 일할 사람을 찾지 못하고 있는 게 중소기업 현장이다. 단기처방으로 대처할 일이 아니다. 공고와 전문대학을 지원, 기술인력을 양성하고 산·학 협력을 강화하는 구체적인 계획을 세워 실천해보자. 그리하여 중소기업에서 일할 사람을 키워내자. 그게 현실적인 중소기업 육성책이다.

〈중소벤처신문. 2005. 2. 7〉

Chapter 04

중소기업 옥죄는 환경부터 개선하라

한국경제를 진단하는 시각은 각기 다를 수 있지만 중소기업이 위기라는 데에는 이견이 없는 것 같다. 노무현 대통령은 지난 9월 27일 중앙 언론사 경제부장들과의 오찬간담회에서 "중소기업 부문은 구조적으로 계속적인 위기"라고 인정했다.

중소기업이 구조적으로 위기상황에 있다면 그대로 방치되어서는 안 된다. 중소기업에는 국내근로자 1천 2백만 명의 87%인 1천 50만 명이 300만 개의 중소기업에서 일한다. 중소기업이 위기라면 한국경제는 위기가 아닐 수 없다.

중소기업의 어려움은 무엇보다 먼저 중소기업 스스로 해결해야한다. 하지만 중소기업 스스로 해결하기 어려운 경우는 어떻게 해야 하는가. 대기업 노조가 파업을 하고 그 결과 협력중소기업체의 납품단가가 불리하게 책정된다든가, 주5일제나 외국인노동자 고용허가제 등으로 일손이 부족한 중소기업을 더욱 어렵게 한다면 무슨 수로 중소기업이 문제를 스스로 풀 수 있는가.

한국노동연구원의 분석결과에 따르면 종업원 1000명 이상인 자동차산업 대기업의 평균임금을 100으로 봤을 때 부품납품업체의 평균임금은 1996년의 61.4에서 2002년에는 43으로 떨어졌다. 대기업과 중소기업의 생산성 격차가 이런 결과를 가져온 것으로 볼 수 있는가. 현대차 노조는 1987년 설립이후 1994년만 빼고 매년 파업을 했다. 기아차 노조도 크게 다르지 않다.

중소기업 위기 방치 안 돼

대기업 노조가 무리한 임금인상 투쟁을 하면 그 피해를 중소기업이 입는다는 사실이 일부 확인된 것으로 볼 수 있는 것이다. 배부른 대기업의 귀족노조가 중소기업 근로자에게 돌을 던지는 셈이다. 소년들이 연못으로 돌을 던지며 노는 건 개구리를 죽이고자 해서가 아니라 해도 결과적으로 개구리를 죽이거나 상처를 입힌다는 이솝우화와 다를 바 없다.

중소기업은 기술혁신, 생산성향상을 통해 부품의 품질을 개선하고 가격을 인하할 수 있는 힘을 길러야한다. 품질과 기술, 가격경쟁력 등은 중소기업 스스로 해결해야하는 것이다. 자기만의 기술이나 능력을 가지고 있는 중소기업이라야 살아남을 수 있다. 대기업도 그러한 중소기업을 도와야한다. 외국의 대기업들도 제품의 경쟁력을 높이기 위해 하도급 업체에게 납품단가 인하를 요구한다.

그러나 우리와는 다르다. 예컨대 일본 도요타 자동차는 임원 등 간부들이 4만여 개 협력업체를 나눠서 밀착 관리한다. 경기가 나빠지거나 협력업체에 기술적 문제가 생겼을 때 직접 찾아가 난관을 해결해 주고 자금도 지원한다.

현대-기아차에 부품을 납품하는 협력중소기업체 근로자는 41만 명에 이른다. '국내 최고수준의 처우를 누리고 있는 대기업노조의 파업 때문에 언제까지 우리 중소기업들은 생존의 위협을 느껴야 합니까?' 지난 8월말~9월초의 현대자동차 노조파업을 보며 6천400여 현대-기아차 협력업체 대표들이 파업중단을 호소한 신문광고내용의 일부다. 여기에는 중소기업인들의 울분이 담겨있다.

대기업 노조의 자성 필요

정부의 중소기업 지원정책은 자금 판로 인력 기술 수출 정보화 등 11개 분야에서 170가지에 이른다는 조사결과가 나왔다. 제도만으로 보면 완벽하다 할 만하다. 하지만 모든 중소기업을 살리려는 백화점식 정책은 '소문난 잔치에 먹을 것이 없듯이' 성공하기 어렵다. 중소기업은 규모와 업종, 업태가 다르고 따라서 애로요인도 다르기 때문이다.

중소기업정책이 다양하게 잘 짜여있다고 해서 성공이 보장되는 것은 아니다. 문제는 실효성이다. 중소기업정책은 중소기업이 성장할 수 있는 환경을 조성하는데 집중해야한다. 중소기업이 아무리 발버둥 쳐도 헤어 나오기 어려운 환경을 그대로 둔 채 화려한 정책을 남발해서는 안 된다.

중소기업문제는 중소기업 자체의 문제라기보다 국민경제 전체의 문제로 보고 풀어 가야할 대목이 많다. 그렇다고 중소기업만을 위한 정책을 주문하는 것은 아니다. 중소기업에게는 책임이 없다는 걸 주장하자는 것도 아니다. 중소기업을 옥죄는 환경을 그대로 둔 채 중소기업의 자립을 주문하는 것은 옳지 않다는 걸 지적하고자하는 것이다.

〈중소기업뉴스.2005.10.10〉

Chapter 05

어느 멋진 중소기업인 이야기

기업의 성공은 기업을 이끄는 경영자에 크게 의존한다는 건 강조할 필요조차 없다. 대기업은 시스템으로 움직이지만 중소기업의 경우는 기업경영자의 판단이 절대적이다. 그래서 중소기업인의 기업가정신이 더욱 중요하다.

중소기업의 어려움은 종합병원 입원환자들처럼 복합적이다. 기업에 따라 다르긴 하지만 거의 대부분의 중소기업은 자금난 인력난 판매난을 겪는다. 그러나 좋은 제품을 상대적으로 저렴하게 만들어 낼 수 있다면 이런 어려움을 겪을 가능성은 적다. 중소기업의 근본적 어려움은 기술과 아이디어 부족에 있다. 이렇다하고 내놓을 만한 좋은 제품을 만들지 못하는 데에 있다고 할 수 있는 것이다.

최근 감동적인 기사를 읽은 적이 있다. 문구제조업체인 오롬시스템(대표 이호열)은 지난해 12월부터 판매에 들어간 '2006년 포켓다이어리' 전량을 리콜했다는 기사였다. 포켓수첩의 5페이지 위쪽에 찍힌 영문 'February(2

월)' 가 'Fabruary' 로, 즉 'e' 가 'a' 로 잘못 인쇄됐기 때문이다. 지난 12월 초 오자(誤字)가 발견되자 오롬시스템은 긴급히 수첩을 새로 제작했으며, 소비자들이 구매한 제품을 신제품으로 교환해주고 있다는 것이다. 회사당국자는 "고객의 지적으로 오자를 발견했다"며 "고급 비즈니스 문구라는 이미지를 지키고 고객들이 우리 회사에 지금까지 보내준 성원에 부응하기 위해 즉각 리콜을 실시했다"고 말했다.

작은 실수도 리콜한 중소기업의 용기

이 업체는 또 이미 제작된 수첩을 모두 폐기 처분했다. 폐기처분된 수첩의 가격은 1억 원 정도로, 이는 오롬시스템의 지난해 매출(40억 원)의 2.5%에 해당하는 금액이다. 회사는 리콜로 금전적 손실을 입은 것이다. 하지만 신뢰를 쌓았고 이미지를 높인 것이 아닌가. 이는 금액으로 환산할 수 없는 소중한 자산이나 다름없다. TV 화면에 때때로 나오는 자막을 보라. 전 국민이 보는 TV화면에 맞춤법이나 어법에 맞지 않는 자막이 버젓이 나오는 걸 발견하기는 어렵지 않다. 방송국에서 틀린 걸 사과 한번 한 일이 있는가. 틀린 줄도 모르는 것인지도 모른다.

신용을 지키고 신뢰를 쌓는다는 건 말처럼 쉽지 않다. 제품에서 결함이 발견돼도 정부의 리콜 요구가 있기 전까지는 버티는 게 일반적인데 중소기업체가 수첩에 잘못 인쇄된 글자 하나 때문에 솔선해서 제품전량을 리콜한 것은 신선한 충격이자 감동이다. 우리는 참다운 기업가 모습, 자랑하고 싶은 중소기업인의 모습을 본 것이다.

진짜 기업가 정신 보여줘

이는 자기의 손이 한번만 닿은 것이면 최고의 걸작품을 만들겠다고 밤낮을 가리지 않고 매달리는 장인정신 바로 그것이 아닌가. 그런 장인정신이라야 걸작품을 만든다. 걸작품을 만들려면 기술이 있어야 하지만 기술에 앞서 정성이 있어야한다. 기술부족으로, 또 몰라서 제대로 된 제품을 만들지 못하는 것이야 어찌 하겠는가. 하지만 잘못을 알면서도 요즘 유행하는 말처럼 '대충' 만들고 쉽게 돈 벌자고 해서야 이루어낼 것은 아무 것도 없다. 글자 하나 잘못돼도 수첩을 사용하는데 지장이 있는 것도, 글자를 고친다 해서 수첩의 기능이 향상되는 것이 아닌데도 잘못된 글자 하나 바로잡아야한다는 정신과 행동은 참으로 돋보인다.

중소기업이 아무리 발버둥 쳐도 헤어 나오기 어려운 환경은 엄연히 존재한다. 이런 환경은 개선돼야 마땅하다. 그러나 환경만 탓하고 있으면 문제가 풀리는 건 아니다. 운동장 시설이 나쁘다는 걸 불평할 수는 있다. 하지만 시설을 제대로 갖추면 선수들의 기량이 향상되는 것은 아니지 않은가. 우리 사회는 잘못을 인정하기는커녕 남 탓, 세상 탓, 제도 탓으로 돌리는 게 습관화 돼있다.

신용은 어디서 빌리거나 살 수 있는 게 아니다. 스스로 쌓아야 한다. 신용 없는 기업이 신용대출을 바라고 스스로 노력하지 않으면서 도움만 바라고 불평만 하는 세상에서 대단한 잘못도 아닌데 '내 탓이오' 라고 솔선해서 나선 중소기업의 결단은 대단하다. 작은 기업의 큰 힘을 보여준 신선한 충격적 사건이다. 아무리 생각해도 멋진 기업가의 모습이다.

〈중소기업뉴스, 2006.1.30〉

Chapter 06

기업을 뛸 수 있게 하라

한국경제는 선진화를 달성하기도 전에 조로(早老)현상을 보이는 심각한 상황을 맞고 있다. 경기는 이미 꺾였고 한국경제는 일시적 경기부진이 아니라 구조적 저성장 국면에 들어갔다. 내년 경기는 세계 경기의 둔화로 더 나빠질 것이다. 현대 삼성 등 주요 민간경제연구소의 진단이 이렇다. 이런 진단이 아니더라도 국민의 체감경기는 오래 전부터 겨울이었다.

지난 3년간(2003~2005) 연평균 성장률은 3.9%에 불과했다. 같은 기간 경쟁국인 중국(10%) 홍콩(6.4%) 대만(4.5%) 싱가포르(6.4%)에 뒤졌을 뿐 아니라 세계평균(4.4%)에도 미치지 못했다. 왜 우리만 저조했는가.

첫째, 경제와 상관없거나 경제에 부담을 주는 일에 매달렸다는 점을 지적하지 않을 수 없다. 과거사 정리, 사학법, 신문관계법, 수도이전 위헌결정을 비켜가는 행정도시 건설, 공공기관 지방이전, 경부고속철도와 새만금사업 차질 등을 보면 경제실적 나쁜 게 우연한 일이 아니다. 수 백조원의 돈이 들어가는 것도 아랑곳 않고 '자주국방'을 내세워 전시 작전통제권을 '환수' 하겠다고 서두른다. 그럴 경우 안보도 걱정이지만 경제에 힘쓸 여유가 과연 있겠는가. 해야 할 일이라도 때가 있고 우선순위가 있다. 노무현 정부 5년간 국가채무 증가속도는 너무 가파르다. 나랏빚은 늘어나고 민생은 어려운데 이것저것 다 하겠다니 경제는 멍이 들 수밖에 없지 않은가.

경제정책 방향부터 잘못됐다

둘째, 경제정책 방향이 애당초 잘못됐다. 성장과 분배의 동반성장을 이루겠다고 했지만 사실상 성장은 뒷전으로 밀렸다. 성장을 말하면 반(反)개혁으로 치부되는 분위기였다. 올해 들어서는 양극화를 내세워 국민을 네 편 내 편으로 갈랐다. 소득불균형 또는 빈곤 문제라고 해야 할 걸 굳이 양극화로 표현했다. 선거를 의식해서 내 편을 많이 만들겠다는 의도였다. 양극화를 해소하려면 성장을 통해 일자리를 많이 창출해야 하는데 일자리를 창출할 기업을 옥죄기만 했다.

셋째, 기업하기 어려운 환경의 조성 또는 방치다. 2003~2005년간 설비투자 연평균 증가율은 2.6%로 참담하다. 정부는 2003년부터 3년 6개월 동안 공무원을 2만 6000여명이나 늘렸다. 위원회공화국이라고 할 정도로 각종 위원회가 생겨나고, 세계적 추세와는 반대로 정부조직은 커졌다.

여당 대표는 기업인 사면과 출자총액제한제도 철폐를 기업인 대표들에게 약속하고, 출총제 폐지 언급에 대해 경제부총리는 '정치적 행보'라고 일축하는가 하면 공정거래위원장은 순환출자금지 등 또 다른 규제방안 도입을 이야기했다. 광복절 대통령 특별사면에서 경제인은 제외됐다. 여당과 정부와 청와대가 서로 엇박자를 놓고 있다. 경제정책의 구심점이 없다는 증거다. 특별사면의 경우 경제인을 특별 대우하자는 게 아니라 정치인은 사면되고 경제인은 안 되는 이유를 찾기 어렵다.

우리 사회가 믿을 건 기업·기업인

노동계의 불법파업은 시도 때도 없다. 기업과 경제에 주는 부담을 말해서 무엇 하나. 공권력이 불법파업에 밀리는데 기업이야 속수무책일 수밖에 없다. 해외 언론은 한국의 "파업은 하나의 의식(儀式)으로 자리 잡았다"고 우리를 비웃는 기사를 쓰고 있다.

경제 나쁜 건 결코 우연한 일이 아니다. 오늘의 경제난은 경제정책의 구심점 부재(不在), 불투명한 정부정책과 정책혼선, 경제에 관심을 두지 않는 지도력의 무능에서 비롯됐다. 그렇지 않고 한창 기세를 올려야 할 한국경제가 비틀거릴 이유를 어디서 찾을 수 있는가.

경제를 살리려면 기업규제를 없애고 기업의 기(氣)부터 살려라. 우리 사회가 믿을 건 정치인이 아니라 기업과 기업인이다. 기업 발목을 잡으며 경제를 걱정하는 염치없는 일은 하지 말아야 한다.

〈문화일보, 2006.8.17〉

Chapter 07

혁신형 중소기업 육성정책에서 생각할 것

정부는 중소기업 전반의 경쟁력과 생산성을 높이기 위해 혁신형 기업을 집중 육성한다는 정책을 추진하고 있다. 혁신형 중소기업을 2006년 1만 4000개에서 2008년에는 3만개로 육성한다는 것이다.

정부에 따르면 혁신형 중소기업은 벤처기업(창업투자회사 등 벤처금융기관이 사업아이템의 미래 성장성과 시장성을 인정하여 위험을 감수하고 투자·보증·융자한 기업), 기술혁신형 기업(기술혁신활동을 통하여 기술경쟁력 확보가 가능하거나 미래 성장가능성 있는 기업), 경영혁신형 기업(인적자원 관리, 공정혁신, 지식·정보관리, 마케팅 등 다양한 경영혁신활동을 수행하여 성과를 얻은 기업) 등을 의미한다. 이런 설명만으로는 어느 것이 벤처인지, 기술혁신형(inno-biz)기업 또는 경영혁신형 기업인지 구별하기는 쉽지 않다. 예컨대 기술혁신형 기업과 벤처기업을 따로 분류하기는 사실 어려운 일이다.

IMF위기를 맞았을 때 한국경제를 살릴 희망으로 떠오른 게 벤처기업이었다. 김대중 정부는 벤처정책에 힘을 쏟았고 지원정책에 힘입어 벤처붐이 일기 시작했다. 벤처는 모든 걸 푸는 열쇠처럼 인식되기도 했다. 벤처 무늬만 띠어도 사람과 돈이 몰렸다.

단기 졸속을 경계해야

당시 벤처기업을 육성하여 경제에 활기를 불어넣으려는 정책방향은 옳았다. 문제는 벤처기업을 단기간에 육성하겠다고 성급하게 서두르고 양적 목표를 내세운 데에서 나타났다. 어떤 기업이 벤처인지를 가릴 명확한 기준도 없이 정부는 몇 가지 조건이 충족되면 벤처기업으로 인증했다. 벤처로 인증되면 많은 지원이 따랐기 때문에 벤처로 인증받기 위한 로비행위가 성행한 것은 당연했다. 정부는 1998년부터 2002년까지 2만개의 벤처기업 창업을 목표로 세웠다가 벤처붐이 일자 다시 2005년까지 4만개로 늘려 잡았다. 2002년 초 벤처기업 수는 1만 1000개를 넘었다. 전체 중소제조업체의 수가 10만여 개에 불과한 상황에서 4만개는 엄청난 목표였다.

정부지원에 힘입어 벤처인증기업 수는 크게 늘어났어도 제대로 된 벤처기업은 30%에 불과했고 그 중에서도 국제기준의 하이테크형 기업은 많지 않았다는 게 전문가들의 평가였다. 벤처비리가 터지면서 단기간에 형성됐던 벤처붐은 꺼지기 시작했고 벤처육성정책은 힘을 잃게 됐다. 구호만 요란했던 2만개, 4만개 육성목표는 자취를 감추었다. 벤처기업은 말 그대로 모험기업이다. 그런 벤처기업을 정부가 인증하려는 게 무모한 일이었다. 기업만 잘하면 됐지, 벤처라는 딱지가 붙으면 어떻고 아니면 어떤가.

정책목표는 분명하고 쉽게

정책목표는 분명하게 설정되고 정책수요자가 쉽게 이해할 수 있는 내용이어야 한다. 숫자를 내세운다고 목표가 분명해지는 것은 아니다. 혁신형 중소기업 육성에 힘을 쏟는 건 바람직한 정책이다. 그러나 3만 개 육성이라는 목표를 부각시키지 않는 게 옳다. 그런 숫자목표를 앞세우면 정책성과를 과시하기 위해 목표달성에 매달릴 가능성이 커지고 거기에 무리가 따르기 쉽다. 평가기준의 적용여하에 따라 혁신형 중소기업으로 선정될 수도, 안 될 수도 있을 것이기 때문이다. 중소기업정책을 결코 폄하하고자 해서가 아니다. 벤처기업 4만개 목표를 세워 정책을 추진하다가 흐지부지된 과거경험 때문에 이런 우려를 하지 않을 수 없다.

정책을 추진할 때 당시 상황만을 고려하지 말고 그 정책이 어떤 과정을 거쳐 어떤 결과를 가져올 것인지도 따져 보아야한다. 중소기업정책당국은 중소기업이 겪는 어려움 때문에 늘 어떤 압박감 같은 걸 느끼고 있을 것이다. 그래서 무언가 가시적 성과를 나타내려고 서둘 가능성이 크다. 하지만 급할수록 돌아가야 한다.

중요한 것은 정부 스스로 밝혔듯이 혁신 친화적 기업여건을 조성하는 일이다. 쓰레기더미로 악취가 심했던 난지도가 깨끗한 생태공원으로 바뀌었다. 꽃이 피고 나비와 새가 날아오는 것은 그런 환경이 조성됐기 때문이다. 그런 환경을 조성하면 혁신형이든 또 어떤 이름의 기업이든 경쟁력 있는 기업이 몰려와 활기를 띨 수 있을 게 아닌가.

〈중소기업뉴스, 2006. 11. 22〉

Chapter 08

가업(家業) 상속세 감면 검토해야

누구나 오래 살기를 바라지만 건강관리를 잘해도 인간의 수명에는 한계가 있다. 기업의 경우는 어떤가. 몇 백 년을 이어가는 장수(長壽)기업도 있지만 일찍 문을 닫는 경우도 흔하다. 우리나라 중소기업의 평균연령은 10.6년으로 매우 낮고 20년 이상 장수하는 중소기업은 10% 정도에 불과한 실정이다.

일본에는 100년 이상 이어져온 기업이 1만 5000여개에 이르는 것으로 알려져 있다. 독일에는 200년이 넘게 연필 하나에만 매달려 있거나 150년 동안 저울에만 집착하고 있는 기업 등 하나의 제품을 가지고 세계시장의 50~100%를 차지하고 있는 중소기업이 500개가 넘는다. 수백년을 이어오는 중소기업들은 특정분야에 특화된 기술을 가진 가족기업들이다.

우리 사회의 고령화 추세에 따라 중소기업 경영자의 고령화도 빠르게 진행되고 있다. 더욱이 중소기업의 대부분(68.3%)이 가족기업의 형태를 취하고 있어 중소기업의 경영권 승계문제는 피할 수 없는 경영과제다. 가족기업은 후진적인 경영형태가 아니다. 우리의 가족기업 비중은 독일(84%) 영국(76%) 호주(75%) 스웨덴(71%)보다 오히려 낮은 편이다. 중소기업은 창업자들이 성공했다 하더라도 경영권의 승계과정에서 기업의 존속이 어렵게 되는 경우가 많다.

경영권 승계문제는 피할 수 없는 경영과제

기업은행이 50세 이상(업력 20년 이상) 중소기업 대표 208명을 대상으로 실시한 조사에 따르면 경영자의 85.9%가 기업승계 의향이 있는데, 가장 큰 애로사항은 상속·증여세 등 과중한 조세부담(73.5%)이라고 했다. 중소기업중앙회가 중소제조업체 327개 사를 대상으로 조사한 결과도 기업승계의 최대 걸림돌은 상속·증여세 부담이라고 했다.

상속·증여세는 초과누진세율로 돼 있고 상속재산이 30억 원을 넘는 경우 상속세율은 50%다. 상속재산은 거의 대부분이 공장, 건물 등 부동산이므로 현금으로 세금을 내려면 기업을 팔거나 주식을 처분할 수밖에 없다. 상속세를 누가 대신 납부해주면 증여세를 또 내야 한다. 상속세를 몇 년에 걸쳐 나눠 내는 연부연납(年賦延納)과 당해 부동산으로 세금을 납부하는 물납(物納)제도가 있지만 그것은 상속세 문제의 해결방안이 아니다.

기업을 키울수록 경영권 승계는 더 어렵게 돼있어 기업 발전을 위해 재투자에 주력하기보다 상속세 부담을 피하기 위해 폐업을 고려하고 있는 경영자가 있다는 조사결과도 있다.

세계 주요국들은 기업하기 좋은 조세환경을 구축하고 원활한 경영승계를 위해 상속세를 폐지하거나 세율을 인하하고 있는 추세다. 독일은 중소기업

및 가족기업에 대해 상속 이후 종업원을 해고하지 않고 고용을 유지하는 경우 상속세를 감면해주는 제도를 시행하고 있다. 상속세 납부를 무이자(無利子)로 유예하고 1년에 10%씩 상속세를 감면, 10년 간 기업을 성공적으로 운영하면 상속세를 전액 면제해주는 것이다.

상속세 감면은 부(富)의 대물림 옹호 아니다

최근 가업승계 중소기업에 대해서는 상속세를 감면해주어야 한다는 주장이 중소기업특별위원회와 중소기업청, 중소기업 학계에서 제기돼 이 문제를 진지하게 따져볼 필요성이 커졌다. 상속세를 감면하자는 것은 상속재산의 가치를 높여 '부(富)의 대물림'을 옹호하자는 것이 아니다. 상속세가 조세수입에서 차지하는 비중은 0.4% 정도에 불과하기 때문에 그 중요성이 덜하다고 해서 주장하는 것도 아니다. 상속세 감면으로 기업 또는 가업의 승계를 원활히 함으로써 중소기업의 지속적 발전을 돕자는 것이다. 상속세를 감면하는 경우 독일의 경우에서 보는 것처럼 적정한 조건을 붙이면 된다.

기업이 환경변화에 적응하지 못해 문을 닫는 것은 어쩔 수 없는 일이다. 후계자를 양성해서 기업의 승계를 원활하게 하는 것은 중소기업 경영자의 몫이다. 그러나 상속세 때문에 경영자가 재투자를 망설이거나 경영권을 잃거나 기업활동을 접는 일은 막아야 한다. 기업을 타살해서는 안 되기 때문이다. 황금알을 낳는 거위를 죽이면서 성실납세 또는 조세정의를 외칠 이유는 없는 것이다.

〈한국경제신문. 2007. 4. 9〉

Chapter 09

'제2창업' 가업승계 쉽게 해야한다

이명박 정부의 정부조직 개편 방안이 공개됐다. 세계적 추세에 걸맞게 정부 규모를 줄이는 것은 옳다. 정부 규모 축소 못지않게 중요한 것은 해서는 안 되는 일, 불필요한 일, 민간이 할 수 있는 일을 정부가 하지 않는 것이다. 이는 경제 살리기와 직결되기 때문이다.

이명박 정부의 최대 과제는 경제 살리기와 일자리 창출이다. 중소기업은 전체 기업체의 99%, 고용의 88%를 차지하고 있어 중소기업인들은 '구구팔팔 중소기업' 이라는 구호를 즐겨 외친다. 일자리 창출에서 중소기업이 떠맡아야 할 몫이 크다는 걸 말해준다. 이명박 당선인은 기회 있을 때마다 "경제 살리기를 추진하는 데 중소기업이 중심이 될 것" "중소기업이 살아야 한국경제가 살아난다"고 강조했다. 또한 산업은행에서 분리될 투자은행 매각자금 20조~30조원을 중소기업을 지원하는 데 활용하겠다고 했고 법인세 인하와 가업(家業) 승계 활성화를 위한 상속세제 개편 등을 약속하기도 했다.

가업승계는 책임과 노하우의 대물림

우선 상속세제 문제를 한번 보자. 자동차부품 생산업체 A사는 젊은 2세가 가업을 승계하면서 상속세를 내기 위해 생산라인 일부의 기계를 매각했다. 그 결과 직원의 10% 이상을 줄여야 했고 생산 규모도 30% 정도 줄여야 했다. 창업한 지 30년이 넘고 연매출 200억 원의 견실한 인쇄회로기판(PCB) 제조업체 D사장은 장남에게 회사를 물려주려다 포기하고 회사를 정리하기로 했다. 상속세 부담 때문이다.

상속재산이 30억 원이 넘는 경우 상속세는 50%다. 여기에 경영권까지 승계하면 세금이 10~15% 할증(할증과세는 현재 유보중이지만)된다. 중소기업의 재산 대부분은 공장·건물 등 부동산이다. 그나마 담보로 잡혀 있고 부동산값이 올라 기업자산 규모가 커졌다. 상속세를 내기 위해 공장 일부를 팔거나 경영권을 포기하거나 회사를 정리하는 사례가 생길 수밖에 없다. 기업을 키울수록 경영권 승계는 더 어렵게 돼 있어 투자 확대를 망설이는 경우도 흔하다.

독일은 고용 유지를 조건으로 중소기업 상속세 납부를 10년 유예하고 1년에 10%씩 깎아 준다. 독일에는 세계 시장 점유율 1위 기업이 500여개로 기술력이 뛰어난 장수(長壽) 중소기업이 많다. 일본은 비상장주식 상속 때 평가액의 10%를 감면하던 것을 80%로 확대하고 후계자가 경영권을 확보하기 위해 후계자 한 명이 주식을 모두 상속받을 수 있게 하는 상속세법 개정안을 마련했다. 독일, 일본 등 선진국들이 가업 승계를 지원하는 것은 고용을 늘리고 경제에 활력을 주기 위해서다.

가업 승계는 제2의 창업이다. 창업이 중요하듯이 가업 승계 역시 창업 못지않게 중요하다. 가업 승계는 부의 대물림이 아니라 고용 유지와 확대라는 책임의 대물림, 노하우의 축적과 기업가 정신의 대물림으로 봐야 한다. 그래서 가업 승계를 쉽게 할 수 있도록 상속세를 대폭 감면하자는 것이다. 경제 살리고 일자리 늘리는 데 도움이 될 정책이기 때문이다. 세금 깎자는 이야기가 아니다.

강소(强小)기업이 일자리 창출할 수 있도록

우리나라 중소기업의 68.3%는 가족기업의 형태를 취하고 있다. 독일(84%)·영국(76%)·호주(75%)보다 오히려 낮은 편이다. 가족 경영은 나쁜 경영 형태가 아니라 선진국에서도 보편적인 경영 형태다. 월마트·도요타·BMW·JP모건·포드·로스차일드 앤드 선·피아트 등 세계적 기업도 가족기업이거나 가족기업에서 출발했다. '포천' 지 선정 500대 기업 중 3분의 1이 가족이 지배하거나 창업자 가족이 경영에 참여하고 있다.

우리는 글로벌 경쟁력을 갖춘 장수 스타 기업이 탄생할 수 있는 길을 열어야 한다. 경제의 미드필더인 중소기업, 강소(强小)기업이 우후죽순처럼 솟아날 수 있게 판을 짜보자. 경제를 살리고 일자리를 창출하는 일이 바로 여기에 있는 것 아닌가.

〈문화일보. 2008. 1. 23〉

Chapter 10

중소기업 성공하려면 대나무처럼 뿌리내려야

뿌리가 튼튼한 나무는 크게 자라고 풍성한 열매를 맺는다. 경제의 뿌리라 할 수 있는 중소기업이 튼실하면 경제도 건강하게 성장할 수 있을 것이다. 조선의 영원한 발전을 기원하며 지은 용비어천가에도 "뿌리가 깊은 나무는 바람에 흔들리지 않는다"고 하지 않았던가. 대나무는 씨앗을 심으면 처음 4년 동안은 아무 것도 돋아나지 않는다. 5년째에 죽순(竹筍)이 솟아나기 시작하면 순식간에 대나무는 15~25미터 높이로 자란다. 4년이란 기간은 뿌리를 튼튼히 내리기 위한 준비 기간이다.

위로 성장하기에 앞서 튼튼한 뿌리를 먼저 내려 그 뿌리의 힘을 바탕으로 성장하려고 준비를 하는 것이다. 중소기업의 창업과 육성, 기술개발도 이와 같아야한다. 급하면 돌아가라고 하는 것은 철저히 준비하라는 말이다.

선진국은 좋은 기업, 자랑할 만한 기업이 많고 더욱이 중소기업이 강한 나라다. 중소기업이 건전하게 발전해야 대기업은 물론 국민경제 전체가 제대로 발전할 수 있다는 걸 말해준다. 우리가 대·중소기업 상생(相生)을 강조하는 까닭이다.

좋은 기업, 자랑할 중소기업 있어야 선진국

독일에는 숨은 강자들(hidden champions)이 많다. 이들 중소기업은 제품의 품질에 자신감을 갖고 제품을 가격이 아니라 품질로 팔겠다고 한다. 독일 중소기업에는 끊임없이 혁신하고 한 우물만 파는 장인들이 많고 그들이 만든 제품이 세계시장을 누빈다. 독일은 장인들에 의한 전문기술형 중소기업들이 대부분이다. 미국은 첨단기술에서 강하며, 일본은 오랜 기간 동안 기술을 축적, 기술경쟁력에서 앞서간다.

'중소기업 지원 육성'이라는 구호가 여전히 등장하는 것은 중소기업의 사정이 어렵다는 걸 반영한다. 중소기업의 대기업 의존도는 높아졌지만 대부분의 중소기업은 대기업과의 관계에서 피해를 입고 있다고 느끼고 있고 실제로도 그렇다. 납품대금을 제때 또는 제값을 받지 못한다는 이야기가 계속 들리고 있는 것은 이를 말해준다.

중소기업의 수명은 외국에 비해 짧고 생존율도 낮다. 5년 이상 생존하는 중소기업 비율은 20%에 불과하다. 일본(72%), 독일(62%), 미국(38%)에 비해 뒤져 있다. 왜 그런가. 중소기업은 스스로 존립할 수 있는 고유의 기술이나 아이디어 없이 창업했거나 환경의 변화에 견디지 못해 나타난 결과라고 할 수 있다.

지난 6월 11일 '제1차 중소기업 성공전략회의'에서 이명박 대통령은 "과거 일부 예산낭비 지적도 있었지만 다시 한 번 정부가 제2의 기술 창업의 붐을 일으킬 시점"이라고 했다. 방향은 옳지만 창업 붐을 일으키는 데에도 철저한 준비가 필요하다. 벤처투자를 막는 '전봇대'는 없는지, 기술과 아이디어보다 지원에 기대어 벤처행세를 하려는 가짜벤처는 없는지를 가려내야 한다. 벤처창업은 100% 성공이 보장되지 않고 실패확률도 높다. 실패하더라도 도전해야하고 실패 그 자체는 또 하나의 자산일 수 있다. 그러나 도전한다는 것과 준비 없이 서둔다는 것은 다르다.

■ '중소기업 지원 육성' 구호는 중소기업 어려움 반영

과거를 되돌아보면 중소기업 중요성을 강조할 필요성이 제기되는 상황이면 정부 내에서 중소기업정책을 경쟁적으로 과다하게 도입한 경우가 흔했다. 단기간에 효과를 거두려는 성급함도 있었다. 벤처기업과 혁신형 중소기업이 어떻게 다른지 알 듯 말 듯 하지만 이들 기업을 몇 년 안에 몇 만개 육성하겠다는 목표를 세워 숫자놀음을 하려 한다. 특히 중소기업 기술개발 지원이 핵심원천 기술보다는 단순 기술의 개발지원에 집중되기도 한다.

우리의 대일(對日) 무역적자는 해마다 늘어 2007년에는 300억 달러에 달했다. 대일 무역적자를 줄이기 위해서 시급한 것은 부품·소재산업의 육성이다. 이들 산업은 조립산업과는 다르다. 기술개발에 매달리는 노력이 필요하다. 대나무처럼 오랜 기간 인내하며 기초를 다지는 노력이 필요하다. 중소기업이 중요하고 더욱이 기술개발이 중요하면 할수록 단기간에 효과를 거두려는 성급함에서 벗어나야 한다.

〈중소기업뉴스, 2008.7.16〉

Chapter 11

중소기업, 믿을 건 자신뿐임을 알자

'이 고비만 넘기면' 하고 사는 게 세상살이다. 그래서 세상살이는 끝없는 '고비 넘기'라 해도 틀리지 않는다. 기업경영은 순풍에 돛달고 항해하는 게 아니다. 파도를 만나고 또 다른 큰 파도를 헤치면서 항해하는 파도타기 장애물 경주와 다름없다.

미국발(發) 금융위기로 촉발된 세계경제의 위기상황은 한국경제에도 태풍을 몰고 왔다. IMF 한파를 경험한 탓에 우리는 더 큰 위기감에 빠져들고 있다는 느낌이다.

중소기업이 겪는 어려움은 특별하다. 문제의 키코(KIKO)가 중소기업의 어려움을 가중시킨다. 기업들이 KIKO 계약을 많이 했던 시기는 환율이 떨어지는 추세에 있었다.

그렇다고 해도 환율이 상승하는 경우 어떤 일이 일어날 것인가를 왜 생각조차 하지 않았을까. 기업에 일방적으로 유리하기만 한 상품이 있을까. 환율이 정해진 상한선을 넘어가면 엄청난 피해를 입게 돼있는 고위험상품인데 그런 위험에 눈감고 기업들이 오버 헤지까지 했다.

KIKO 계약, 은행 장사 속에 넘어간 것

고위험 투기상품에 많은 중소기업이 당한 건 환 위험 회피에 대한 지식의 부족에다 은행의 장사 속에 넘어갔기 때문이다.

일부 은행은 KIKO를 '무위험 무수수료 상품'이라며 판매 경쟁을 벌였다. 이를 판매한 은행 당국자도 이에 가입한 기업도 KIKO라는 상품이 어떤 결과를 가져올 것인가를 제대로 알지 못했다니 모두가 귀신에 홀린 것으로밖에 설명할 길이 없다.

로또에 당첨되는 행운도 있을 수 있지만 그걸 바라고 살아갈 수는 없는 일이다. 이미 벌어진 일을 이제 와서 후회한들 뭐하나. 하지만 어쨌든 이 고비를 넘겨야한다. 오늘날 암도 거의 극복되는데 죽으라는 법은 없다. 솟아날 구멍은 있다.

우선 KIKO로 고통 받는 기업에 장기저리대출을 해주고 분할상환을 가능하게 해야한다. 멀쩡한 흑자기업의 도산을 막아야하기 때문이다. 정부가 중소기업을 지원하기 위해 기업은행에 1조원 어치의 정부보유주식을 현물출자하기로 한 것은 잘한 일이다. 이에 따라 중소기업에 자기자본의 12배인 12조원 추가대출여력을 확보할 수 있게 돼 중소기업의 자금난을 덜어주는데 도움이 될 것이다.

2002년 월드컵에서 한국 선수들은 시간과 공간을 선점하는 전략을 구사했다. 한마디로 상대선수들보다 더 많이 뛰는 전략이었다. 체력훈련을 많이 해서 쉴 새 없이 뛸 수 있었고 그래서 허리부분, 즉 미드필더가 강화돼 수비와 공격의 연결이 원활했다. 4강 신화를 이룬 바탕이었다.

경제의 허리부분은 중소기업이다. 중소기업이 만드는 부품과 소재의 품질이 우수하지 않으면 자동차, 선박 등 한국의 대표적 수출제품의 경쟁력은 확보하기 어렵다. 대기업 제품은 거의 중소기업과의 합작품이기 때문이다. 중소기업과 대기업이 상생(相生)을 강조하는 까닭이 여기에 있다.

스스로 일어서려는 노력 필요

KIKO 문제가 발등의 불이지만 더욱 중요한 것은 중소기업이 스스로 발전할 힘을 길러야한다. 세계적 불황으로 세계 각국은 보호무역으로 기울 가능성이 크다. 더욱이 11월 미국 대선에서 집권 가능성이 보이는 미국 민주당은 보호무역을 선호해온 정당이다. 한국의 최대 수출대상국인 중국경제가 저조하면 한국의 수출에도 어려움이 닥칠 것은 불을 보듯 뻔하다.

믿을 건 우리 자신이다. 기술개발은 물론 서비스 개선 등 모든 분야에서 열심히 뛰고 또 뛰는 길밖에 없다. 많이 받고 덜 일하려는 우리 사회의 분위기부터 바꾸고 잘못된 관행이나 법질서 위반행위도 바로 잡아야한다. 지금은 고비용·저효율 요인을 털어내는 개혁을 할 때다. IMF때 그럴 기회를 놓쳤지만 이번에는 놓쳐선 안 된다. 위기가 기회라고 하면 한가한 소리라고 할 사람은 많을 것이지만 다른 방법이 없다. 불만만 토로하는 건 아무런 도움이 되지 않는다. 스스로 일어서는 노력이 필요한 것이다.

'햇살만 내려 쪼이는 곳은 사막이 된다.' 위대한 투자가 존 템플턴은 호경기만 있는 사회는 오히려 위험한 사회임을 지적했다. 위기가 기회임을 웅변하고 있지 않은가.

〈중소기업뉴스, 2008.10.29〉

Chapter 12

'스몰볼+빅볼' 야구와 대·중소기업 협력

'야구 월드컵' 월드베이스볼클래식(WBC)에서 한국 선수들은 잘 싸워 한국의 힘을 보여주었다. 결승전에서 일본에 진 아쉬움은 깊게 남아 있지만, 패색이 짙었던 9회 말 투아웃에서 기어이 동점을 만든 집념과 끈기는 대단했다. 결국 패했지만 10회 연장전에서 정면승부를 펼친 것도 당당했다. 도망가는 피칭이 아닌 당당한 도전이었기 때문이다. 도전해서 무언가 이뤄내려고 노력하는 게 스포츠고 경제고 또 인생이 아닌가.

한국야구를 수비력과 기동력에 바탕을 둔 '스몰볼'이라고 얕보던 세계의 눈이 이제 달라졌다. 한국이 장타력까지 겸비한 '스몰볼+빅볼' 야구로 세계에 한국야구를 각인시켰기 때문이다.

경제도 야구처럼 신바람을 내지 못할 까닭이 없다. 한국경제, 한국기업, 한국상품을 세계에 각인시키지 못할 까닭도 없다. 우리사회는 야구 대표팀의 저력과 투혼이 사회 각계로 번져 나가길 기대하고 있다. 야구의 꽃은 홈런이다. 그것도 많은 주자를 앞에 놓고 홈런이나 장타를 날려 대역전극을 펼치면 막혔던 가슴이 시원하게 뚫린다.

기업 활동 걸림돌 제거해야

중소기업과 대기업의 협력은 늘 강조돼온 중요한 과제다. 좋은 부품을 만들고(안타를 치고) 발 빠르게 움직이는 중소기업과 이들 부품을 조립해 좋은 완제품을 만드는(장타로 득점하는) 대기업이 협력한다면 '스몰볼+빅볼'의 결합처럼 경제전쟁에서 이길 수 있는 상생(相生)전략이 될 수 있을 것이다.

독일의 경제규모(GDP)는 미국의 27%, 일본의 75%에 불과하다. 그러나 수출은 1조 3200억 달러(2007년)로 미국(1조1600억 달러), 일본(7000억 달러), 중국(1조 2000억 달러)에 앞선 세계 최대 수출국이다. 독일 수출의 힘은 중소기업에서 나온다. 하나의 제품으로 세계시장의 50% 이상을 차지하고 있는 중소기업이 500개가 훨씬 넘는다. 잘 알려지지 않은 이들 중소기업이 숨은 승리자, 즉 히든 챔피언이다.

헤르만 지몬(Hermann Simon)의 '히든 챔피언'이라는 책에는 이들 기업은 한 우물만 파는 전문화기업이고 제품의 품질에 자신감을 갖고 있으며 고객과 밀접한 관계를 지속하고 있는 것이 강점이라고 밝히고 있다. 이들 기업이 세계시장의 경쟁을 이겨내며 독일 경제를 이끌고 수출을 주도하고 있는 것이다.

정부는 2013년까지 우수기술을 바탕으로 세계시장을 지배할 수 있는 중소기업, 이른 바 '한국형 히든챔피언' 300개를 집중 육성하는 방안을 검토하고 있다고 한다. '한국형 히든챔피언'은 그동안 추진돼온 벤처기업, 기술혁신형기업(inno-biz), 경영혁신형기업과 어떻게 다른 것인가. 멋있는 이름을 새로 붙인 것인가. 시비하자는 게 아니다. 의도가 좋다고 해서 결과가 좋아지는 게 아니라는 점, 그래서 계획과 실천이 따로 놀아서는 안 된다는 점을 지적하고자 함이다.

■ '한국형 히든챔피언' 지속 출현

세계시장을 누비는 '한국형 히든 챔피언' 300개! 가슴 뛸만한 일이다. 하지만 육성대상 기업을 숫자로 나타내면 정책당국은 성공을 과시하기 위해 숫자를 맞추려는 유혹에 빠진다.

창업에서부터 기술개발과 경영 일반에 이르기까지 기업에 걸림돌이 있다면 그걸 제거하는 일부터 하라. 새로운 기술개발과 아이디어, 과감한 투자는 평범한 기업을 경쟁력을 갖춘 기업으로 만든다. 그런 기업이 계속 출현할 수 있도록 환경을 조성하고 중소기업 스스로가 뛸 수 있게 해야한다.

새로운 정책개발도 필요하고 중요하다. 하지만 무엇보다 중요한 것은 기업활동 무대를 만드는 일이다. 진부한 이야기로 치부하지 말라. 진리는 단순하고 평범한 데 있다. 중소기업이 스스로 뛰어야 혁신기업도 되고 히든 챔피언도 될 것이 아닌가.

야구의 쾌거에 이어 김연아 선수의 피겨여왕 등극은 국민들에게 감동을 안겨주었다. 세계 최고는 어느 날 갑자기 하늘에서 떨어지는 것이 아니다.

김연아는 점프 하나를 익히기 위해 엉덩방아를 3000번 넘게 찧으며 얼음 바닥에 뒹굴었다고 한다. 악조건에도 좌절하지 않고 도전을 거듭해야하고 최고가 돼야한다. 최고만이 살아남는다는 건 스포츠나 경제나 마찬가지다.

〈중소기업뉴스, 2009. 4. 15〉

Chapter 13

중소기업 살리기–제도인가, 사람인가

‘중소기업이 웃으면, 한국경제도 웃습니다.’ 올해 중소기업주간의 주제다. 경기가 좋을 때에는 가장 늦게 햇볕을 받고 경기가 내리막일 때는 가장 먼저 찬바람을 맞는 게 중소기업이다. 그래서 중소기업이 웃으면 모두가 웃을 수 있다는 말은 옳다.

그러나 중소기업은 업종과 규모, 업태(業態)가 천차만별이다. 단지 대기업에 비해 규모가 작다는 사실만으로 모든 중소기업을 동질적인 집단으로 묶어 애로사항을 따지고 대책을 세우면 헛발질하기 십상이다. 세계적인 경쟁력을 갖추고 잘 나가는 중소기업도 많고 만성적으로 어려움에 빠져있는 중소기업도 많은 게 엄연한 현실이다.

중소기업이 당면하고 있는 어려움도 중소기업의 수만큼이나 많고 그 내용도 각각 다르다. 비가 내리면 소금장수가 어렵고 햇볕이 나면 우산장수가 어려운데 그 많은 소금장수와 우산장수를 동시에 만족시킬 수 있는 정책이 있을 수 있는가.

어려움을 극복해 나가는 게 성장이고 발전이다. 각국의 역사적 경험을 보면 국민의 의식구조와 제도가 변화하는 상황에 걸맞게 개선되는 경우 성장을 거듭했다. 제도가 잘 갖춰져 있어도 사람이 제대로 대응하지 못하거나 사람이 잘 하고자 해도 제도의 벽이 가로막으면 성장은 멈춘다.

가업승계·교육제도 개선

어떻게 제도개선을 할 것인가. 실업자가 넘쳐나고 일자리가 없다고 아우성인데 중소기업 현장에는 인력이 부족하다. 경기가 바닥을 기고 있는데도 이런데 시간이 흐른다고 개선될 리가 없다. 우선 교육제도부터 손을 대야한다. 한국의 대학진학률은 세계 최고다. 대학졸업자에게 걸맞은 일자리는 많지 않은데 무턱대고 대학에 진학하고 고학력 실업자는 양산된다. 산업인력을 양성하기 위해 실업고와 전문대를 발전시켜야한다. 장학제도를 확충하고 학교와 직업을 연결시키는 제도를 정착시키지 않고서는 산업인력문제를 풀 수 없다.

중소기업의 가업승계를 원활히 하는 제도개선도 서둘러라. 가업승계는 부(富)의 대물림이 아니다. 책임과 노하우의 대물림이고 제2의 창업이다. 우리도 이제 몇 백년 대를 이어가는 장수(長壽)기업을 키워가야 한다. 대기업과 중소기업의 상생(相生)협력을 원활히 할 수 있도록 공정거래질서를 정착시키는 것도 중요한 제도개선의 문제다.

제도가 아무리 잘 갖춰져 있다 해도 역시 기업은 사람이다. 톨스토이가 말했던가. 모두들 세상을 바꾸려 들지만 스스로를 바꾸려는 생각은 하지 않는다고. '쉽게 돈 벌자' '그 정도면 됐다' 는 생각은 금물이다. 기술개발과 품질개선이 쉬운 일이 아니고 또 어느 기간에만 해야 하는 일도 아니지 않는가. 무엇을 만들건 무엇을 하건 세계최고를 지향하는 기업경영을 해야한다.

기업가정신 부추겨야

허허벌판에서 오늘의 한국경제를 있게 한 건 창업세대들의 도전정신이었다. 중소기업에 새바람을 불어넣는 사회적 분위기를 만들어 야망이 큰 젊은 기업가들의 출현을 부추겨야한다. 기술개발의 속도가 빨라졌고 시장은 거의 완전경쟁에 가까워졌다. 기술과 시장이 과거와 달라진 것이다. 새롭고 특출한 기술과 아이디어와 열정을 가진 사람들이 출현하지 않으면 안 된다.

중소기업을 살리겠다는 정책의지가 강하다고 해도 중소기업이 스스로 자생력을 키우지 않으면 모든 게 허사다. 중소기업은 당면하는 어려움을 정책탓으로 돌리면서 당국의 지원만을 기대해서도, 정책당국 역시 모든 중소기업을 살리겠다는 잘못된 신호를 보내서도 안 된다.

어떤 난관도 이겨낼 만큼의 강인함과 인내심, 장래에 대한 희망을 가지고 기술개발과 생산성 제고에 매달려야 살아남는다. "왜 중소기업을 하세요"라는 물음에 그냥 씩 웃을 수 있어야한다. 자신이 있으면, 희망이 있으면 웃을 수 있는 여유가 있을 것이기 때문이다. 장사꾼은 돈만 벌려고 애쓰고 기업가는 새로운 가치를 창조할 수 있는 분야를 찾아 일을 만들고 돈도 벌려고 노력하는 사람이다. 다시 한 번 중소기업인들의 기업가정신을 강조한다.

〈중소기업뉴스, 2009. 5. 27〉

Chapter 14

암벽등반과 기업가정신

2010년 새해가 밝았다. 밝은 해가 솟았다. 새로운 의미를 부여하고 색다른 다짐을 하면 매일 떠오르는 해라도 다르게 보이는 법이다. 지난해는 참으로 힘들었다. 하지만 어디 다사다난하지 않은 해가 있었던가. 다사다난은 바로 우리의 삶 그 자체다. 그런 속에 흥망(興亡)이 있다. 새싹은 겨우내 움츠려 있지 않고 봄을 준비하다 얼음을 뚫고 솟아난다.

지난해는 IMF외환위기 때를 연상하듯 원·달러 환율은 1500원대까지 치솟아 한국경제는 무너져 내릴 것 같았다. 어려움 속에서도 마이너스 성장은 면했다. 예측기관에 따라 차이가 있지만 2010년 성장률은 5%대에 이를 것으로 전망되기도 한다.

전망은 전망일 뿐 그대로 실현된다는 보장은 없다. 경기가 풀린다는 징조는 곳곳에서 감지되고 있다. 그러나 축대는 얼음이 녹을 때 무너질 수 있다. 위기는 끝나지 않고 다시 침체될 것이라는, 이른 바 더블 딥(이중 침체)이

올 수 있다고 경고하는 목소리도 들린다.

과연 무엇으로 일자리를 늘리고 성장을 지속할 것인가. 막연히 경기회복과 성장률 수치에 기대하고 있을 수는 없다. 2010년은 호랑이 해다. 해가 바뀔 때마다 상징동물로 한 해를 점치는 건 오래전부터 내려오는 관습이다. 호랑이는 목표물을 향해 집중력을 발산한다. 호랑이의 강인한 기세를 받아 한 단계 도약하는 한해를 만들어보자.

위험 감수해야 도약 가능

위기는 극복하라고 있는 것이다. 도약에 성공한 기업들의 공통점은 '수많은 어려움을 극복하는 과정에서 성장했다' 는 것이다. 어떻게 핵심역량을 만들고 키울 것인가. 경제를 이끌어갈 엔진은 바로 기업가 정신이다. 황무지나 다름없는 환경에서 스스로의 길을 개척한 기업가들이 있었기에 오늘 우리경제는 이 정도 성장했다. 다시 도약하려면 위축된 기업가 정신을 다시 살려내야 한다.

환경 탓만 할 게 아니다. 살아남아야한다. 어떤 난관도 이겨낼 만큼의 강인함과 인내심을 가지고 기술개발과 생산성 제고에 매달리고 기회가 올 때 튀어 올라야한다. 아무리 어렵더라도 기생(寄生)을 거부하며 스스로 길을 개척하는 것이 진짜 기업가정신이다.

장사꾼은 돈만 벌려고 한다. 기업가는 새로운 가치를 창조할 수 있는 분야를 찾아 일을 만들고 돈도 벌려고 노력한다. 중소기업인들의 기업가정신을 강조해야하는 까닭이다.

겁 없이 도전하는 해 되길

기업경영을 암벽 등반에 비유하기도 한다. 암벽을 타고 꼭대기로 올라가려면 몸을 날려 조금 멀리 있는 홀드를 손으로 잡아야 한다. 성공하면 정상에 오를 수 있지만 그렇지 못하면 큰 사고가 난다. 기업가들에게 그런 모험을 감수하라는 것은 무슨 뜻인가. 기업에 혼신의 힘을 쏟으라는 주문이 아닌가. 비약적으로 성장한 기업들은 큰 위험을 감수했다.

창업하려는 데도 걸림돌이 많다는 걸 보면 중소기업이 당면하는 어려움은 한둘이 아니다. 세계은행에 따르면 한국의 창업환경은 세계 53위에 불과하다. 그렇다고 남의 탓, 환경 탓으로 돌리고 있으면 무엇이 달라지는가. 중소기업의 중요성을 강조한다고 문제가 풀리는 건 아니다.

인재 구하기 어렵다고 하지만 조직원들에게 동기를 부여, "나로 인해 기업과 세상이 변한다"는 보람을 갖도록 조직을 바꾸어보자. 새로운 아이디어를 꺼내려면 엉뚱한 발상도 필요하다. 실패를 처벌하는 문화에서는 참신한 아이디어가 나올 수 없다.

2010년을 어떻게 맞을 것인가. "할 수 있다"는 긍정적 생각부터 다지자. 도전해야한다. 스포츠 세계에서 신인들이 '별 중의 별'로 떠오르는 경우는 흔하다. 겁 없이 도전하기 때문이다. 중소기업이 살길은 도전에 있다. 적당히 안주하려하면 결국 사라진다. 경쟁자들이 뛰어들기 때문이다. 변화하지 않으면 변화 당한다. 일에 미쳐야한다. 미치지 않으면(不狂) 미치지 못한다(不及). 새해 벽두부터 어둠을 헤치면서 다시 뛰자. 암벽등반 하듯 남다른 각오로 올 한 해 후회 없이 뛰어보자.

〈중소기업뉴스, 2010.1.1〉

Chapter 15

동물의 세계에서 배울 생존전략

나뭇가지가 꽃망울을 터뜨리면 계절은 봄이다. 그러나 봄이 온다고 경제와 기업의 세계에도 봄이 오는 것은 아니다. 아프리카 세렝게티 초원은 계절의 변화와 관계없이 온갖 동물들이 생존경쟁을 벌이는 전쟁터다. 그곳에는 쫓고 쫓기고, 먹고 먹히는 싸움이 벌어진다.

자동차로 달려도 지평선은 끝이 없는 초원, 사자와 가젤(Gazelle)은 쫓고 쫓기는 관계다. 가젤은 사자보다 더 빨리 달리지 않으면 죽기 때문에 온 힘을 다해 달린다. 사자 역시 가젤을 앞지르지 못하면 굶어죽는다는 사실을 안다.

그래서 온 힘을 다해 달린다. 사자와 표범, 치타 등은 500m 이상을 달리지 못한다고 한다. 체온이 급격하게 올라 목숨이 위험하기 때문이라는 것이다. 서광원 생존경영연구소장에 따르면 초식동물에게 중요한 것은 위기를 극복하는 실력이다. 그런 실력만 있으면 사자보다 오래 살 수 있다는 것이다. 탁월한 전략으로 맹수를 피하는 동물은 생존을 이어간다. 그게 초원의 질서다.

비즈니스 세계도 세렝게티 초원의 생존경쟁과 다를 바 없다. 하루에도 수많은 기업이 생겨나고 사라진다. 대기업도 중소기업도 계속 달려야한다. 대기업이라고 유리하고 중소기업이라고 불리한 건 아니다. 중소기업은 대기업 때문에 살아남기 힘들다고 하지만 어디에도 틈새시장은 있는 법이고 공존할 수 있는 영역은 많다.

세계경제 위기의 연속

우선 중소기업은 지속적으로 연구개발 투자를 해서 품질경쟁력을 높이고 있는가, 핵심경쟁력 중심의 사업구조조정을 하는가, 최고경영자의 위기관리 능력은 어떤가, 노사관계는 신뢰에 바탕을 두고 있는가를 스스로에게 물어보고 답해야한다.

도약에 성공한 기업은 수많은 어려움을 극복하는 과정에서 성장했다는 것이 '브레이크스루 컴퍼니(The Breakthrough Company)'를 쓴 맥팔랜드(McFarland)의 분석이다. 그는 중소기업에게 목숨을 걸고 도약하라고 말한다. 기업은 우선 눈앞의 경쟁에서 이겨야하지만 그것으로 끝나는 게 아니다. 또 다른 경쟁이 기다리고 있다. 단기전에서 패하면 장기전은 없다. 멈칫거릴 여유는 없는 것이다.

세계경제는 위기의 연속이다. 세계금융위기는 아직 끝나지 않았다. 올 들어 그리스의 재정위기가 세계경제에 파장을 불러왔다. 또 다른 어떤 상황변화나 사건 사고도 전 세계에 큰 파도를 몰고 올 수 있다. 브라질에 있는 나비의 날갯짓이 미국 텍사스에 토네이도를 발생시킬 수도 있다는 이른바

'나비효과'는 허튼 이야기가 아니다.

中企 목숨 걸고 도약해야

봄이 와도 봄 같지 않은데 위기인줄도 모르고 한가하게 있을 때가 아니다. 세종시를 둘러싸고 한나라당은 토론을 하는 것이 아니라 감정싸움을 하고 있다. 집권여당의 모습이 이렇다. 무슨 계파 소속의 의원들만 있지, 국가와 국민을 위하는 의원은 잘 보이지 않는다. 국민의 대표라는 국회의원은 누구의 졸개처럼 행동한다. 그러고도 국민을 들먹이며 국민의 선택을 받을 것이라고 착각한다.

각 정당들은 6월 2일 지방선거에서 또 어떤 선심공약을 쏟아내며 국민들에게 표를 구할 것인지 걱정부터 앞선다. 세종시문제도 선거과정에서 표를 얻기 위해 만들어낸 엉터리공약이 아니었던가.

경기는 아직 풀리지 않았지만 출구전략이 논의되고 있다. 미국은 최근 재할인율을 인상했고 중국도 올렸다. 경기도 중요하지만 물가잡기에도 나서야하기 때문이다. 어떤 상황에서도 살아남기 위해 일자리를 만들고 경쟁력을 높이는 일에 매달려야한다. 따뜻한 봄날 학교를 나오는 젊은이들은 차가운 거리를 헤매며 실업자 수를 늘리는데 기여한다.

그런데도 우리 사회는 "우물쭈물 하다가 이렇게 될 줄 알았다"는 버나드쇼의 묘비명과 같은 말을 되씹을 일만 하고 있다. 국가백년대계는커녕 5년앞도 못 보는 청맹과니들이 너무 많다. 동계올림픽은 우리에게 많은 가능성과 희망을 안겼다. 경쟁자들보다 더 빨리 달리지 않고 메달을 따는 선수가 있던가.

〈중소기업뉴스. 2010.3.3〉

Chapter 16

월드컵을 보며 중소기업을 생각한다

한국축구, '첫 원정 16강' 문턱을 넘었다. 아쉽게 8강에는 오르지 못했지만 한국축구의 가능성을 확인했고 한국축구의 위상을 세계에 알렸다. 다시 도전할 각오를 새롭게 다져야한다.

16강 진입은 나이지리아와 피를 말리는 접전 끝에 2대 2로 비김으로써 천당과 지옥을 오간 끝에 얻은 결과다. 그리스에 완승을 거두었을 때 전국은 감동의 물결 그 자체였다. 그 짜릿한 감동과 흥분이 채 가시기도 전에 아르헨티나에게 덜미를 잡혔다. 국민들이 좌절감에 빠져들었지만 실망은 잠시, 다시 일어서서 해냈다.

우루과이에 진 것이 가장 안타까웠다. 게임을 주도했고 잘 싸우고 진 아쉬운 경기였기에 더욱 그렇다. 패배에 무슨 말이 필요할까만 축구공은 둥글기에 구르는 공이 어느 골문을 가를지 알 수 없다. 경기결과가 예상과는 다른 경우 이변이라고 하지만 그런 경우는 으레 있는 일, 결국 이기는 팀이 강하다고 할 수밖에 없다.

그리스 전이 열린 날 밤, 세찬 비를 맞으며 거리에서 열광하는 국민들을 보았는가. 나이지리아 전이 열린 건 23일 새벽 3시 30분이었지만 많은 사람들은 22일 저녁때부터 거리로 나와 밤을 새웠다. 우루과이 전이 열린 시간 내내 장맛비가 쉴 새 없이 쏟아졌지만 거리로 몰려나온 시민들은 열광하며 "그래도 잘 싸웠다"고 격려를 아끼지 않았다. 그렇게 열광하는 젊은이들과 국민들이 있는 한 우리가 이루지 못할 게 무엇일까.

산업 현장엔 인력난 여전

이제 축구열기를 경제로 돌려야한다. 밤을 새우며 거리에서 '대~한민국'을 소리 높여 외치는 젊은이들은 많은데 산업현장, 특히 중소기업에는 '대~한민국'을 함께 외칠 사람이 없는가.

유망 중소기업이지만 세상에 잘 알려져 있지 않아서, 또 중소기업이라서 대졸자들이 쳐다보지도 않는다. 2002년 월드컵 이전에 박지성 선수를 아는 사람이 얼마나 됐을까. 사람들은 그의 진가를 알지 못했다. 그러나 그는 세계적 선수로 성장해서 한국축구의 대들보가 됐다. 잘 알려지지 않은 중소기업이지만 숨은 보석은 얼마든지 있다.

박지성의 발은 수많은 상처와 굳은살로 가득하다. 환상적인 연기로 올림픽 금메달을 따낸 김연아의 발, 세계적 발레리나 강수진의 발도 모진 훈련을 견디고 이겨냈음을 보여준다. 그들의 발은 최고의 자리에 오르기 위해서 고통을 이겨냈다는 걸 말해주고 있다.

중소기업에 다니면 미래가 없다고 생각하는가. "인생이란 원래 공평하지 않다. 햄버거 가게에서 일하는 것을 수치스럽게 생각하지 마라. 너의 할아버지는 그 일을 기회로 생각했다." 세계 최고의 부자 중 한 사람인 빌 게이츠가 어느 고등학교 졸업식에서 학생들에게 한 말이다. 햄버거가게나 중소기업에서 일하는 게 수치스럽다고 생각한다면 기회를 잃는 건 말할 것 없고 미래를 열어갈 능력도 의지도 없는 것이다.

청년인력 중소기업에서 꿈 키워야

청년 일자리는 중소기업에 있다. 큰 회사에서 '부품'처럼 일하기보다 부품회사에 들어가 큰 회사를 만들 꿈을 가져야 한다. 초봉이 적어서 중소기업에 안 간다고? 아르헨티나 대표선수 메시의 연봉은 우리 대표팀 전체 몸값의 두 배에 가깝다. 그가 처음부터 많은 연봉을 받은 게 아니다. 연봉이 적다고 축구하지 않겠다고 했다면 대선수로 클 기회는 없었을 것이다.

축구에서 경기시간 내내 공간과 시간을 선점(先占)하고 지배하면 경기에 이긴다. 많이 뛰면 볼을 차지할 기회도 골을 넣을 기회도 많아진다. 산업현장에서도 이치는 마찬가지다.

월드컵은 한 달 동안 치러 우승팀을 가리지만 경제는 정해진 기간도 없이 계속 뛰어야 하는 마라톤 경주다. 계속 뛰려면 기초체력이 강해야한다. 세계의 벽은 높아가고 있기에 잠시라도 멈칫거릴 여유가 없다. 월드컵은 끝나지 않았고 2014년 2018년으로 계속 이어진다. 1954년 월드컵에 처음 출전한 우리나라 팀이 헝가리에 0대 9로 참패한 것은 악몽의 전설로 내려오고 있다. 그런 한국 팀이 이제 세계 강호들과 어깨를 겨룰 정도로 성장했다. 세계 최빈국에서 선진국 문턱까지 달려온 한국경제 성장역사와 다를 게 없다. 아직도 올라가야할 계단은 높고 가파르다. 도전을 계속해야할 까닭이다.

〈중소기업뉴스, 2010.6.30〉

Chapter 17

상생 외친다고 중소기업이 사는가

함께 살고 함께 번영하자는 게 상생(相生)이다. 대·중소기업 상생은 오래 전부터 들어온 흘러간 옛 노래나 다름없다.

대기업은 물론 중소기업도 질 좋은 제품과 서비스를 상대적으로 값싸게 공급할 수 있으면 성장한다. 그러나 대기업의 위탁을 받아 제품을 생산·납품하는 대부분의 수급중소기업의 경우에는 이야기가 달라진다.

납품단가를 턱없이 낮추고 대금결제를 지연시키면 수급중소기업은 기술개발은커녕 버티기조차 어렵다. 예컨대 원자재 값은 18.8% 올랐는데 납품단가는 1.8% 올려주면 어떻게 견딜 수 있느냐는 게 중소기업중앙회의 주장이다. 대기업에 큰소리치는 중소기업도 제법 있다. 그러한 중소기업으로부터 부품을 받으려고 줄서는 대기업이 있지만 이는 예외적인 사례다.

질 좋고 값싼 부품의 납품단가를 계속 낮출 수 있다면 중소기업이야 어떻게 되든 대기업의 성장은 보장될 수 있다. 그러나 그런 중소기업이 오래 버틸 수 있을까. 어느 일방의 희생으로 발전을 지속할 수 없는 것이다. 혼자 가면 빨리 갈 수 있을지 모르나 멀리 가려면 함께 가야 한다. 상생을 강조하는 이유다.

中企간 공정거래도 중요

납품단가가 불리하게 책정되는 경우 '납품단가 조정협의 의무제'가 있다. 하지만 거래관계의 단절을 각오하지 않고서는 중소기업이 그것을 요구하기는 현실적으로 어렵다. 기업경영은 어떤 불리함을 무릅쓰고 잘못을 시정하기 위해 항거하는 독립운동은 아니기 때문이다. 정부는 앞으로 납품단가를 낮추는 경우 그 정당한 사유와 근거를 대기업이 입증케 하는 방안을 마련한다고 한다. 제도의 취지가 좋아도 실효성이 뒷받침되지 않으면 의미가 없다.

우월적 지위에 있는 대기업이 중소기업을 옥죄는 사례는 바로 잡아야한다. 대·중소기업의 상생을 위해 대기업이 솔선해야할 이유다. 그러나 대기업과 1차 하도급 중소기업 간의 거래관행만이 문제인가. 중소기업체 간의 거래, 즉 1차 하도급업체와 2차 하도급업체, 2차 하도급업체와 3차 하도급업체 간의 거래관행에도 많은 문제가 존재한다. 중소기업체 간에 대금결제를 지연시키고 납품단가를 후려치는 사례가 그것이다. 중소기업 간에도 우월적 지위를 이용해서 하도급 업체에게 부당한 거래관행을 일삼고 있는 것이다. 상생의 문제를 대기업과 중소기업 간의 문제로만 볼 수 없는 이유다.

진정한 상생협력을 위해서는 대·중소기업 간의 거래를 비롯, 모든 거래에서 불공정관행을 없애기 위해 법과 제도를 정비해야하고 그 실효성이 보장돼야 한다. 친(親)서민정책, 친 중소기업 분위기를 빌어 대기업을 몰아붙인다고 해서 중소기업 사정이 나아지는 것은 아니다.

中企 사회적 인식 개선 시급

글로벌 경쟁에서 살아남기 위해 원가절감의 필요성은 절실하다. 대기업, 중소기업 가릴 것 없이 첨단기술을 가진 자가 살아남는다. 모든 기업은 그런 노력을 해야한다. 문제는 우월적 지위를 이용해서 하도급 기업에 부담을 부당하게 떠넘겨서는 안 된다는 것이다. 다시 말해 자기가 살기 위해 남을 괴롭혀서는 안 된다는 것이다.

법과 제도를 정비하는 일에 못지않게 중요한 것은 젊은이들이 중소기업의 문을 두드리게 하는 사회적 분위기를 만드는 일이다. 우리의 젊은이들에게 대기업에 들어가 일하는 '부품' 이 되기보다 부품회사에 들어가 큰 회사를 만들 꿈을 펼치도록 분위기를 만드는 일을 서두르자.

빌 게이츠는 학생들에게 "햄버거 가게에서 일하는 것을 기회로 생각하라" 고 했다. 공사판 일꾼, 쌀가게 심부름꾼으로 출발한 현대의 정주영 회장, 초등학교를 졸업하고 자전거 수리점 심부름꾼으로 출발한 혼다 소이치로, 초등학교 4년 중퇴학력으로 화로 가게와 자전거포 점원으로 출발한 마쓰시타 고노스케 등은 작은 데서 시작해서 큰 꿈을 이룩한 세계적 경영자들이 아닌가.

상생은 모든 잘못된 거래관행부터 바로 잡는데서 출발해야한다. 젊은이들의 시각을 미래로 돌리게 해야한다. 중소기업 위하겠다는 요란한 소리만으로 중소기업이 활기를 찾는 건 아니다.

〈중소기업뉴스, 2010.8.30〉

Chapter 18

상생(相生)은 '너도 살고 나도 살자'는 것

'너도 살고 나도 살자'는 것이 상생(相生)이고 동반성장이다. '너 죽고 나 살자'는 게 상생일 수 없다. 상생은 대기업과 중소기업이 공정한 거래를 통해 함께 성장해야한다는 걸 강조하면서 자주 사용된 말이다.

대기업에 납품하며 기업 활동을 하는 구조에서는 중소기업은 대기업의 선처와 배려에 매달리지 않을 수 없다. 그러나 어떤 기업이 그런 배려를 계속 할 것이며 또 어떤 기업이 그런 배려에 기대어 기업경영을 할 수 있는가.

대기업이 부당하게 납품 단가를 깎아도 중소기업은 거래 중단을 각오하지 않는 한 문제를 제기하기도 어려운 게 엄혹한 현실이다. 이런 업체를 대신해 중소기업협동조합에 납품단가조정 신청권을 부여하는 등 불공정거래 관행을 막는 제도적 장치를 마련했지만 실제로 효과가 있을 것인지는 솔직히 의문이다.

대기업을 윽박지르거나 대기업 회장들에게 중소기업 지원약속을 받아낸다고 상생이 보장되지 않는다. 대·중소기업 대표자들을 모아 놓고 다짐을 하고 사진 찍는다고 상생이 되는가. 그런 다짐을 어디 한두 번 했는가. 실천이 없는 외침은 일회성 공표효과만 있을 뿐이다. 중소기업의 기대만 부풀려 놓으면 실망감은 더 커진다.

기업은 이익을 내야하는 조직이다. 선심을 베풀거나 또는 남의 선심과 호의를 기대하며 거래를 하고 기업을 경영할 수는 없는 일이다. 중요한 건 공정한 거래다. 무엇이 공정한 것인가를 따지는 일은 어렵다. 시각에 따라 해석이 달라질 수 있다. 하지만 우선 옳은 제도를 만들고 법과 규정을 지키는 일부터 하는 게 공정거래의 출발일 것이다.

중소기업도 글로벌 경쟁력 갖춰야

말로는 상생이라고 하면서 대기업 구매담당자는 객관적 근거도 없이 자의적으로 납품대금을 깎는다. 구두로 발주해놓고 우월적 지위를 이용해서 일방적으로 위탁을 취소하거나 불공정계약서 작성을 강요하기도 한다. 교묘하게 법규를 피해가며 중소기업 쥐어짜기, 중소기업 죽이기를 하는 사례는 흔하다.

이런 불공정거래관행부터 없애야한다. 불공정거래는 대기업과 중소기업 간의 거래에서만 발생하는 게 아니다. 중소기업 간의 거래에도 불공정 사례가 빈발한다. 기업규모와는 관계없이 어떤 거래든 우월적 지위에 있는 자는 교묘하게 부당한 거래를 강요한다. 이러한 불공정거래관행을 없애지 않고 상생을 말해서는 안 되는 것이다.

중소기업을 살리겠다는 정부의 정책의지가 강한 건 좋은 일이다. 그렇다고 경쟁력 없는 기업을 연명시키는 선심정책을 중소기업정책으로 착각해서는 안 된다. 그건 포퓰리즘이지 중소기업 지원정책이 아니다. 정책당국은 모든 중소기업을 살리겠다는 잘못된 신호를 보내서도 안 된다. 글로벌 경쟁력을 갖춘 중소기업을 지원하는 정책을 써야한다.

■ 경쟁력 있는 기업 간 협력이 진짜 상생

중소기업 정책이 어떻든 대기업은 인식을 전환해야하고 중소기업은 스스로 자생력을 키워야한다. 중소기업 스스로 기술력을 앞세운 제품을 만들 수 있어야한다. 그래야 중소기업이 대기업과 공정한 거래를 할 수 있고 상생을 이야기할 수 있다. 가격에만 매달리는 기업경영으로 버티기는 어렵다. 하루 이틀 기업하려는 게 아니라면 기술개발과 품질개선에 매달려야한다. 무엇을 만들건 무엇을 하건 세계최고를 지향하는 기업경영을 하지 않고 살아남을 길은 없다. 기업이 스스로 변화해야하는 이유다.

상생논리는 정치에도 국제관계에도 적용된다. 여야가 싸우더라도 '너 죽고 나 살자' 는 싸움을 하면 정치는 실종된다. G20 정상회의를 앞두고 지난 10월 22~23일 경주에서 열린 'G20 재무장관·중앙은행 총재회의' 에서 환율을 시장에 맡겨 결정한다는 합의를 이끌어내 세계 환율전쟁을 풀 실마리를 찾았다. 각국이 자국 이익만을 생각하고 환율전쟁을 벌이면 세계경제는 혼란과 침체로 이어질 가능성이 크기 때문에 상생의 길을 찾은 것이다. 1930년대 경쟁적 평가절하는 모든 나라의 경제를 침체시켰고 결국 승자는 없고 모두 패자가 됐다는 환율전쟁의 쓰라린 종말을 떠올리고 그런 결정을 했을 것이다. 상생을 하기 위해서도 경쟁은 필수적이다. 경쟁을 하지 않고 발전하는 길은 없다. 경쟁력 있는 기업들이 협력하는 게 진짜 협력이고 그런 협력으로 성장하는 것이 상생이고 동반성장이다. 〈중소기업뉴스. 2010.11.1〉

Chapter 19

'이익 공유제'로 중소기업 못 살린다 –실효성 없는 '동반성장지수'

새로운 제도를 도입하는 목적은 국민의 의식구조와 기업의 행태를 바꿔 긍정적 결과를 도출하려는 데 있다. 역사발전은 물론 경제발전은 국민의 의식구조와 행태가 긍정적으로 바뀌어온 결과라는 게 역사의 가르침이다.

최근 동반성장위원회가 발표한 '이익공유제'와 '동반성장지수' 평가제는 대기업의 행태를 친(親)중소기업으로 바꾸려는 게 목적이다. 중소기업계는 환영하지만 재계는 불만이다. 우선 대기업이 거둔 이익을 이익 발생에 기여한 중소협력기업에도 나누는 것이 옳고 가능한 것이며, 평가제도가 대·중소기업 동반성장 경영을 유도할 수 있을 것인가를 따져보아야 한다,

대기업은 큰돈을 벌지만 협력사는 어렵다는 게 동반성장위의 시각이고 제도 도입의 배경이기도 하다. 대기업이 계약서도 없이 전화 한 통으로 주문을 뒤집고 납품대금을 후려쳐도 당할 수밖에 없다는 중소기업계의 불만은 잘 알려져 있는 사실이다.

그러나 도입하는 제도가 현실과 거리가 멀거나 불리한 경우 제도에 순응하기보다 피해 가는 방법을 생각하는 게 기업의 행태다. 이익공유제가 시행된다면 상당수 대기업은 부품업체를 직접 꾸려 수직계열화하거나 해외조달 방법을 강구하려 할 가능성이 크다. 중소기업이 설 땅을 좁히는 결과로 이어질 수 있다.

납품업체 기여도 계산 불가능

대기업의 이익 발생에 국내 협력중소기업은 물론 해외 부품공급업체도, 제품 소비자도 기여했을 것이고 기술개발, 원가절감, 마케팅 등 이익 창출에 기여한 요인은 수없이 많을 것이다. 똑같은 부품을 납품받고도 큰 이익을 내거나 이익을 내지 못하는 기업이 있다는 것은 이익 발생 요인을 가려내기가 어렵다는 걸 말해준다. 납품업체별 이익기여도를 산정하기는 기술적으로도 불가능하다.

납품업체가 기술개발과 공정개선으로 품질을 높이고 납품단가를 낮추는 경우 성과의 일부를 협력업체에 돌려주는 성과공유제를 실시하고 있는 대기업도 있다. 이익공유제에 매달리기보다 성과공유제를 정착, 확산시키는 노력을 기울이는 게 옳은 방향이 아닐까. 성과를 공유하려면 대·중소기업의 협력은 필수적이기 때문이다.

동반성장지수 평가제도는 대기업이 협력업체들에 베푼 동반성장 이행실적을 정량(定量)으로 평가한 다음, 중소기업이 대기업에 대해 느낀 체감도 평가(정성평가)를 합산해 56개 대기업별로 점수를 매기는 것이다. 평가항목의 구성과 점수배분도 문제지만 객관성을 보장하기 어려운 체감도를 점수화하는 건 더욱 문제다. 업종과 업태(業態)가 천차만별인 기업을 획일적 잣대로 평가하면 무리가 따른다. 세계를 무대로 뛰는 기업을 성적순으로 줄 세우면 점수가 낮은 기업은 악덕기업으로 낙인찍히기 십상이다. 기업에 대한 평가는 시장의 몫인데.

기술개발 대·중소기업 협력이 중요

중소기업을 살리겠다는 정책의지가 강한 건 환영할 일이다. 그러나 목적이 좋다고 해서 수단의 정당성이 보장되는 건 아니다. 지속적인 동반성장이 가능하려면 대기업이 자발적으로 참여해 중소기업을 지원하도록 유도해야 한다, 대기업이 우월적 지위를 이용해 협력중소기업에 부담을 떠넘기는, 부당하고 불공정한 거래관행부터 없애야 한다. 공정거래를 보장하는 건 당국의 몫이다.

대기업 중소기업 가릴 것 없이 원가절감과 품질개선은 물론 기술개발에 매달려 경쟁력을 높이지 않고선 글로벌 경쟁에서 살아남을 수 없다. 경쟁력 없이 협력해서 동반성장하겠다는 건 동반퇴보로 이어진다. 중소기업은 스스로 기술개발에 매달리고 대기업은 중소기업의 연구개발을 지원하거나 기술을 나누는 방안을 내놓아야 한다. 오죽하면 반시장적이란 소리를 들으며 동반성장위가 이런 제도를 도입하려 했을까. 대기업의 각성과 분발이 요구되는 이유가 여기에 있다.

〈한국경제신문. 2011.2.28〉

Chapter 20

사랑받는 中企 되려면 '내 탓' 한번 외쳐야 –제23회 중소기업 주간을 맞이하며

구구팔팔(9988)은 중소기업이 전체 사업체의 99%, 고용의 88%를 차지하고 있다는 것을 상징적으로 표현하는 숫자다. 숫자가 많다는 건 그 만큼 중요하다는 뜻이 담겨 있지만 그 다수가 제몫을 할 수 있어야 자랑스럽고 또 힘이 되는 것이다.

가지 많은 나무 바람 잘 날 없듯이 중소기업의 어려움은 언제나 '현재 진행 중' 이다. 인생살이도 기업경영도 어려움이 없는 때는 없다. 어려움을 극복하는 게 발전이다. 변화하는 환경에 제대로 대처하고 또 변화를 이끌어가려면 제도와 사람들의 의식구조가 함께 바뀌어야한다. 제도보다 더 중요한 것은 의식구조 변화다.

올해로 23회째 중소기업 주간(5.16~5.20)을 맞는다. '함께하는 중소기업, 더 큰 대한민국' 이라는 주제로 열리는 이번 주간에는 중소기업인들이 동반성장 기반을 다지는 분위기 조성과 투명경영 실천, 근로환경 개선에 적극 노력하겠다는 뜻을 다짐한다는 것이다. 과제와 방향설정은 옳다. 중요한 것은 다짐이 아니라 실천이다.

우선 중소기업을 옥죄는 불법·불공정 관행부터 없애는 게 급하다. 대기업 회장이 동반성장을 지지한다는 발언을 해도 불법과 불공정 관행이 납품과정 현장에 존속하고 있는 한 의미가 없다. 대기업의 담당자는 납품에 목이 매여 있는 중소기업에게 부담을 더 많이 떠넘길 수 있고 또 그래야 좋은 평가를 받는 게 엄연한 현실이다. 이런 구조를 그대로 두고 동반성장을 외치는 게 얼마나 공허한 일인가.

제도보다 의식 변화 더 중요

대기업의 호황과 중소·하도급기업의 고전을 보면서 중소기업 문제를 다시 생각한다. 중소기업의 어려움을 모두 제도 탓으로 돌릴 수는 없지만 잘못된 제도와 관행은 바로잡아야 한다.

그럼에도 불구하고 중소기업을 살리는 건 중소기업 스스로의 몫이다. 대기업과 정책 잘못을 탓한다고 해서 중소기업이 활력을 찾는 길이 열리는 것도 아니다.

중소기업인 모두 발상을 바꾸자. 기업의 생태계는 끝없이 진화한다. 혁신 때문이다. 해외시장도 계속 뚫어야하고 대기업을 뛰어넘을 수 있는 기업의 강점을 키워야한다. 할 말도 많고 분통을 터뜨릴 사연도 많을 터이지만 눈 딱 감고 '내 탓'이라고 외쳐보자. '내 탓'임을 외친다고 해서 대기업의 횡포와 제도적 잘못이 덮어지는 건 결코 아니다. 최고의 품질과 서비스에 승부를 걸 각오를 하자.

그래야 중소기업인들이 사랑받고 존경받을 수 있다. 일반 국민의 중소기업관(觀)을 바꾸는 데에도 이런 각오는 필요하다. 젊은이들이 중소기업을 찾는 발길이 잦아질 수 있을 것이고 그들의 창업 열기도 기대할 수 있을 것이다.

■ '세계최고' 다짐 기회 삼아야

마이크로소프트사를 세운 빌 게이츠와 페이스북을 만든 주커버그는 대학을 중퇴했고 애플 창업자 스티브 잡스는 가정 형편 때문에 대학을 한 학기만 다녔다. 구글을 창업한 레리 페이지와 세르게이 브린은 대학 재학 때부터 검색엔진을 개발했다. 델 컴퓨터 회장 마이클 델도 대학 중퇴자다.

학업이 중요하지 않다는 것을 말하고자 하는 게 아니다. 그들이 적당히 학교를 다니고 대기업에 취업할 생각을 했다면 오늘날 세계적인 기업을 일으키지 못했을 것이라는 걸 말하고자 하는 것이다. 한국의 우수한 인재들이 법대나 의대로 몰리고 대기업에 취업해 안주할 생각에 사로잡혀 있는 한 한국경제의 미래는 밝을 수 없다. "내가 기업과 세상을 변화시켜보자"는 꿈을 가지는 젊은이들이 창업에 열을 올리거나 중소기업의 문을 두드려야한다. 낡은 학교 졸업장 하나 들고 변화무쌍한 미래세계를 살아가기는 어렵다.

중소기업에 젊음이 넘쳐흘러야 한다. 중소기업인들의 생각이 젊어져야하고 젊은이들이 중소기업에 몰려들어야 한다. 그래야 중소기업에 생기가 돌고 미래가 보장된다. 일자리의 대부분은 중소기업과 창업에서 얻어지기 때문이다. 중소기업과 창업의 중요성을 널리 퍼뜨리고 창업가를 이 시대의 영웅으로 대우하는 분위기를 확산해야할 이유다.

무엇을 하건 무엇을 만들건 세계 최고를 지향해야 살아남는다. 중소기업주간을 새로운 다짐을 하는 기회로 만들어야한다. 한바탕 잔치로 끝날 일은 아니다. 〈중소기업뉴스, 2011.5.16〉

Chapter 21

시대 이끌 영웅을 中企에서 배출하자

언제나 새해에는 새로운 희망을 말하고 각오를 다짐한다. 올해 경제전망은 어둡다. 세계경제불안에만 탓을 돌릴 수 없다. 올해는 총선과 대선이 치러지는 해라서 정치권은 '더 많이 퍼주기' 경쟁을 벌이고 있어 더욱 불안하다. 정치인들은 남미 여러 나라의 실패사례도 모르는 것 같고 유럽 나라들이 지금 겪고 있는 재정위기 사태도 못 본 체 한다.

세계경제 불안은 상당기간 계속될 것이다. 현명하게 대처해야 하지만 한계가 있다. 문제는 나라 안의 사정이다. 정치권 모두가 경제성장은 뒷전으로 밀어놓고 복지타령을 하는데 유권자가 현명한 판단을 할 틈이 없다.

하지만 어쩌겠는가. 정치 이야기 접고 희망의 싹을 경제에서 찾아야한다. 신발 끈을 조여매고 험한 산을 오르듯 도전해야한다. 어렵더라도 그 길 이외에 달리 길이 없다. 환경 탓하고 불평불만을 토로하는 건 전략이 아니다. 희망을 끈을 놓지 않고 달려야한다.

중소기업의 어려움이 어디 어제오늘의 일이던가. 길이 없는 곳에 새 길을 내야한다. 어쩔 수 없는 벽이라고 해도 담쟁이처럼 그 벽을 타고 올라가야 한다. 중소기업인의 기업가정신을 강조하는 까닭이다.

우리가 최빈국에서 탈출한 바탕은 기업가 정신과 근로정신이었다. 말린 오징어를 모우고 가발을 만들어 수출하던 시대를 거쳐 철강 자동차 반도체 조선산업을 일으킨 열정 말이다. 이렇다 할 기술과 자본도 없이 맨 몸으로 달려들었던 그 열정을 중소기업에서 다시 살려내야 한다.

벽이라 해도 벽을 타고 올라가는 열정과 용기가 필요

영일만 모래밭에 포철을 건설한 박태준, 25세의 나이에 조그마한 자동차 수리공장을 만들어 오늘날 현대자동차의 싹을 틔운 정주영, 비관적인 여론에도 불구하고 미래 산업이라는 신념으로 반도체 산업에 승부수를 던져 오늘의 삼성전자를 이룬 이병철 등등 우리가 본받아야 할 기업인들은 즐비하다. 척박한 환경에서 밤샘 작업도 마다않고 기꺼이 땀 흘린 근로자와 어려움을 버텨온 중소기업인들 역시 오늘의 한국을 이뤄낸 영웅들이다. 카네기·포드·스티브 잡스·빌 게이츠·페이스북의 주커버그를 들먹일 게 아니다. 우리에게도 위대한 기업가와 창업가가 있었고 또 있다. 새 시대를 이끌 영웅들을 계속 배출해야한다.

우리의 어린 소녀들이 박세리 선수의 활약상을 보고 꿈을 키워 치열한 경쟁 속에서 여자골프 세계를 제패했다. 우리의 청소년들에게 꿈을 심어주고 그들이 중소기업의 문을 두드리게 하자. 그리하여 그들이 위대한 기업가로 성장하는 모습을 지켜보자.

중소기업은 연못에서 나와 힘들더라도 큰 바다로 뛰어들어야한다. 지난

해만 해도 대 · 중기 상생, 동반성장, 공생발전, 이익공유제, 중기 적합업종 지정제도 등등 갖가지 중소기업정책이 쏟아졌다. 그것으로 중소기업의 사정이 얼마나 좋아졌고 좋아질 것인가. 정책과 제도는 중요하지만 더욱 중요한 것은 중소기업인의 기업가 정신이다.

참신한 아이디어와 첨단기술을 가진 자만이 살아남는다

극심한 구직난 속에서도 중소기업은 사람을 구하지 못하고 있는 이 현실을 부셔야 한다. 청년 일자리는 중소기업에 있다. 반값 등록금 문제로 시비하기 전에 학력 중시 풍조부터 없애고 제대로 된 일꾼을 기르는 일을 서둘러야 한다. 선진국 문턱에서 한국경제의 성장동력이 떨어지고 있는 이유는 자명하다.

시대는 바뀌고 있다. 세계적으로 잘 나가고 있는 기업들 중에서 10~20년 전에는 그 이름을 들어보지 못했던 기업들이 많다. 이는 창조적인 중소기업이 창업돼야 하고 기업가 정신을 되살려야 한다는 걸 말해주는 것이다. 참신한 아이디어와 첨단기술을 가진 자만이 살아남는다는 건 진리다. 미래는 그저 오는 것이 아니라 창조하는 것이다.

신생기업은 새로운 일자리를 만들 뿐 아니라 경제성장을 이끈다. 기업가 정신을 가진 기업가와 창업가는 이 시대의 영웅이다. 어려울 때 필요한 건 희망 찾기다. 중소기업에서 영웅들을 만들어내자. 정주영·이병철·박태준 키즈를 만들어 내자. 새해 벽두에 던지는 화두다.

〈중소기업뉴스, 2012.1.1〉

제5부 복지포퓰리즘에 빠지면 미래는 어둡다

01. 제대로 된 일자리 창출이 복지정책
02. '공짜점심'의 정치학과 경제학
03. 복지 포퓰리즘에 빠진 한국, 어디로 갈 것인가

Chapter 01

제대로 된 일자리 창출이 복지정책

정부는 지난 20일 '좋은 일자리 창출 보고회'에서 2007년부터 2010년까지 간병인, 방과 후 활동 강사, 환경 지킴이 등 사회서비스 일자리를 매년 20만 개씩 모두 80만개 만들겠다는 계획을 발표했다. 올 초에도 5월의 지방선거를 의식해서인지 일자리 52만 7000개를 제공하겠다는 계획을 발표한 바 있다. 이런 계획은 '4년 간 80만개'라는 숫자의 매력에다 정부가 열심히 일한다는 걸 국민에게 알릴 수 있어 계획 발표 그 자체만으로도 정책효과를 얻을 수 있을지 모른다.

그러나 정부가 만들겠다는 일자리는 보충적인 일자리이자 불안한 일자리에 불과하다. 이런 일자리도 어려운 처지에 있는 자에게 도움이 된다는 걸 부인할 수 없다. 하지만 제대로 된 일자리가 아닐 뿐 아니라 그런 일자리를 잡았다 해도 얼마 후 다시 실업상태로 돌아갈 가능성이 높다. 삼성경제연구소의 분석에 따르면 지난해 새로 만들어진 '괜찮은 일자리'는 14만 개로

2004년의 30만개에 비해 크게 줄었다.

'괜찮은 일자리' 창출은 30만→14만개

제대로 된 일자리는 기업이 만든다. 정부는 지난 3년 반 동안 공무원을 2만 6천 명이나 늘렸다. 정부가 하지 않아도 될 일을 하면 공무원은 늘어나고, 그것은 결국 국민부담 증가, 공공부문 비능률, 규제확대를 가져오고 민간부문을 위축시킨다. 정부는 일자리를 창출하겠다고 하면서도 출자총액제한제도 등 각종 규제의 끈을 쥐고 기업의 발목을 잡고 있지 않은가. 지난 5년 간 기업의 설비투자 증가율은 연 1.2%에 불과했다. 기업은 로또 복권 사듯이 단순하게 투자를 결정하는 게 아니다. 최소한 10년~20년을 내다본다. 사업가능성이 있어야 투자에 나선다. 기업하기 좋은 환경을 만들어야 하는 이유다.

"성장이 일자리 문제도 해결하고 국민후생을 해결하던 시대는 이제 거의 끝나간다." '일자리 창출 보고회'에서 노무현 대통령이 언급한 것이다. 성장이 일자리를 창출하지 않는다면 일자리는 무엇이 창출한다는 것인가. 노무현 대통령은 2002년 대선 후보시절 "7% 신성장정책으로 안정된 일자리를 제공하겠다"고 공약했다. 2005년 8월 언론사 논설책임자들과의 간담회에서 노무현 대통령은 이회창 후보가 6%로 이야기하는 바람에 그보다 높은 7%를 내세웠다고 말한 바 있다. 공약의 진정성을 의심할 수밖에 없지만 그래도 성장의 중요성은 알았던 것 같다. 그런데 이제 인식이 바뀐 것인가.

경제성장의 일자리창출 효과는 기계화 자동화 등으로 과거보다 줄어든 것은 사실이지만 성장 없는 복지는 지속될 수 없다. 적정한 성장이 이루어지지 않는다면 일자리 창출은커녕 지금의 일자리마저 없어질 수 있는 것이다.

복지국가라던 스웨덴의 국민은 지난 9·17총선에서 복지보다 시장주의적 개혁으로 일자리를 내세운 우파에게 승리를 안겼다. 스웨덴 총선결과를 보고 우리정부는 지난 8월 발표한 '비전 2030'은 스웨덴 모델을 베끼지 않았다고 긴급기자회견까지 했다. 이미 국제사회에서 실패한 것으로 판명된 스웨덴 복지모델을 부러워했던 게 켕겨서 그랬는지 모른다.

정부 할 일은 기업을 도우는 것

성장에 매달려도 시원찮은 판에 복지우선으로 정책방향이 기울면 어떤 결과가 올 것인가. 지금 한국은 사람도 돈도 공장도 해외로 떠나고 있다. 그런데도 복지타령이다. 복지 확대의 중요성을 누가 모르는가. 하지만 최고의 복지정책은 성장을 통한 일자리 창출이다. 정부가 앞장서서 세금을 풀어 비효율적이고 비생산적인, 그렇고 그런 '사회적 일자리'를 창출하려는 것은 근본적인 실업대책이 아니다. 정부의 능력은 무한하지 않다. 제대로 된 일자리를 만들어 내는 일은 어디까지나 기업의 몫이다. 정부는 복지국가의 허상에서 벗어나야 한다. 정부가 할 일은 일자리 만드는 기업을 돕는 것이어야 한다. 그게 기업하기 좋은 나라를 만들어 복지국가로 가는 첩경이다.

〈문화일보, 2006.9.27〉

Chapter 02

'공짜점심'의 정치학과 경제학

한국에선 오는 6월 지방선거를 앞두고 학생들에게 공짜점심을 주자는 문제가 선거쟁점으로 부각되고 있다. 민주당 등 야당은 경제적으로 여유가 있는 가정의 자녀들을 포함, 모든 학생들에게 공짜점심을 주자는 공약을 내걸고 있다. 민주당은 자신들이 집권시 예산상 곤란하다는 이유로 전면 무상급식을 반대했었다.

야당의 주장을 포퓰리즘이라고 비판하던 한나라당과 정부는 2012년까지 농어촌, 도시 저소득층 가정의 모든 초·중 학생에 대해 전원 무상급식을 실시키로 했다. 이렇게 되면 2009년 현재 초·중·고 학생 740만 명 중 13%에 이르는 무상급식 대상자 비율은 26.4%로 늘어나게 된다.

야당은 '차별급식'이라며 의무교육에 무상급식도 포함된다고 반박한다. 여야 가릴 것 없이 무상급식 확대를 위해 세금을 더 걷는 경쟁을 하고 있는 셈이다.

문제는 재원마련이다. 전면 무상급식이 바람직한 것인가를 따지기에 앞서 무상급식보다 더 급한 교육현장의 문제가 어떤 것이 있는가를 따지는 게 옳다. 연간 수조원의 예산을 들이면서 경제적으로 여유가 있는 가정의 자녀들에게도 무상급식을 해야 할 정도로 한국은 여유 있는 나라인가.

무상급식은 포퓰리즘으로 가는 길목

정치권은 돈은 얼마든지 마련할 수 있다고 착각한다. 대기업과 부자들에게 세금을 많이 거두면 된다는 것이다. 로빈 후드와 홍길동이 따로 없다. 아침과 저녁은 어쩌라고 왜 점심만 공짜로 주려고 하는가. 앞으로는 교복도 무상으로 지급하자는 이야기가 나오지 않는다고 누가 보장하는가.

“경제에 공짜점심은 없다.” 일찍이 폴 새뮤엘슨(Paul Samuelson) 교수가 한 말이다. 누구는 공짜점심을 먹지만 누구는 그 점심값을 부담하는 것이다.

모리시마 미치오(森嶋通夫) 런던정경대 교수는 일본 출신 수리경제학자다. 그는 1981년 〈왜 일본은 ‘성공’하였는가〉(Why has Japan ‘succeeded’?)라는 책에서 일본경제는 일본의 윤리와 서양의 기술이 접목해서 성공했다는 걸 설명했다. 그러나 책 제목의 ‘성공’이라는 단어에 특별한 표시를 했다. 일본의 경제적 성공이 진짜 성공인가에 대해 의문을 가졌기 때문이다.

1999년 〈왜 일본은 몰락하는가〉라는 책에서 모리시마는 일본의 장기적인 몰락을 내다봤다. 몰락의 원인을 경제적인 것이 아니라 교육과 정신의 황폐, 즉 사회정치적인 이유에서 찾고 있다.

교육과 정신이 황폐해지고 그 때문에 정치가 무능해져 일본은 2050년이 되면 몰락의 위험을 맞게 될 것이라는 것이 그의 주장이다. 2000년에 초등학교를 다닌 세대가 50년 후에는 일본 각계의 지도자가 되는데 교육을 잘못 받은 지도자와 정치인들이 일본을 몰락시킬 것이라는 것이다. 비록 좋은 교육을 통해 훌륭한 관료와 기업가를 양성한다하더라도 훌륭한 정치인을 만들어내지 못하면 장래를 보장할 수 없다고 했다.

모리시마 교수는 일본보다 오히려 한국사회를 분석한 것 같다는 생각이 든다. 공교육이 무너진 한국의 황폐한 교육현장, 갈등을 조장하고 편 가르기에 몰입하며 오로지 선거에서 표만 생각하는 정치판을 보면 더욱 그렇다.

경제대국 일본은 어려움에 빠져있다. 경제침체와 도요타 사태, 세계적 기업의 일본탈출 등 과거에는 상상하기 어려운 일이 벌어지고 있다.

▪ 인기정책은 달콤해도 그 결과는 쓰다

한국은 지금 잘 나아가고 있는가, 미래도 보장되는가. 개인도 기업도 국가도 언제나 위기를 맞는다. 위기극복의 역사가 곧 발전의 역사다. 기회는 언제나 온다. 기회가 올 때 붙잡을 수 있어야한다.

급한 일이 얼마나 많은데 그걸 제쳐두고 무상급식문제에 매몰돼있는 정치권을 보면 가슴이 답답하다. 주머니 사정 생각 않고 헤프게 쓰다 보면 결국 쪽박 차게 된다.

일찍이 경제적으로 앞서 갔던 아르헨티나의 오늘을 보라. 인기정책, 선심정책은 달콤하지만 그 때문에 경제는 망가지는 것이다.

〈코리아타운 데일리. 2010.3.22〉

Chapter 03

복지 포퓰리즘에 빠진 한국, 어디로 갈 것인가

무모한 정쟁-'보편적 복지'와 '선택적 복지'

복지확대가 좋은가를 묻는다면 어떤 답이 나올까. 사실 그런 질문은 어리석다. 물을 필요가 없는 질문이다. 복지 확대를 누가 반대하겠는가. 문제는 재원이다. 그런데 재원을 어떻게 마련할 것인가를 따지기에 앞서 한국은 지금 복지논쟁에 빠져있다. 과연 한국은 어디로 갈 것인가.

우유 값이 비싸다고 서민들이 불평을 하자 서민들의 환심을 사기 위해 우유 값을 반으로 내리라고 명령한다. 명령을 어기면 단두대에 세우겠다고 하자 수지를 맞추지 못하는 농민들은 젖소 사육을 포기하기 시작한다. 우유 공급량의 감소로 암시장에서 우유 값은 더욱 뛴다. 농민들은 비싼 건초 값 때문에 수지를 못 맞춘다고 변명하자 다시 건초 값을 내리라고 명령한다. 이번에는 건초재배 농민들이 건초생산을 중단하거나 줄이고 토지를 다른 용도로 전환한다. 건초 값이 다시 폭등한다. 건초 공급도 줄고, 우유 공급도 줄어 '반값 우유 정책' 은 결국 우유 값을 폭등시킨다.

프랑스 혁명당시 좌파 자코뱅당의 지도자 로베스피에르(Robespierre; 1758~1794)의 '반값 우유' 사건이다. 이는 일시적으로 대중의 인기를 끄는 정책은 실패할 수밖에 없다는 걸 보여주는 실제사례다.

정치권의 복지논쟁이 한창이다. 민주당은 무상급식에 이어 무상의료 무상보육에다 대학생 반값 등록금 등 이른 바 '3+1' 복지세트, '보편적 복지' 를 정책으로 내놓았다. '무상' (無償)이라는 표현을 쓰고 있지만 국민의 세금으로 주는 '세금복지' 다. 세금으로 부족하면 세금을 더 거두거나 빚을 내서 충당하고 그 빚을 다음세대에게 떠넘긴다. 그런 경우에는 '외상복지' 가 된다. 한나라당은 서민과 중산층을 포함한 국민의 70%를 복지대상으로 삼고 각종 혜택을 주겠다며 '70% 선택적 복지' 를 내걸었고 박근혜 전 대표도 생활과 소득을 보장한다는 '한국형 복지' 를 제안했다. '생애 단계별로 필요한 복지를 맞춤형으로 공급한다' 는 큰 원칙만 있을 뿐, 돈이 얼마나 필요하며 어떻게 마련할 것인지에 대한 설명은 아직 없다.

'보편적 복지', '선택적 복지', '한국형 복지' 모두 복지를 확대하자는 것이다. 어쨌든 복지는 2012년 총선과 대선의 최대 쟁점이 될 것은 분명하다. 복지확대를 주장하는 것이 표 얻는데 도움이 된다고 생각할 것이기 때문이다.

무상복지, 가능한가

하늘에서 돈이 떨어진다면 복지를 확대한다는 것을 반기지 않을 까닭이 없다. 무상급식 무상의료 무상보육 대학생 반값 등록금은 물론, 집도 주고 옷도 주고 먹을 것 다 주는 일을 왜 마다하겠는가.

무상급식은 그동안 저소득층에 주고 있던 '공짜' 점심을 의무교육 대상 초

·중학생 전체로 확대하자는 것이 민주당 주장이다. 같은 자리에서 같은 밥을 먹더라도 유·무상의 차이에서 심리적 아픔을 가지는 학생들이 있을 것이기 때문에 부모 소득수준과 관계없이 모든 학생들에게 똑같이 공짜 점심을 주자고 한다. 다른 사람들에게 무시당하고 부정적인 낙인이 찍히면 행태가 나쁜 쪽으로 변해 가는 현상, 다시 말해 낙인효과(stigma effect)때문이라는 것이다. 누가 무상급식자인지를 알 수 없게 하는 방법이 있는데도 애써 외면한다. 옷이나 신발의 차이는 아픔을 주지 않는가. 그렇다면 교복과 신발은 왜 공짜로 주지 못하는가. 물 한 잔으로 점심을 대신하며 가난을 이기고 성공한 숱한 사례에서 보듯 가난은 교육으로 풀어야한다. 학교는 근본적으로 밥을 주는 곳이 아니다. 밥만 먹이면 아이들이 자라는 것도 아니다.

한국교육의 과제는 수두룩한데 학생들에게 공짜로 점심먹이는 일이 중요한 교육이슈가 돼있다. 선생님들이 식당이 아닌 교실을 지켜야 교육이 산다. 무상 급식 예산을 마련하기 위해 열악한 학교 시설 개선을 포기했다는 소리도 들린다.

학교는 교육하는 곳이지 밥 먹이는 곳 아니다

세계에서 무상급식을 하는 나라는 스웨덴과 핀란드가 유일하다. 스웨덴과 핀란드는 2008년 기준으로 국민부담률(국민들이 1년 동안 낸 세금과 국민연금·의료보험료·산재보험료 등 각종 사회보장기여금을 합한 총액이 국내총생산에서 차지하는 비중)이 각각 47.1%와 42.8%에 달한다. 같은 해 한국의 국민부담률은 26.6%에 불과했다. 이런 차이를 무시하고 스웨덴이나 핀란드처럼 100% 무상급식을 할 수는 없다.

무상의료는 입원진료비 90%를 건강보험에서 부담하고 본인부담을 100

만원 이내로 한다는 것이다. 2010년 건강보험료로 33조 6000억 원을 거뒀으나 지출이 34조 9000억 원이나 돼 적자는 무려 1조 3000억 원이었다. 지난 1월에도 3000억 원 정도의 적자를 기록한 것으로 미루어보면 2011년에도 적자를 낼 것이 뻔해 건보 재정은 머지않아 바닥을 드러낼 것이다. 앞으로 건강보험 신규 보장 대상이 계속 늘어날 것이고 정치권에서 의료보장을 확대하려는 분위기가 팽배하고 있어 건강보험 재정 고갈은 우려의 수준을 넘어 가시화되고 있다.

건강보험정책연구원의 '건강보험 중·장기 재정전망 연구' 보고서는 현 상황을 그대로 유지(보험료·수가·보장성 모두 동결)하는 것을 가정하더라도 2020년의 재정적자가 16조원, 2030년에는 48조원이 될 것으로 전망했다.

민주당 안으로도 건보 추가 소요 예산은 8조 1000억 원이다. 그러나 본인 부담이 거의 없을 경우 의료 서비스 수요는 무한대로 늘어나는 건 당연하다. 무상급식예산은 예측이 가능하지만 의료의 경우는 사실상 얼마가 들어갈지 예측이 불가능하다. 현재 무상 의료를 실시하고 있는 일부 서구 선진국들이 어려움을 겪고 있는 것은 지나친 재정 부담 때문이다.

무상복지는 결국 재정부담으로 이어진다

2006년 1월 노무현 정부는 '6세 이하 무상 입원비' 정책을 도입했다. 현재 민주당이 주장하는 무상의료에 비할 바는 아니지만, 당시로선 획기적인 정책이었다. 당시 6세 미만에만 공짜 입원을 시켜주었는데도 2년 만에 건보재정 부담이 크게 늘어났다. 6세 미만 입원비의 건보 부담액은 2005년 이전에는 증가율이 4~6% 수준이었는데 2006년에는 39.2%로 폭등했다. '과잉 입원' 현상이 나타난 것이다. 노무현 정부는 2년도 버티지 못하고 스스로 이 제도를 폐기했다. 저 출산이 사회문제가 되는 상황에서 보육비 경감은 중요한 과제다. 이 문제는 긍정적 요인이 많지만 퍼주기 식이어서는 안 된다.

대학생 '반값 등록금'은 복지정책으로 분류하기도 어려운 선심성 표몰이 구호다. 반값 등록금 공약은 이명박 정권이 자초한 것을 지금 민주당이 다시 들고 나온 것이다. 대학교육의 질을 높이는 게 시급한데 등록금을 들먹이는 건 본말이 전도된 것이다.

복지는 결국 돈 문제다

복지는 결국 돈 문제다. 민주당은 '3+1' 무상복지에 필요한 예산은 16조 4000억 원(무상의료 8.1조원, 무상보육 4조원, 무상급식 1조원, 반값 등록금 3.2조원)이면 된다고 한다. 이에 필요한 재원은 재정과 조세 개혁 등을 통해 20조원을 만들 수 있다고 설명한다. 재정건전성을 해치지 않으면서 보편적 복지를 실현할 수 있다는 것이다. 16조여 원이면 보편적 복지가 가능할 것이라는 것도, 예산 절감과 감세 철회만으로 20조원을 마련할 수 있다는 것도 믿기 어렵다. 예산절감에도 한계가 있을 텐데 무슨 수로 그 많은 돈을, 그것도 매년 늘어날 돈을 마련할 수 있는가. 복지에만 매달려 국가를 운영할 수도 없는 일이다. 복지예산을 조달하기 위해서는 결국 세율을 크게 높이거나 국채발행을 할 수밖에 없다.

복지를 확대하려면 세금을 많이 거둬야한다. 빚을 내서 하더라도 결국 국민이 부담해야하기 때문에 그것 역시 세금으로 충당할 수밖에 없는 것이다. 2011년 복지예산은 86조 4000억 원으로 총예산의 28%를 차지해 역대 최고 수준이다. 복지예산은 이 분야 통계가 잡힌 2005년부터 연평균 10% 이상으로 증가해왔다. 경제성장률을 훨씬 웃도는 증가률이다. 그만큼 경제에 부담을 주고 있는 것이다. 경제를 성장시키면서 복지를 늘려가야 미래를 보장할 수 있다. 우리가 이 정도 복지를 누리고 있는 것은 경제성장 덕택이다.

유럽 복지국가의 국민부담률이 소득의 50%를 넘는다. 우리의 부담률은 그 절반을 조금 넘어 우리가 따라가려면 세금과 사회보장부담률을 크게 높여야 한다. 세금 덜 내고 복지를 확대하려면 빚을 내야한다. 그 빚은 다음 세대에 부담을 떠넘기는 것이다.

한국의 국가채무는 2002년 말 133조 6000억 원에서 2007년 말 298조 9000억 원, 2009년 말 359조 6000억 원, 2010년 말 394조 4000억으로 크게 늘었다. 국가채무의 범위를 어떻게 정하느냐에 따라 채무규모는 달라진다.

국가채무는 눈덩이처럼 불어난다

2011년 회계분부터 채택할 국제기준에 따라 국가채무를 계산하면 기존의 수치보다 크게 많아진다. 새 기준을 적용하면 2009년 말 국가채무는 476조 8000억 원으로 늘어나고 GDP 대비 45%선에 이른다. 국가채무가 늘어난 이유는 그동안 국가부채에서 제외됐던 공공기관과 공기업, 각종 기금의 부채를 새로 포함시킨 탓이다. 그러나 새 기준에도 125조원7000억 원(2010년 기준)에 달하는 부채를 안고 있는 LH(한국토지주택공사)는 국가채무 대상에서 빠졌다. LH부채 중 이자를 내는 금융부채는 90조원 정도로 하루 이자만 100억 원, 연간 3조원을 넘는다. 경상이익(2009년 1조8000억 원)을 감안하면 아무리 영업을 해도 이자조차 감당 못하는 상황이다. LH총부채는 2011년에는 170조, 2014년에는 254조에 이를 것으로 전망되고 있다.

기획재정부에 따르면 2009년 말 기준 23개 공기업 부채는 213조 2042

억 원으로 2008년보다 36조 1000억 원(20.4%) 증가했다. 공기업이 정부 사업을 수행하는 과정에서 지게 된 부채는 정부가 져야 할 빚을 대신 떠안은 것으로 봐야 한다. 공기업 부채와 정부 보증채무, 한은의 통화안정증권 발행 잔액, 4대 공적연금의 책임준비금 부족액까지 포함하면 국가채무는 2009년 말 1,600조원이 넘는다는 계산도 나온다.

외국의 사례

1960년대 유럽 각국은 경쟁적으로 복지와 재정을 늘렸으나 이제는 재정적자에 따라 복지를 축소하고 있는 추세다. 영국은 재정적자 감소를 위해 연간 4만 4000파운드(약 7800만 원) 이상 고소득자에 대한 육아수당 지급을 2013년부터 중단한다. 학생들이 거리로 나와 폭력시위를 벌이기도 했지만 대학 등록금을 3배로 올렸다. 프랑스는 연금재정이 위기에 처하자 총파업과 격렬한 시위가 있었지만 연금수급 개시를 65세에서 67세로 늦추는 개혁을 단행했다. 스페인·그리스·포르투갈 같은 남유럽 국가들은 과도한 복지로 국가부도에 몰리자 국채를 발행하고 외부 지원을 받고 있다.

1980년대까지 스웨덴을 비롯해 유럽 14개국이 부유세를 도입했다. 그러나 결과적으로 국부의 해외 유출, 기업가정신의 실종, 국가경쟁력의 잠식을 초래하면서 재정수입이 감소되고 빈곤층을 위해 써야 하는 재원까지 부족해지는 상황이 됐다. 결국 2000년대 들어 독일 덴마크 등 핀란드 스웨덴 스페인 등 8개국이 이 제도를 없앴고 프랑스도 곧 철폐할 계획으로 있다. 부유세의 원조 스웨덴은 연간 불과 6억~7억 달러의 세수를 위해 2000억 달러의 국부가 유출되고, 나라 제1의 갑부가 해외에 개인자산운용회사를 설립하는 현실을 방치할 수 없었기 때문에 폐기한 것이다. 스웨덴이 1950년

대까진 시장경제로 높은 성장률을 구가하고도 그 뒤 과다한 복지로 경제적 어려움을 겪은 전형적인 국가가 됐다. 그리스는 거대한 복지로 재정위기에 빠졌다. 20세기 초만 해도 잘 나가던 아르헨티나가 뒤쳐진 것은 퍼주기 식 복지정책을 쏟아냈기 때문이다.

일본은 국가채무가 2011 회계연도 말까지 1000조엔을 돌파하고 올해 GDP 대비 국가채무비율이 200%를 넘을 것으로 전망된다. 이에 따라 국제 신용평가기관인 스탠더드앤드푸어스(S&P)가 일본의 국가신용등급을 'AA'에서 'AA-'로 하향조정했다. 포퓰리즘 정치에 국가채무가 눈덩이처럼 늘어났기 때문이다.

1990년대 말 일본경제가 내리막길을 걸을 때 일본정부는 지지도 추락을 염려해서 경기 부양을 명분으로 국채를 대거 발행하며 공공 투자를 크게 늘렸다. 오부치 내각은 1999년 저소득층 3500만 세대에 7000억 엔에 달하는 상품권을 지급했고, 2009년 아소 내각은 2조엔 규모의 현금을 전 국민에게 나눠줬다. 현재 일본 민주당 정권 또한 자녀 보육수당, 고교 교육 무상화, 고속도로 통행 무료화 등 무상복지 정책을 쏟아냈다. 재정악화와 국가채무 증가는 당연한 결과였다. 일본은 통 큰 씀씀이로 나라를 망친 전형적인 예가 돼있다.

최상의 복지는 일자리 창출에서 찾아야 한다

시민혁명으로 무바라크 대통령을 퇴각시킨 이집트는 1960년대 초 국민소득이 한국보다 높았다. 현재 이집트 국민소득은 2000달러 수준에 불과하다. 이집트는 산유국이고 천연가스를 해외에 수출한다. 수에즈운하 통행료로 연간 50억 달러(약 5조 5000억 원)를 번다. 고대 유적지를 보러 관광

객이 쏟아져 들어온다. 그런 돈은 휘발유값, 수도요금, 대학등록금을 지원하는 등 직접 국민의 생계를 지원하는데 주로 쓰고 인프라 투자에는 인색했다. 반정부 시위가 일어난 근본원인은 수많은 실업자가 양산되고 생필품가격이 뛰어 국민생활이 어려워진 경제문제였다.

복지는 공짜가 아니다. 세금 많이 걷겠다는 이야기는 하지 않고 베풀겠다고만 하는 건 일종의 기만이나 다름없다. 1968년 미국 대통령 민주당 후보경선에 출마했던 로버트 F 케네디 상원의원은 복지혜택보다 일자리가 중요하다며 복지제도를 비판한 바 있다. "복지는 수백만 명의 국민들을 빈곤과 의존증의 노예로 만들며 다른 시민들의 호의에 기대게 만든다. 빈곤문제의 해결은 적절한 소득을 안겨주는 소중한 일자리, 자신이 속한 공동체와 가족, 국가 그리고 무엇보다 자기 자신에게 '나는 이 나라의 발전에 이바지한다. 나는 이 위대한 나라의 일원이다' 라고 말 할 수 있는 일자리에 있다." (마이클 샌델, '왜 도덕인가' 한국경제신문, 141~142쪽)

정치인들이 복지를 들고 나오면 재앙

복지는 공짜가 아니다. 한국은 아직도 복지수준이 낮아 복지확대의 필요성은 크다. 그러나 경제가 감당할 수 있는 범위 안에서 복지를 확대해야한다. 저 출산과 노령화 현상이 진행되고 있다는 점을 감안하면 복지지출은 크게 늘어나게 돼있다. 우선 복지서비스 관리체계를 시급히 정비하고 형평성이 결여되거나 효율성이 낮은 복지제도에 대한 개혁이 필요하다. 기초생활수급자가 14억 원짜리 땅이 있는 경우도 적발되고 운전면허를 갖고 있는 시각장애인 4687명 중 4500명가량이 가짜라는 보도도 있다(중앙일보 2011년 1월 31일, 2월 12일자). 복지 서비스 제공자(가령 어린이집)와 대상자(학부모) 간의 은밀한 담합 사례도 있다. 재산을 부모한테 돌려놓고 보육료 지원을 받는 경우도 있다.

경제성장과 복지가 함께 가려면 일자리를 창출해야한다. 당장 퍼주기 식의 '작은 복지'에 매달리면 경제는 활력을 잃는다. 그러나 선거판이 벌어지면 이성적 판단은 포퓰리즘 바람에 휩쓸려버린다. 자식들도 살림이야 어찌되든 좋은 옷과 비싼 음식 사주고 용돈 많이 주는 부모를 좋아하는 법 아니던가.

정치권은 복지확대 주장을 하기에 앞서 복지와 재정 부담과의 관계를 자세히 살펴야한다. 복지정책은 장기 간 국민의 세금부담을 요구하는 정책이기 때문이다. 복지국가를 추구하는 정치인들이라면 세금을 많이 내자고 국민을 설득할 수 있어야한다. 그러하지도 못하면서 복지에 대한 기대수준을 높이는 행동은 비겁하다. 정치인들이 복지를 들고 나오면 재앙이 온다. 복지 포퓰리즘은 망국으로 가는 내리막길임을 명심해야한다.

〈한국지역사화연구소, '지역사회', 2011년 봄호〉

제6부 불법·탈법·폭력은 선진사회로 가는 걸림돌이다

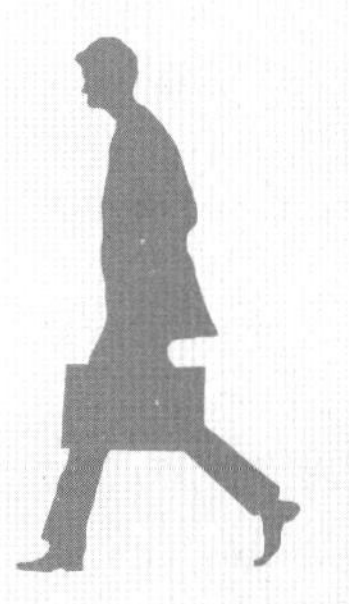
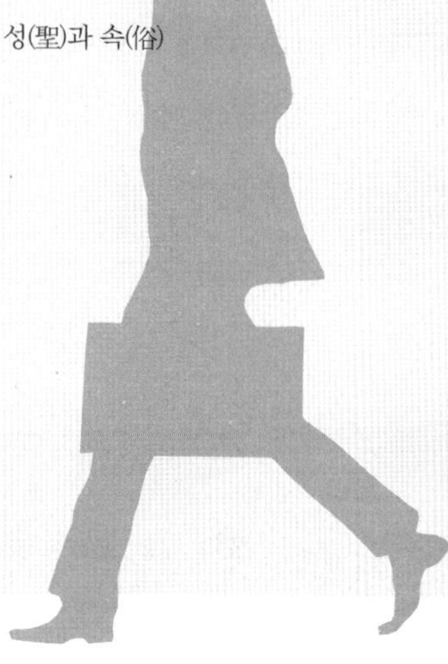

Chapter 01

화염병엔 법으로 맞서라

지난 일요일 저녁에 발생한 서울 도심의 폭력시위는 충격적이다. 700여 개의 화염병이 터져 서울은 불바다를 이뤘다. 역사의 유물로 사라져야 할 화염병이 불을 뿜는 걸 보면 한국의 경제시계는 분명 거꾸로 돌고 있다.

시위를 막는 경찰에게 금속 볼트·너트를 새총으로 쏘기도 했다. 이쯤 되면 시위가 아니라 전쟁이라고 해야 옳다. 시위에 나선 민노총 소속 노동자와 경찰의 유혈 충돌도 안타깝다. 길 가다가 다친 시민들은 누구에게 울분을 토해야 하는가.

폭력 시위가 몰고 올 파장은 결코 가볍지 않을 것이다. "현 정부가 올해 초 일어난 몇몇 파업을 잘못 처리한 것이 계속되는 노사갈등의 원인이 됐으며 노동계의 잇따른 승리로 인해 한국 기업의 국제경쟁력은 악화될 것이다." 한국은 '죽도록 파업?(Striking to Death?)' 이라는 제목을 붙인 지난 9월 8일자 '타임' 지의 기사다. 이는 경제의 발목을 잡는 한국의 노동운동을 비판하는 외국의 일반적 시각이라고 할 수 있다.

극심한 노사분규로 한국에서 사업을 계속할지를 고민하는 외국인 투자 기업들이 적지 않다. 국내 기업도 기업하기 좋은 곳을 찾아 떠나는데 외국인 투자 기업이 한국을 찾으려고 하지 않는 건 어쩌면 당연하다.

폭력적 수단은 노사공멸

지금 심각한 청년 실업은 단순히 경기가 나빠서 나타나는 일시적 현상이 아니라 성장 둔화, 산업구조 변화, 정규직의 높은 고용 보호, 경쟁력 상실 등으로 청년 실업은 지속돼 그런 상태가 고착될 가능성마저 보인다는 분석도 있다. 무서운 전망이다.

도심 거리를 불바다로 만드는 노조를 보고 한국을 찾을 외국 자본이 있겠는가. 언젠가 한·미 재계회의에 다녀온 어느 노조 지도자는 미국에서 "한국 노사관계를 그렇게까지 심각하게 보고 있을 줄은 몰랐다"고 실토한 적이 있다. 이번 사태는 한국 노조의 강성 이미지를 다시 부각시키는 계기가 될 수도 있다. 안타까운 일이 아닐 수 없다.

이번 사태가 왜 일어났는가. 노동자대회를 주관한 민노총에 따르면 손해배상 가압류제도 개선, 비정규직 차별 철폐, 노동 탄압 중단, 이라크 파병·국민연금 개악 등 반개혁정책의 중단을 요구하기 위한 것이라는 주장이다. 민노총은 정부가 이런 요구를 들어 주지 않으면 12일 총파업 투쟁에 나설 것이라고 했다. 정부로부터 항복이라도 받겠다는 태세다.

손해배상 가압류 제도는 노조의 불법 행위에 대항하기 위한 기업의 자구(自救)행위다. 하지만 이에 대한 판단은 어디까지나 사법부가 할 일이다. 비정규직 차별 철폐는 또 어떤가. 회사가 문을 닫을 지경에 이르러도 해고할 수 없다고 하니 기업은 비정규직으로 눈을 돌린 것이다.

불법엔 책임 묻는 원칙확립을

오늘날에도 노동 탄압을 한다고 한다. 정부와 기업이 오히려 강성 노조에 휘둘리고 있다는 게 일반의 인식인데도 말이다. 합법적인 파업도 근로조건과 관련된 요구 사항을 관철하기 위한 수단이어야 한다. 이라크 파병 반대는 근로조건 개선과 관련된 것이 아니지 않은가.

노조의 요구가 정당하다고 해도 폭력 등 불법으로 문제를 풀려고 해서는 안 된다. 민노총은 화염병 시위를 사전에 준비하지 않았다고 하지만 그런 변명으로 노동운동을 하면 국민적 지지를 잃게 된다. 수백 개의 화염병을 길을 걷다가 만들 수는 없기 때문이다.

대화와 타협은 노사가 지켜야 할 덕목이다. 그게 잘 안 될 때에는 법과 원칙이 잣대다. 법이 잘못돼 있으면 고치는 노력이 따라야 함은 물론이다. 노조와 경영진의 시각 차이가 왜 없겠는가. 하지만 중요한 건 정부가 엄격하게 법과 원칙을 앞세워 노사 모두의 불법을 다스리는 것이다. 불법과 폭력행위에 대한 책임은 반드시 물어야 한다. 적당히 덮고 넘어가면 이런 일은 언제든 되풀이될 수 있다.

불법이 자행되고 국력이 소모되면 경제는 죽는다. 정치권은 물론, 정부·국민·노사가 힘을 합해도 경제전쟁에서 이기기 어려운 게 현실이다. 그래서 '기업하기 좋은 나라'를 만들자는 것이다. 경영자를 위해서가 아니라 노동자는 물론 모든 국민들이 먹고살기 위한 생존 경쟁에서 살아남기 위해서다. 노사 모두는 서로 타도해야 할 적일 수 없지 않은가.

〈문화일보 2003.11.11〉

Chapter 02

극한투쟁에 주저앉는 국책사업

지율 스님의 목숨을 건 단식으로 천성산 터널공사가 사실상 중단됐다. 새만금 사업도 발목이 잡혀 있다. 엄청난 돈이 투입돼 추진중인 대형 국책사업이 이렇게 갈팡질팡하고 있다. 나라꼴이 말이 아니다.

죽을 각오로 하는 단식은 대단한 결단이고 어려운 일이다. 그렇다고 해서 단식의 명분이 정당화되는 것은 아니다. 터널을 뚫으면 꼬리치레도롱뇽이 죽을 우려가 있기 때문에 이를 막자는 게 단식투쟁의 명분이었다. 터널공사는 착공 후 중단, 재개를 거듭하는 우여곡절을 겪었다. 노선변경을 검토했지만 환경침해 최소화를 위해 기존 노선이 최적이라는 결론도 내려졌다.

하지만 전문가의 분석에도, 법원의 공사 재개 결정에도 승복하지 않고 반대하는 사람들이나 공사 중단을 결정한 정부를 어떻게 보아야 하는가? 공사 중단은 문제의 해결이 아니다. 새로운 문제를 발생시켰고, 정부는 초라한 모습만 보였다. 무엇이 문제인가?

첫째, 정부가 개인의 단식투쟁에 굴복했다는 점이다. 지율 스님은 자신의 신념과 판단에 따라 행동했다. 문제는 정부에 있다. 정부는 스스로 결정해서 추진하고 있는 국책사업을 놓고 개인과 무슨 약속을 하고 합의를 할 수 있는 것인지 알 수 없다. 그런 정부를 믿고 따르고 세금을 내는 국민은 도롱뇽보다 못한 존재가 아닌지 모를 일이다. 단식으로 생명이 위험한 상황에서 '선택의 여지가 없었다' 는 게 정부 당국의 말이지만 이건 무소신·무책임한 말이다. 앞으로 또 누군가가 목숨을 걸고 어떤 걸 반대하거나 주장하면 정부는 들어준다는 신호가 아닌가?

천성산-새만금 등 공사 중단 속출

둘째, 공사 중단으로 엄청난 예산이 낭비되고 있다는 게 간과되고 있다. 천성산 터널공사는 작년에도 9개월 중단돼 이미 1조 9000여억 원의 손실이 생겼다. 공사 중단으로 하루 70억 원의 손실이 발생한다고 한다. 새만금 사업도 방조제 공사 전체 33㎞ 구간 가운데 92%의 공정을 끝내 불과 2.7㎞만 남겨두고 있다. 그런 공사들이 중단돼 낭비되는 예산은 국민이 낸 혈세가 아닌가?

셋째, 환경 보호는 선(善)이고 개발은 악(惡)이라는 잘못된 인식이 확산되고 있다. 개발만이 능사는 아니다. 그러나 환경 보전이 절대 선은 아니다. 환경운동가들의 노력을 결코 폄훼할 수는 없지만 그들에게 무소불위(無所不爲)의 권한을 국민 누구도 위임하지 않았다.

천성산 터널 대신 다른 길을 낸다고 하자. 그 경우 도롱뇽이 아닌 다른 동물은 피해가 없으며 환경은 보존되는가? 집 한 채를 지어도 환경은 파괴된다. 환경만 생각하면 미개 상태로 살아야 하는 게 순리다. 인류가 생존·번

영해 온 것은 어느 정도의 환경 파괴를 감수한 결과다. 환경 피해 정도와 국가 발전과 국민 편의를 저울질하지 않고 환경만 내세울 수는 없다. 집도 짓지 말고 도로도 자동차도 전기도 없애고 옛날 옛적 원시생활로 돌아가서 살 각오가 있다면 모를까.

정부, 혈세낭비엔 '나 몰라라'

넷째, 이번 사태는 정치논리로 문제를 접근하면 갈등이 초래된다는 점을 보여주었다. 천성산 터널공사가 꼬인 것은 지난 대선에서 당시 노무현 후보가 터널공사 백지화를 포함한 노선 전면 재검토를 공약한 데서 비롯됐다. 국책사업을 정치적 표 계산으로 접근하면 갈등을 일으키고 예산은 낭비되게 돼있다.

행정수도 이전도 대선과정에서 특정지역 표를 겨냥해 불쑥 터져 나온 공약이었고 그래서 계속 갈등을 겪고 있다. 이와 같은 공약이 앞으로의 대선과정에서 남발되지 않는다는 보장도 없다. 추진 중인 국책사업이 중단되고 막대한 혈세가 낭비돼도 책임지는 사람이 없다. 작은 부정과 비리는 적발해서 처벌하는데, 국민의 혈세가 엄청나게 낭비되는 건 모른 체한다. 작은 도둑은 잡고 큰 도둑은 놓아주고 있는 셈이다. 그래도 세금은 내야 하는 국민만 억울한 것이다.

〈문화일보, 2005.2.17〉

Chapter 03

국가경쟁력 발목 잡는 노정(勞政)갈등

강을 건너야 하는 쥐는 수영을 할 줄 몰라 개구리에게 도움을 청했다. 개구리는 쥐를 죽일 작정을 하고 쥐와 서로 다리를 묶은 뒤 강 한가운데서 잠수하기 시작했다. 쥐는 물에 빠지지 않으려고 안간힘을 썼다. 독수리가 그때 쥐를 낚아챘다. 쥐와 함께 묶여 있던 개구리도 물려가 독수리의 먹이가 되고 말았다. 노사 간, 노정 간의 갈등을 보며 생각나는 이솝우화의 한 토막이다. 힘을 합해도 국제경쟁에 버티기 어려운데 서로 딴 생각을 하고 갈등을 일으키고 있으니 안타까운 것이다.

지난 27일 이해찬 국무총리는 김대환 노동부장관이 배석한 가운데 양대 노총 위원장과 '노-정 간담회'를 가졌지만 상호 입장 차이만 다시 확인했다. 그러나 노-정이 주요 현안을 제외한 양극화 문제 등 사회적 의제를 다룰 '사회통합위원회' 구성 방안에는 의견 일치를 보아 대화의 여지를 남겨뒀다. 노-정이 마땅히 다루어야 할 주요 현안을 뒤로 돌리면서, 또 노동계가 노사정위원회를 비롯한 각종 위원회를 외면하면서 새로운 위원회를 만들어 무엇을 논의할 수 있을 것인지 알기 힘들다.

양보 없이 서로 제 갈 길만 고집

먹고사는 문제처럼 중요한 게 없다. 그런데 노무현 대통령은 27일 언론사 경제부장들과의 오찬모임에서 '경제 올인 론(論)'은 교묘한 정치논리이고 무책임한 선동정치의 표본이라고 했다. 경제에 모든 걸 걸겠다고 해도 부족한 상황인데도, 더욱이 경제 '올인'은 노 대통령 스스로 여러 차례 공언했는데도 말이다. 이제는 경제를 챙기라고 하면 정치공세로 치부될 수 있는 상황이 됐다.

노동계는 제 갈 길만 가겠다고 한다. 노동장관 퇴진하라는 억지 주장도 거두지 않고 있다. 장관퇴진운동을 통해 노동부를 노동계의 이익을 챙겨주는 곳으로 만들어 무리한 요구를 하려는 것은 아닌가. 비정규직 문제만 해도 노동계가 정규직의 기득권을 조금도 내놓지 않으려 하기 때문에 꼬이고 있지 않은가.

노동자의 권익은 마땅히 신장돼야 한다. 그러나 법 테두리를 벗어날 수는 없다. 우리나라 어느 법에도, 국민 누구도 노동계에 치외법권(治外法權)적 지위를 부여하지 않았다. 대기업 노조는 이미 권력화돼 있고 법 테두리를 뛰어넘는 사례도 많았다. 그들이 알아야 할 일은 그들의 높은 임금은 열악한 조건에서 일하는 협력 중소기업체 근로자의 몫을 앗아간 것이라는 사실이다.

일본의 도요타자동차 노조는 1950년 이후 단 한차례의 파업도 하지 않았다. 당기순익은 매년 1조엔 이상이었지만 노사는 보다 많은 연구·개발 투자가 필요하다고 인식, 노조는 지난 4년간 기본급을 동결하는 데 합의했다. 그렇지 않으면 도요타자동차는 세계 일류가 될 수 없다고 판단했기 때문이다.

국민들은 노동계의 무리한 정치투쟁과 집단이기주의에 지쳐 있다. 그런 판에 서울노총(한국노총 서울지역본부)과 민주당이 2002년 대선 때 야합한 사실이 최근 밝혀졌다. 그 야합은 노조의 정치참여를 허용한 원칙에 어긋나는 것이라고 해서 충격을 주고 있는 것이다. 아직도 많은 국민은 노동계 상급단체 간부의 비리와 대기업 노조의 취업 장사 비리를 생생하게 기억하고 있다. 노동계는 이에 대해 납득할 만한 설명이나 책임 있는 행동을 하지 않았다.

힘겨루기 접고 경제회생 협력해야

스위스 국제경영개발원(IMD) 평가에 따르면 한국의 노사관계 적대성 수준은 세계경쟁력 비교 평가 60개국 가운데 60위를 차지했다. 참담한 일이다. 세계 각국은 기업의 기(氣)살리기 경쟁을 벌이고 있다. 노동자의 권익은 투쟁을 통해서가 아니라 기업과 경제가 활기를 찾아야 신장되는 것이다. 기업 투자의 부진, 고용 및 노동시장의 변화 등으로 일자리 부족 현상은 장기화할 가능성이 점쳐지고 있다. 노-정, 노-사가 갈등을 풀지 못하고 머뭇거리고 있으면 '함께 망한 개구리와 쥐' 처럼 경쟁국에 먹히는 신세가 되지 않는다고 누가 장담할 수 있는가.

〈문화일보. 2005.9.30〉

Chapter 04

'80년대 해법'으로론 노동문제 못 푼다

민주노총이 오는 4월 3일 총파업을 예고한 가운데 철도노조도 재파업을 결의하는 등 노동계의 '4월 춘투'가 심상치 않다. 우리가 겪었던 IMF 한파는 어느 날 갑자기 닥친 날벼락이 아니었다. 우리 스스로 또 다시 그런 위기를 만들어가고 있다.

지난 2월 퇴임한 김대환 전 노동장관은 27일 보도된 한 신문과의 인터뷰에서 뼈있는 쓴소리를 했다. 노동문제를 법과 원칙으로 풀어야 한다는 걸 강조하고 있다. 노사는 문제를 정치적으로 해결하려 하고, 정치권은 섣불리 노동계에 약속을 하거나 인기에 영합해 기대심리를 부추겨서 문제가 풀리지 않는다면서 "정치적으로 노동 문제를 풀려는 이해찬 전 국무총리 식 1980년대 해법은 안 된다"고 했다. 노동계가 노사정위를 탈퇴하고 장외투쟁에 몰두하던 2005년 9월 27일, 당시 이해찬 총리는 노동장관과 상의도 없이 양대 노총 위원장을 총리 공관으로 불러 만찬을 함께 했다는 걸 예로 들며 정치로 풀 게 있고, 풀어서는 안 되는 게 있다고 했다.

법과 원칙으로 접근하라

장관 자리를 물러날 때 "법과 원칙대로 노동 문제에 접근해 달라"고 노무현 대통령에게 부탁했다고도 했다. 당연한 이야기를 대통령에게 부탁해야 하는 전후 사정은 노동 문제가 그만큼 꼬여 있다는 걸 웅변하고 있다. 김 전 장관은 취임하면서 "노동부는 근로자만을 위한 부처가 아니다"며 "불법에 대해서는 법과 원칙에 따라 처리하겠다"는 원칙을 천명했다. 재임기간 내내 그는 이 원칙을 지켰다는 평가를 받았다. 노동자에게 애정을 갖고 있는 그가 법과 원칙을 지켰다고 해서 노동계로부터 퇴진 압력을 받은 건 아이러니가 아닐 수 없다.

어느 사회 어느 시대에도 집단이기주의는 있다. 문제는 그것이 사회 전체의 이익과 어긋날 때 법과 원칙이라는 잣대로 재단해야한다. 미국 뉴욕 지하철과 버스 노조가 불법 파업을 하자 법원이 노조에 하루 100만 달러씩, 노조원 개인에게는 하루에 이틀 치 임금을 벌금으로 물렸고, 파업은 사흘만에 종료됐다.

노동시장의 유연성은 한국경제의 시급한 과제다. 이제 숨통이 트일 것인가. 청와대는 26일 개최한 비서실 워크숍에서 앞으로 노동정책에 '덴마크식 모델'을 적용할 것을 검토한 것으로 알려졌다. 덴마크 모델은 해고를 쉽게 하되 재고용은 최대한 보장하는 정책이다. 정부는 근로자가 해고될 경우 직전 급여의 90%가량을 실업수당으로 지급하며 실업수당이 국민총생산의 4.4%로 세계 최고 수준에 이른다. 덴마크 노동시장의 유연성은 과다한 재정 지출의 결과라는 사실을 알고 제도 도입을 검토해야 할 것이다.

시대착오적 노동운동과 노동시장의 경직성은 경제를 망치고 결과적으로 보호받아야 할 노동자를 희생시킨다. 일자리를 찾으려는 청년실업자의 앞길도 막는다. 새로운 제도 도입도 좋고 대화와 타협도 좋지만 노사협상이든, 노사정위 논의든 법과 원칙을 지키는 일이 급선무다. 어떤 일이 있어도 원칙은 타협의 대상이 돼서는 안 된다.

노동시장 유연성이 시급한 과제

수년간 막대한 흑자를 내면서도 임금 동결을 자발적으로 요구한 노조 덕에 세계 1위로 올라선 도요타자동차, 노조에 끌려다닌 결과 몰락의 길을 걷게 된 제너럴모터스(GM), 임금 동결 등 생산성 향상에 노력하라고 시민단체의 규탄을 받는 현대자동차노조, 스스로는 양보하지 않으면서 비정규직 문제 해결을 외치는 정규직 노동자들의 이기적 위선, 10조원이 넘는 빚을 지고 있는 철도공사의 증원(增員)과 노조파업, 이런 현상을 보며 우리가 얻는 교훈은 무엇인가.

먼 바다로 항해해야 하는 '한국경제호' 라는 배는 선장과 선원들이 서로 뜻이 어긋나 싸우고 있다. 높고 험한 파도는 밀려오는데 파도를 헤쳐 나갈 능력도 의지도 없다면 가야 할 목표를 잃고 표류하다가 결국 침몰하지 않겠는가.

〈문화일보.2006. 3. 28〉

Chapter 05

기업이 '스트라이크'를 말하는 고충

"기업도 스트라이크할 수밖에 없다." 정치권이 선거를 의식해서 노동계만 편들고 노조는 파업을 공언하는 상태가 지속된다면 기업들이 공장문을 닫고 한국을 떠나는, 말없는 스트라이크를 벌일 것이라며 이수영 경총 회장이 한 말이다.

지난해 국내 자본의 해외 직접투자는 총 4472건에 90억 4000만 달러로 2004년보다 건수로 13.9%, 금액으로 12.2% 늘었다. 국내에서는 일자리가 없어 야단인데 일자리를 만드는 기업은 떠나고 기업의 국내 설비투자는 부진하다.

기업의 스트라이크 관련 발언에 대해 열린우리당은 "국민에 대한 협박"이라며 "기업은 돈만 벌 수 있다면 동포들의 삶은 어떠해도 괜찮다는 것이냐"고 비판한다. 그러나 기업은 양질의 상품과 서비스를 상대적으로 값싸게 공급해서 이익을 내려는 조직이지, 손해를 보면서도 애국심으로 활동하는 조직은 아니다. 기업을 국내에 붙들어 두고 싶으면, 또 외국기업을 유치하고 싶으면 그럴 유인을 제공해야한다. 그건 정부의 몫이지 기업을 탓할 일이 아니다.

일자리 창출 열쇠는 기업투자 활성화

올 들어 너도나도 양극화를 들먹인다. 양극화 논의는 이분법적 사고를 유발하게 되고 편 가르기로 이어진다. 편을 가르면 선거에서 어느 쪽이 유리할 수 있을 법하다. 그래서 올해의 지방선거, 내년의 대선에서 정권이 정략적으로 양극화를 쟁점화 할 것이라는 주장이 제기되기도 한다.

양극화든 빈부격차든 이를 해소하는 최선의 방법은 경제성장을 통한 일자리 창출이다. 일자리 창출의 열쇠는 기업투자 활성화다. 기업의 발목을 묶거나 기업을 해외로 내몰면서 세금을 더 거둬, 돈을 더 풀어 양극화를 해소하겠다는 건 옳지도 않고 가능하지도 않다. 군 병력을 30만~40만 명 수준으로 줄여 양극화 해소 재원을 마련하겠다는 발상까지 나오는 건 한심하다.

노무현정부 출범 이래 공무원 숫자만 2만 3000여명 늘었고 각종 위원회를 신설, 위원회공화국을 만드는가 하면, 장·차관급도 22명이나 늘었다. 그런데도 공무원을 더 늘리겠단다. 노 대통령은 연두회견에서 "우리나라의 공공서비스 종사자는 선진국의 60% 수준에 불과하며, '작은 정부' 만 주장할 게 아니라 이 분야에서 안정된 일자리를 많이 만들어서 대국민 서비스 품질과 국민의 삶의 질을 높여나가야 한다"고 했다. 세계적 추세와는 다른 시대착오적인 큰 정부 지향 정책이다. 정부가 초능력을 보여주고 일자리 만드는 주체가 되겠다는 발상이 아닌가.

원칙에 충실했던 김대환 전 노동장관은 정부는 '법과 원칙' 에 따라 노동

정책을 펴야 하며, 노조만 변하지 않고 있다면서 노조도 혁신에 나서야 한다고 강조했다. 신임 이상수 노동장관은 '대화와 타협' 으로 문제를 풀어야 한다고 했다. 대화와 타협은 그럴 듯한 말이다. 대화는 해야 하고 타협하는 자세도 가져야 한다. 하지만 원칙은 타협의 대상이 될 수 없는 것이다.

노 대통령은 일찍이 "노동운동이 설사 불법이라도 폭력적이지 않으면 사회적 세력의 균형화 차원에서 용인"해야한다고 말한 바 있다. 그러니 법과 원칙을 어기는 것쯤은 예삿일이 돼왔던 게 아닌가.

'법과 원칙' 의 노동정책 펴야

독일은 이른바 '독일병' 을 고치고자 국민복지 혜택을 줄여서라도 경제를 활성화해야한다는 개혁운동을 전개하고 있다. 그런가 하면 노조가 앞장서 임금 인상 없이 노동시간을 늘리는 기업도 늘고 있다. 그렇지 않으면 기업은 임금이 싼 다른 나라로 공장을 옮길 것이라는 걸 노조가 알고 있기 때문이다.

우리는 일자리가 없다면서, 경제를 살려야 한다면서 이와 엇갈리는 행동을 하며 세월을 보낸다. 노조 파업에 이어 기업이 스트라이크하겠다고 맞서고, 정치권은 선거와 표만 의식해서 행동하고 경제정책은 갈팡질팡하면 기업도 노동자도 나라 경제도 거덜이나기 십상이다. 그런데도 경제가 활기를 띨 것이라고 기대하란 말인가.

〈문화일보.2006. 2. 13〉

Chapter 06

무능정권이 낳은 불법 폭력시위

"당신들은 시위대가 아니라 폭도다." 전국시위를 주도한 한·미자유무역협정(FTA)저지범국민운동본부(범국본) 홈페이지의 자유게시판에 성난 국민이 올린 글이다. 불법시위대에 대한민국이 폭행을 당했다면서 국민들은 '이 나라에 정부가 있는가'를 묻고 있다. 지난 22일 전국주요도시에서 벌어진 불법·폭력시위사태는 무법천지 그 자체였다. 시위대와 경찰이 시가전을 벌이는 이런 아수라장이 바로 내전(內戰)이지 어떻게 6·25 전쟁을 내전이라 하는가.

한바탕 폭풍이 지나간 뒤 정부는 24일 "불법·폭력에 대해 법과 원칙에 따라 엄벌하겠다"는 담화문을 발표했다. 불법폭력시위가 있을 때마다 강조해왔지만 제대로 처벌한 적이 있었던가. 2005년 11월 폭력이 난무했던 여의도 시위 때 농민 2명이 사망하자 경찰청장을 경질했을 뿐 쇠파이프를 휘두른 시위대의 불법행위에 대해서는 책임을 규명하지도 않았다. 지난 5월

과격했던 평택미군기지 이전반대시위 때, 한명숙 국무총리는 불법시위를 한 시위대와 공권력을 행사한 경찰을 같은 위치에 놓고 "한발씩 물러나야 한다"고 했다. 이때에도 폭력행사에 대한 책임은 묻지 않았다.

'이 나라에 정부가 있는가'

지난 7월 한덕수 부총리는 FTA와 관련, "폭력시위 등 불법행위에 대해서는 엄정한 법적 책임을 묻겠다"는 담화문을 발표했지만 7월 13일 시위대와 경찰 간에 격렬한 몸싸움이 벌어졌고, 8월 노동단체의 시위로 도심이 마비됐지만 정부는 어떤 책임을 물었는지 알 길도 없다. 그래서 이번의 엄벌방침 발표도 엄포에 그칠 것이라는 지적이 나온다.

FTA반대시위대가 미국에서는 법과 질서를 지키고 한국에서는 불법·폭력시위를 한다. 미국은 불법시위를 법에 따라 엄히 다스리고 한국은 제대로 다스리지 않기 때문이 아닌가. '범국본' 측은 오는 29일과 12월 6일에도 집회를 강행하겠다고 한다. 정부가 29일의 집회를 허가하지 않겠다는 방침을 밝혔으나 '범국본' 측은 정부에 맞서겠다는 것이다.

우리가 부동산과 씨름하고 불법시위에 몸살을 앓고 있는 사이에 세상은 어떻게 돌아가고 있는가. 세계인구의 40%를 차지하고 있는 중국과 인도는 미래를 향해 뛰겠다며 손을 잡는다. 론스타는 검찰수사를 이유로 국민은행과 맺었던 외환은행 매각계약을 파기했다. 전후 사정이야 어떻든 론스타가 한국의 반외자(反外資)정서를 비판해왔다는 점에서 외국인투자자들이 론스타 문제를 그렇게 이해할 경우 한국에 대한 투자가 위축될 가능성도 크다. 그렇지 않아도 외국인직접투자는 감소하고 있고 국내기업의 해외투자는 늘고 있다. 외국에서는 한국의 노조파업에 대해 "전쟁을 하는 것 같다"고 하고, 죽을 때까지 파업하는(striking to death)노조라고도 한다. 그런데도 한국은 기업하기 좋은 나라인가.

■ 법과 원칙이 살아있음을 입증해야

국민의 눈에 비치고 있는 경제와 사회, 정치는 모두 빨간 불이다. 그러나 대통령은 "정치·경제·사회 중 어디에도 빨간 불이 켜진 곳이 없다"고 한다. 대통령의 현실인식이 그러하니 제대로 해법이 나오지 않는 것이다. 얼마 전까지만 해도 "이러다가 큰 일 나겠다"고 했던 국민들은 "이제 큰 일 났다"고 여긴다. 정부는 "불법·폭력에 관용 없다"는 말을 되풀이해서는 안 된다. 법과 원칙이 살아있음을 정부가 보여야 하는 것이다. 국법질서를 제대로 세우지 않는 정부는 정부가 아니다.

불법파업을 정당한 권리행사로 치부하는 노조와 거리로 뛰쳐나와 연가투쟁을 벌이는 전교조가 세우고자 하는 나라는 어떤 나라일까. FTA를 왜 불법과 폭력시위로 반대해야하는가. 이런 나라에도 미래가 보장될 수 있는지 묻고 싶다.

진짜 거리로 뛰쳐나와 울분을 토하고 싶은 사람들은 세상살이에 지친 국민들이다. 일반 국민들의 심정을 알기나 하는가.

〈문화일보, 2006.11.28〉

Chapter 07

현대차노조, 협력중소업체를 짓밟지 말라

"나 밥 안 먹겠다"고 생떼를 쓰는 어린애는 더러 있다. 그런 경험을 가진 사람들도 꽤 많을 것이다. 어머니가 생떼를 들어줄 것이라는 기대 때문에 그런 협박(?)을 하는 것이다. 사려 깊은 어머니라면 이런 잘못된 버릇은 당장 고칠 수 있다. 밥 안 먹겠다면 그냥 내버려두면 된다. 이런 생떼는 자기 배만 고플 뿐 남에게 해를 끼치지 않는다.

현대자동차 노조가 성과금 50%를 더 달라며 새해 시무식에서의 사장 폭행에 이어 15일 파업을 벌이더니 17일 노사는 성과금 협상을 타결했다. 여론악화와 과거 노조파업을 둘러싼 2억 원의 검은 돈 뒷거래가 불거져 노사 모두 도덕성 비리에 몰리자 서둘러 협상을 타결한 것이다. 성과금는 안 주고 격려금을 준다는 것이다. 회사측은 '성과 없이 보상 없다'는 원칙을 지켜냈다고 주장하지만 이거야말로 조삼모사이며 눈감고 아웅이다. 협상이 타결됐다지만 이번에도 법과 원칙은 철저히 무너졌다. 회사는 불법파업에 대한 법적 책임은 계속 묻겠다면서 법원에 제기한 노조상대 형사고소와 손해배상청구소송을 취하하지 않을 것이라고 하지만 말 그대로 믿기 어렵다.

현대차 노조는 1987년 설립 후 20년 간 한 해를 빼고 매년 파업을 했다. 파업일수가 무려 336일, 손실 10조원, 생산차질 104만대에 이른 것으로 추정된다. 2006년만 해도 13번의 파업에 1조 6000여 억 원의 생산손실을 끼쳤다. 현대차노조의 이번 파업은 불법인데다 회사에게는 물론 협력업체와 국민경제에 막대한 피해를 주는 것이기에 어린애의 생떼와는 근본적으로 다르다.

생떼 쓰는 노조파업

연못가에서 소년들이 돌을 던지는 건 장난일 수 있다. 하지만 연못의 개구리는 목숨을 위협받는다. 동기와 목적이 어디에 있건 대기업노조의 파업은 협력중소기업의 생존을 위협한다. 중소기업은 납품을 못해 직접적인 손실을 입을 뿐만 아니라 대기업으로부터 납품단가 인하를 강요받는다. 납품단가를 깎아 남기는 돈은 대기업노조의 복지증진에 충당한다. 결국 대기업노동자는 중소기업노동자의 몫을 빼앗는 셈이다.

2004년 6월 한 세미나에서 한국노총위원장이 노·노(勞勞)간 소득격차를 해소하기 위해 H대기업의 사례를 들며 대기업노조가 양보를 해야한다고 했다. 평균 연봉 6000만 원선을 받는 대기업 노동자들이 10%선의 임금 인상과 특별보너스 지급을 요구하며 파업을 벌였을 때였다.

이 기업에 납품하는 1차 하도급중소업체 노동자의 연봉은 2000만원~3000만원, 2·3차 하도급업체 연봉은 1000만 원선이었다. 2년 반 전 사례지만 지금도 사정은 그때와 다르지 않다.

부담은 중소기업에 떠넘겨

대기업노조는 한·미 FTA반대시위를 하고 비정규직 차별해소를 외치지만 중소업체 노동자를 착취하는 구조에는 아무 말이 없다. 오죽하면 중소기업노동자들은 "대기업 파업이 가장 무섭다"고 말하겠는가. "중소협력업체들의 생존권을 빼앗지 말라. 이대로 가면 협력업체는 모두 도산하고 말 것이다." 현대차 협력업체 협의회 회장의 노조를 향한 파업중단 호소다. "또 파업이라니 이젠 아예 공장 문을 닫고 싶은 심정뿐"이라고 목소리를 높이는 중소기업자는 울분에 차 있다.

협상이 타결되고 파업이 끝났다고 해도 지난 연말부터 잔업·특근거부로 이미 등이 터진 새우신세인 중소기업의 상처는 누가 치료해주는가. 현대차 사태로 막대한 손실을 입은 협력중소기업은 월급걱정을 하고 있다.

원화강세(환율하락), 일본 엔화약세로 해외시장에서 현대차는 경쟁관계인 도요타에 비해 가격경쟁력이 급속히 떨어지고 있다. 현대차노사에게 묻고 싶다. 수출환경은 어려워지고 있는데 습관성 파업을 거듭하며 언제까지 버틸 수 있을 것인가. 언제까지 불법파업을 투쟁수단으로 삼을 것이며 법과 원칙을 무시한 협상으로 문제를 풀어갈 것인가. 값싼 외국차가 몰려오는데 국내 소비자들이 언제까지 현대차를 구매해줄 것이라고 믿는가. 현대차 불매운동이 일어날 조짐도 나타나고 있는데 무슨 말을 할 수 있는가. 노조파업으로 월급조차 제대로 줄 형편이 못되는 협력중소업체를 언제까지 인질로 잡을 것인가. 질주해도 힘겨운 판에 역(逆)주행까지 하는 현대차의 앞날이 걱정이다.

〈중소기업뉴스. 2007. 1. 24〉

Chapter 08

소도 비웃을 쇠똥 폭력

미국산 쇠고기 판매가 시작된 지난 7월 13일 대형할인점에 소비자들이 몰려들었다. 대체로 한우의 절반 값, 호주산보다 25% 정도 저렴했기 때문이다. 그런데 일부 농민과 '한·미 FTA저지 범국민운동본부' 회원들이 판매장에 몰려와 쇠고기에 쇠똥을 뿌리고 강압적 분위기를 만들어 "미국산 쇠고기를 판매하지 않겠다"는 각서까지 받아내는 조폭과 같은 테러행위를 자행했다.

2003년 12월 광우병 파동으로 미국산 쇠고기 수입이 중단되자 그 자리를 호주산과 뉴질랜드산 쇠고기가 차지했다. 한국은 쇠고기 값이 세계에서 제일 비싼 나라다. 서민들은 쇠고기를 마음대로 사 먹기 힘들었다. 이제 다시 미국산 쇠고기 등장으로 호주산 쇠고기 값도 덩달아 내리게 돼 소비자의 선택폭도 넓어지게 됐는데 어처구니없는 일이 벌어진 것이다.

누구나 미국산 쇠고기 수입을 반대할 수 있고 FTA도 반대할 수 있다. 하지만 판매장에 들어가 그런 난동을 부릴 수는 없다. 그건 범법(犯法)행위다. 공권력이 제 구실을 하지 않고 있기에 범법행위가 제재를 받지 않고 반복되고 있는 것이다. 격렬한 반대 시위에도 불구하고 미국산 쇠고기에 대한 소비자들의 반응이 뜨거운 것은 품질에 비해 값이 싸기 때문이다. 값싸고 질 좋은 상품을 마다하는 소비자는 없다.

한국의 쇠고기 값은 세계 최고로 비싸

비싸더라도 한우를 사먹겠다는 소비자도 있다. 광우병이 우려돼 미국산을 외면하겠다는 소비자도 있다. 미국산이나 호주산 쇠고기를 사먹을 것인가, 비싸더라도 한우를 사먹을 것인가, 아예 쇠고기를 사먹지 않을 것인가는 소비자가 선택할 문제다. 정치적 목적을 지닌 단체가 나서서 간섭할 일이 아니고 간섭해서도 안 된다. 누구도 소비자 선택의 자유를 빼앗을 수는 없다.

미국산 쇠고기 수입은 한·미 FTA와는 별개문제다. 광우병 파동으로 수입이 중단됐다가 재개됐을 뿐이다. 호주산 쇠고기 수입에 대해서는 아무런 반대를 않다가 미국산은 안 된다고 반대하고 나서거나 한·중 FTA와 한·유럽연합(EU) FTA추진에 대해서 일부 시민단체가 침묵을 지키는 이유는 무엇인가. 미국산 쇠고기 수입판매나 한·미 FTA에 대한 반대는 명분이 어떻든 반미(反美)운동의 일환이기 때문이다.

신토불이(身土不二)는 몸과 땅은 둘이 아니고 하나라서, 한국사람 체질에는 한국 농산물이 제일이란 뜻으로 사용되는 말이다. '우리 것이 좋은 것'이라며 국산품을 애용하자는 의미로도 쓰이는 이 말은 토종, 다시 말해 고유한 우리 것에 대한 집착과 외국 것에 대한 배타적 감정을 증폭시키는데 한몫 했다. 세계 10위권 무역대국으로 도약하고 있는 한국이 신토불이를 말하며 '우리 것'만 강조하는 건 시대착오적이다. 한국농업의 살길은 가격과 품질경쟁력을 높이는 데 있다. 세계화·개방화시대에 국내시장을 막고 버틸 길은 없다. 중국 농산물이 물밀 듯이 들어오고 있고 한국 쌀이 스위스에 이어 미국과 러시아에도 수출되고 있지 않은가.

세계에서 제일 비싼 쇠고기를 먹어야하는 까닭은?

토종이 무엇인가. 토종은 일정한 지역에서 오랫동안 기르거나 자생해온 동식물의 종(種)일 뿐 태초부터 그 지역에서 자생한 것이 아니다. 토종은 새로운 환경에 적응해 진화한 것이다. 밖에서 온 것도 오래되면 우리 것이 되는 것이다. 쌀과 보리도 오래 전 중국에서 왔고, 남미가 원산인 고추도 임진왜란 때 일본을 통해 전래된 것이다. 한우는 한국에서 태어난 소일뿐 거의 대부분 수입사료를 먹고 큰다. 한우와 외국산 특히 미국산 쇠고기는 무엇이 얼마나 다른가도 한번 따져볼 일이다.

미국에서 시민단체가 한국산 자동차를 부수는 일을 벌인다고 가정해보자. 쇠고기에 쇠똥을 뿌려 쇠고기를 못 먹게 하는 일과 자동차를 부수는 일이 다를 바 없지 않은가. 불법행위를 방치하면 한국은 야만국이라는 평가를 받지 않을 수 없다. 한국 소비자는 무슨 까닭으로 세계에서 제일 비싼 쇠고기를 먹고 살아야 하는가.

〈코리아타운 데일리, 2007. 7. 19〉

Chapter 09

미친 건 소가 아니라 사람이다

미국 쇠고기 수입을 둘러싼 광우병 괴담이 끝없이 번져간다. 수입반대 촛불집회도 계속되고 있다. 지난 4월29일 MBC TV의 PD수첩이 과학적으로 검증되지도 않은 내용을 여과없이 사실인 것처럼 포장해 방송한 뒤 광우병 공포가 확산되기 시작했다. 인터넷은 괴담을 부풀렸다. 근거 없는 소문은 퍼졌고 일부 언론은 그 소문을 보도하고 소문은 다시 사실처럼 포장돼 번져나가고 있는 것이다.

'미국 쇠고기를 0.01g만 먹어도 죽는다.' '미국 사람들은 미국산 쇠고기를 먹지 않고 호주산을 수입한다.' '광우병은 공기로 전염된다.' 이런 괴담을 믿고 흥분한 교복 차림의 아이들이 촛불집회장에 나간다. 광우병에 대한 대학생들의 생각을 물어보았더니 방송에 나온 이야기와 괴담을 거의 그대로 믿는 수준이었다. 대학생이 그런데 일반국민들이야 어떠하겠는가.

광우병 파동은 광우병에 대한 일반인의 무지와 정부의 대처능력 부족, 반미(反美)·반정부세력의 개입 등이 빚어낸 결과다. 과학적 전문지식이 없는 일반 국민은 여론에 휩쓸려 합리적 판단을 하기는 어렵다. "미국 소를 먹느니 차라리 독극물인 청산가리를 입안에 털어 넣는 게 낫겠다"는 등 일부 연예인의 발언도 청소년을 오도한다. 국민의 목숨이 위험하다고 목소리를 높이는데 미국산 쇠고기가 안전하다는 정부 당국자의 목소리가 들리겠는가.

괴담에 침몰하는 사회

정부의 잘못된 대응은 문제를 키웠다. 미국 쇠고기 개방 후유증을 예측하지 못하고 안이하게 대처했다. 축산농가 보호대책 마련에도 소홀했다. 결국 대통령이 나서서 "광우병 발생시 즉각 수입 중단"을 발표하기에 이르렀다.

쇠고기수입을 반대하는 이유가 국민의 건강을 지키기 위해서라면 문제는 간단하다. 미국 쇠고기에 광우병 우려가 있는지를 과학적으로 철저히 따지면 된다. 과학적으로 접근하면 합리적인 결론을 도출할 수 있다.

식품에서 100% 안전한 건 없지만 만일의 경우에 대비하는 건 옳고 당연하다. 그런데 우리는 스스로 많은 유해식품을 만들거나 먹고 있으면서, 또한 중국산 식품의 안전성에는 눈감고 있으면서 위험이 거의 없다는 미국산 쇠고기에 대해서만 예민한 반응을 보이는 것은 왜 그런가.

국민건강을 위해서라는 건 명분일 뿐 쇠고기문제는 FTA 비준반대 등을 겨냥한 반미운동의 도구로 변질돼있는 게 엄연한 현실이다. 인간 광우병에 걸릴 확률은 수천만 분의 1이라는 과학자들의 이성적 설명은 설자리가 없다.

쇠고기 수입반대 촛불집회는 2002년 여중생 2명이 미군 전차에 깔려 숨진 사고를 살인사건으로 몰아붙여 정치적으로 이용한 촛불집회를 연상시킨다. 그 때 그 세력들은 재미를 봤다. 이번에도 그런 재미를 보려고 하는 것이다. 조직적 책동이 아니고서야 근거 없는 괴담과 유언비어에 그토록 많은 사람들이 동조할 수는 없는 것이다.

일부 교육현장에서 광우병 불안을 조장하고 학생들에게 촛불집회 참석을 권유한다고 한다. 예컨대 전교조 충북지회 홈페이지에는 '광우병은 미국이 돈을 많이 벌려고 소를 우리에 가둬 아주 비위생적으로 키우다 생긴 병' 이라고 돼 있는 글이 실려 있다. 교사가 진실을 가르치기는커녕 진실을 왜곡하고 선동에 앞장서고 있다면 우리의 미래는 없다.

유언비어에 과학이 설 땅 잃어

유언비어와 선동이 판치면 과학적 진실과 이성은 설자리를 잃는다. 가수 나훈아를 둘러싼 괴 소문 등등 황당무계한 괴담, 유언비어가 떠돌아다니고 있는 게 오늘의 한국 사회다.

정치권은 국민 불안에 편승하는 비겁한 행태를 보이고 일부 방송과 언론도 왜곡된 여론에 편승하려 한다. 소비자단체는 진정으로 해야할 말을 하지 않는다. 학생을 오도하고 반미를 부추기는 세력은 행동반경을 넓힌다. 미친 건 소가 아니라 우리 사회가 아닌가.

〈코리아타운 데일리. 2008.5.9〉

Chapter 10

촛불정국·경제난국 덮친 물류대란

경제의 성장동력은 꺼지고 촛불은 타오르더니 이제 물류대란까지 겹쳤다. 개인 화물차주들의 모임인 화물연대가 13일부터 '물류를 멈춰 세상을 바꾸자' 면서 집단 운송거부(총파업)에 돌입했다. 비회원도 상당수 동조할 것이라고 한다. 원료와 제품 수송에 차질이 생기고 공장 가동이 중단되는 등 경제에 미칠 파장은 상상하기도 두렵다.

게다가 덤프트럭·레미콘 등 운전자들이 가입한 건설노조 건설기계분과도 16일부터 총파업에 나서고 전국버스연합회도 16일부터 버스 운행을 30% 줄이겠다고 한다. 서울 택시업계마저 집단행동을 준비하고 있다.

유럽에서도 트럭노조가 유가 폭등에 항의하는 시위를 하는 걸 보면 우리만 겪는 어려움은 아니다. 비산유국은 모두 고통을 받고 있는 것이다. 정부는 성장 우선에서 물가관리로 경제정책을 선회한다고 했다. 한국이 맞고 있는 상황은 물가를 잡아야 하는 비상시국이기 때문이다. 정부는 또 화물연대

소속 차량의 운송 거부 사태가 전국적으로 확산되면 업무개시 명령을 발동하고 다른 화물차량의 운송을 방해하거나 도로를 막는 불법 행위는 엄단한다는 방침을 세웠다. 제대로 된 대책인지, 또 제대로 시행될 것인지는 두고 볼 일이다.

한국이 직면한 첩첩 비상시국

그동안 성장보다 분배와 복지에 치중하는 사이에 한국경제의 성장동력은 꺼져가고 있었다. 경제를 살리겠다며 들어선 이명박 정부가 제대로 힘을 써 보기도 전에 원유가는 폭등을 거듭했고 국제 원자재 가격은 뛰었다. 물가는 치솟고 있고 더 뛸 조짐이 보인다. 투자는 아직도 저조하고 소비는 침체돼 있다. 수출이 어느 정도 버티고 있지만 세계경제 사정으로 미뤄볼 때 낙관하기 어렵다. 이제 물류까지 막히면 엎친 데 덮친 격이 될 건 뻔하다.

화물연대 등의 어려움은 이해할 수 있다. 하지만 우리가 통제할 수 없는 유가 폭등과 원자재 가격 급등에는 어떻게 대처해야 하는가. 화물연대는 기름값이 뛰면 요금도 올리는, 요금 - 물가 연동제 실시를 요구한다. 그러나 이는 물가 상승의 악순환을 고착시키는 제도다. 물가가 뛰면 요금을 올리고 그러면 다시 물가에 반영되기 때문이다. 물가를 잡기 위해서는 모든 경제주체가 고통을 분담해야한다. 고통을 어떻게 분담할 것인지는 중요한 문제지만 모두 제몫을 챙기겠다면 경제는 망가진다. 고통 분담만이 최선의 길이다. 당장 손해 보는 것 같아도 모두에게 이익을 가져다주는 정답이다.

우리 사회는 온통 쇠고기와 촛불과 물류대란으로 편할 날이 없다. 그러나 문제는 쇠고기도 촛불도 아니다. 문제는 경제다. 유가 폭등으로 어려움을 겪는 사람들을 외면하자는 것도 아니다. 먹고사는 일이 화물연대만의 문제이겠는가. 윽박지른다고 당장 경제가 살아나는 게 아니다. 시간이 필요하다. 기다릴 때는 기다려야 한다.

화물연대는 하루빨리 운송재개에 나서야 한다. 화물연대 측의 요구 사항을 보면 쉽게 풀기 어려운 문제가 많지만 하나씩 합리적으로 풀어가야 한다. 화물 알선 업체들이 운송료의 30~40% 이상을 받아가기 때문에 차주들의 어려움이 크다고 한다. 화물차의 공급 초과 현상도 문제다. 이런 걸 제대로 풀지 못할 까닭이 없다.

경제 각 주체가 고통 분담해야

물가 안정을 위해서는 우선 고통 분담의 국민적 공감대를 형성하고 원가절감 노력을 펼쳐야 한다. 생산성 향상 없이 많이 받으려고 하거나 값을 부풀리는 것도 바로잡아야 한다. 에너지 절약 방안 등을 포함한 물가 안정 장·단기 종합대책이 필요하다.

요금이나 가격 조정에는 때가 있다. 지금은 물가불안 심리부터 잡아야 할 때다. '물류를 멈춰 세상을 바꾸자' 고 하지만 바꾸자는 세상은 어떤 세상인가. 아무 말도 못하고 고달픈 삶을 살고 있는 서민들은 어떻게 하란 말인가. 다시 한 번 우리 모두 고통 분담을 생각해 보자.

〈문화일보, 2008. 6.14〉

Chapter 11

'갈 길' 외면하는 KBS와 MBC

KBS 정연주 사장이 해임됐다. MBC는 'PD수첩'의 광우병 왜곡보도에 대해 사과방송을 했다. KBS 사장의 해임과 MBC의 사과방송으로 그동안 제기됐던 문제가 해소된 것인가.

정연주 전 사장은 해임되자 해임처분 집행정지 신청을 제기했다. 이 신청이 받아들여질지 여부는 곧 결정될 것이지만 이 문제가 법원의 판단에 맡겨진 것 자체가 안타깝다. 정 전사장은 자신의 해임은 이명박 정권의 언론장악 음모라고 했고 야권에서도 같은 주장을 했다. 언론장악의 위력을 실감했던 그들이라서 그런 우려를 하는 것 아닐까.

정연주 전 사장이 방송의 독립성과 언론자유를 위해 싸운다고? 그는 2003년 4월 노무현 정권에서 발탁돼 언론을 장악하고 공영방송의 공정성을 훼손한 책임에서 자유로울 수 없는 인물이다.

정 전사장의 전임 박권상 사장은 정권교체도 아니고 정권연장이었는데도 노무현 대통령의 뜻을 미리 읽어서 그랬는지 노무현 대통령이 취임하기 전 임기를 1년 앞두고 스스로 물러나겠다는 뜻을 밝히고 물러났다. 임기보장을 따지는 사람과 대비되는 판이한 처신이었다.

사과방송만으로 제기됐던 문제 해소되지 않아

지명관 전 KBS 이사장은 최근 동아일보와의 인터뷰에서 "정연주 KBS 사장이 물러나지 않으려고 하는 이유는 공영방송을 특정 정치세력의 근거지로 사유화하기 위한 것"이라고 했다. 굳이 말하지 않아도 다 아는 이야기다.

KBS는 거듭나야한다. 그 길은 정치적으로 중립적이고 왜곡·편파가 없는 공정성을 갖춘, 어떤 정권에도 편향되지 않는 방송을 하는 것이다. 공영방송이 정권의 나팔수 역할을 하고 정권이 바뀔 때마다 사장 자리를 놓고 시비를 벌인다면 방송사도 정권도 불행한 일이 아닌가.

공정보도와 거리가 멀기는 MBC도 KBS와 다를 바 없다. MBC는 '미국산 쇠고기, 광우병에서 안전한가' 라는 'PD수첩' 을 방송, 온 나라를 광우병 공포로 몰아넣고 촛불시위를 촉발시켰다. 그러고서도 '잘못을 인정하거나 사과를 하면 안 된다면서 최대한 시간을 끌자' 는 내부방침까지 정해놓고 버텨오다가 방송통신위원회의 제재결정에 따라 타율적이고 기계적인 사과방송을 했다. 4월 29일 왜곡허위방송을 한지 106일 만인 8월 12일의 일이다. 방송이 끼친 해악에 비하면 턱없이 부족한 건 말할 것도 없다. 엉터리 왜곡방송을 한 MBC에 대해 아무런 제재를 가하지 않고 촛불집회가 번져가는 걸 방관했던 정부의 무대책과 무능함도 지적하지 않을 수 없다.

MBC는 사과방송으로 그칠 일이 아니다. 잘못을 밝히는 프로그램을 만들어 속죄하는 방송을 해야 한다. MBC는 뉴스보도는 물론 여러 프로그램에서 광우병 공포를 부풀려 시청자 머릿속에 '미국소=광우병' 이라는 인식을 심는데 많은 시간을 할애했고 "쇠고기 문제로 학생이 거리로 뛰쳐나와 정부를 질타하고 있다"며 자신들의 왜곡보도의 정당성을 확인하고 싶어 하는 작태도 서슴지 않았다.

KBS와 MBC 모두 야간 불법시위를 평화적, 자발적 시위라고 옹호하며 불법 폭력시위에는 눈감고 경찰이 시위대에 유린당하는 장면은 피하면서 불법시위를 진압하는 경찰의 대응을 과잉진압으로 부각시키려했다.

세상을 보는 눈은 사람에 따라 다르기 때문에 어떤 게 공정하고 객관적인 방송인가를 판단하기는 쉽지 않다. 하지만 공영방송이 편향되고 왜곡된 방송을 함으로써 지난 정권의 나팔수 역할을 해왔고 정권이 교체된 후에도 그런 방송을 계속해서 국민을 오도해왔다는 게 많은 국민들의 시각이다. 광우병 보도와 촛불시위에 대한 보도만 보아도 그렇지 않은가.

방송은 정권이나 어느 특정집단의 것이 아닌 국민의 것

우리 사회가 바라는 것은 공정한 방송이다. 공영방송이 정권은 물론 어느 특정 집단이나 정파의 이익을 대변해서는 안 되고 정권이 방송장악을 시도해서도 안 된다. 대한민국은 집권여당의 나라도 야당의 나라도 아니다.

정권은 선거결과에 따라 언제든지 바뀔 수 있다. 정권이 어떻게 바뀌든 우리사회가 공정한 공영방송을 가질 때 우리는 한 걸음 앞으로 나아갈 수 있을 것이다. 우리는 이제 그런 방송을 가질 때가 됐다.

〈코리아타운 데일리, 2008.8.19〉

Chapter 12

좌시해선 안 될 사이버 폭력

유명연예인 최진실씨 자살 원인의 하나가 인터넷 루머라고 알려져 있다. 그까짓 악플(악성 댓글)에 자살까지 할 리가 있을까 하고 고개를 갸웃거리는 사람도 있을지 모른다. 하지만 당해보지 않은 사람은 상상하기 어려운 상황을 어떻게 알겠는가.

많은 연예인들이 사이버 테러에 시달려 자살했거나 지금도 시달리고 있다고 한다. 연예인뿐만 아니라 보통 사람과 기업들까지 악플 테러를 당하고 있는 게 현실이다.

필자에게도 신문에 칼럼을 쓰면서 당한 아픈 기억이 수없이 많다. 동의하거나 격려하는 댓글도 많았지만 입에 담지 못할 욕설부터 쏟아 놓는 경우를 많이 경험했다. 어떤 문제든 시각을 달리하면 주장은 다를 수 있다. 반론을 펴는 건 좋은 일이고 또 당연하지만 악플은 그게 아니다. 무조건 인신공격부터 한다.

주5일 근무제 도입을 둘러싼 논란이 있었을 때다. 근로시간 단축을 위해서 더 열심히 일해야 하고, 경제와 기업의 사정을 고려함이 없이 정부가 노동시간 줄이는 데 앞장서서 서둘 일은 아니라고 했더니, "돈 얼마 받고 기업 앞잡이 하느냐. 노동자 노는 일이 그렇게 배 아프냐. 너 죽이겠다"는 등 대꾸할 방법도, 가치도 없는 폭언과 인신공격을 받았다.

저질스런 악플 테러

미국 서부극에서 악당들이 싸울 때도 뒤에서는 총을 쏘지 않는다. 남의 불행을 기뻐하는 심리는 인간본성일까. 골프는 자신과의 싸움이라고 하지만 내기할 때는 상대의 실수가 곧 나의 이익으로 돌아오기 때문에 '남의 불행은 곧 나의 행복' 이라고 흔히들 말한다. 샤덴프로이데(Schadenfreude)라는 심리학 용어는 '피해' 와 '기쁨' 을 뜻하는 단어가 합성된 것으로 남의 불행을 속으로 기뻐하는 심리를 말해준다.

악플과 악성루머를 만들고 유포하는 사람들의 심리는 어떤 것인가. 정신의학자는 이를 '불만의 배설' 과 '가학성' 으로 설명한다. 이러한 심리를 느끼고 남을 헐뜯는 건 어쩌면 인간의 본성인지 모른다. 가학성은 남을 학대함으로써 쾌감을 느끼는 병적인 특성이다.

최진실씨의 자살을 계기로 악성 댓글 등 사이버 폭력을 처벌하는 이른바 '최진실 법' 제정을 둘러싸고 정치권이 공방을 벌이고 있다. 한나라당은 '개인의 인권보호', 민주당은 '표현의 자유' 라는 명분을 앞세우고 있지만 그 배경엔 정치적 계산이 깔려있다.

한나라당은 인터넷상의 명예훼손을 방지해야한다고 하고 민주당은 촛불시위의 주역으로 꼽히는 네티즌의 힘을 꺾기 위한 '반(反)촛불법안' 이라며 반대한다. 하지만 이 문제는 정치적 계산으로 접근할 게 아니다. 여야가 서로 머리를 맞대고 논의해야한다. 사이버 폭력을 그대로 둘 수는 없기 때문이다.

한국의 인터넷 이용자는 전체 인구의 77%, 초고속인터넷 가입률은 전 가구의 70%로 세계 1위를 차지하고 있다. 하지만 이런 악성 댓글과 루머가 난무하는데 인터넷 강국이라고 자랑할 수 없다.

터무니없이 남을 비난하고 욕하며 자신의 욕구를 발산하는 것을 표현의 자유라며 감쌀 일인가. 옛날 우리 조상들은 목숨을 던지면서도 할 말을 하고 당당히 반론을 폈다. 그런 기개는 어디로 가고 얼굴 감추고 숨어서 치졸한 언어폭력을 행사하고 있는 것인가.

사이버 폭력 응징대책 마련해야

인터넷 악플은 연예인들을 죽음으로 몰고 가는 데 그치는 것이 아니라 광우병 괴담에서 보듯 왜곡된 정보를 퍼뜨리며 국가 전체를 흔든다. 중국 쓰촨성 대지진 때 "중국이 천벌을 받았다"고 철없는 네티즌이 악플을 달았다. 이게 중국인들에게 전해져 중국에서 반한(反韓) 감정을 불러일으키는 데 한 몫을 했다.

이런 어처구니없는 짓을 그냥 보고만 있을 수는 없다. 어떤 방법으로든 사이버 폭력은 규제되고 응징돼야한다. 개인의 품위는 물론 국가의 품격을 한 단계 높이기 위해서도 네티즌의 이성과 자각에 기대하고 있을 수만은 없다. 민주국가의 시민은 자기 언동에 책임을 져야하고 또 국가와 사회는 책임을 물어야 마땅하다.

〈코리아타운 데일리. 2008.10.7〉

Chapter 13

미국 쇠고기와 중국 멜라민 무엇이 얼마나 다른가

미국 쇠고기 파동과 중국 멜라민 사태는 우리에게 많은 것을 생각하게 한다. 먹고살 형편이 나아진 오늘날 해로운 식품이 많아지고 있는 건 무엇 때문인가. 그동안 인체에 해로운 줄 모르고 먹었던 식품이 유해한 것으로 밝혀지거나 환경오염 탓으로 유해식품이 되는 경우도 있을 것이다. 더 큰 문제는 고의적으로 유해식품을 만드는 경우다.

미국 쇠고기 광우병 파동은 한국사회를 큰 혼란에 빠뜨렸다. 미국 쇠고기 먹으면 인간 광우병에 걸린다고 확신한 청소년들까지 거리에 나서서 "나는 죽기 싫다"며 촛불 들고 외쳤다. 괴담 수준에서 출발한 것을 크게 발전시키는데 공영방송이 부채질했다. 참으로 어이없는 일이었다. 유모차에 어린애를 태우고 시위에 동참하는 모습도 보였다.

중국산 분유와 과자 등 식품에 인체에 해로운 멜라민이 함유됐다는 사실이 밝혀졌는데도 시위는 없었고 촛불도 켜지지 않았다. 더욱이 멜라민 함유

우유와 과자는 어린이가 먹는 것인데 유모차 시위부대도 보이지 않았다.

같은 먹거리 문제를 두고 한국사회의 대응이 이렇게 달랐다. 김창준 전 미국 연방하원의원은 “미국산 쇠고기 수입을 반대한다면서 촛불시위를 벌였는데 중국 멜라민에 대해선 왜 조용한지 모르겠다”고 했다.

미국 쇠고기에는 반발하고 중국 멜라민에는 입 다문 한국사회

이런 질문을 던진 사람은 김 전 의원 아니고도 수없이 많다. 그 이유를 몰라서가 아니라 알면서 묻는 것이다. 멜라민 사태에도 촛불시위를 해야한다고 주장하는 사람이 있는지 모른다. 그러나 그래서는 안 된다. 시위로 풀 문제가 아닐 뿐 아니라 쇠고기 촛불시위가 잘못이었는데 그런 잘못을 반복해서는 안 되기 때문이다.

먹거리 문제가 중요하면 그럴수록 수입 식품의 검사와 관리를 철저히 하고 우리 스스로도 유해식품을 만들고 판매하는 일에 철퇴를 가해야한다. 문제의 본질은 어떻게 하면 유해 식품에서 국민의 건강을 지킬 수 있을 것인가에 있다.

중국으로부터 수입하는 불량 농수산물로 인해 사회적 물의를 일으킨 사례는 많다. 원산지 표시를 철저히 하면 문제를 해결할 수 있는 건 아니다. 국내에서 파는 수입 농수산물이 국산으로 둔갑하지 않는가. 중국에도 고급제품은 많은데 무조건 싼 것을 찾는 우리도 반성할 점이 있다.

2002년 여중생 두 명이 미군 장갑차에 치어 사망한 사건을 두고 미군이 살인을 했다며 촛불시위를 벌였다. 한국 수역에서 불법으로 조업한 중국 어선을 검문하던 해양경찰관이 살해되는 사건이 터졌는데도 한국은 조용했다. 불을 밝힐 초가 없어서는 아닐 것이다.

교통사고사망과 살인사건, 쇠고기 파동과 멜라민 사태는 한국과 미국, 한국과 중국 사이에 얽혀있는 문제다. 거의 비슷한 문제인데도 한국사회의 대응이 이렇게 판이하다. 반중(反中)은 안 되는 것이고 반미(反美)를 외치는 것은 자주와 애국이란 것인가. 국익에 도움이 된다면 반중이든 반미든 못할 게 없지만 말이다.

반미(反美) 외치는 게 애국일 수 없다

지금 세계경제를 덮치고 있는 금융위기 해결도 국가 간 협조가 필수적이듯이 경제는 물론 안보·국방·환경문제 등 거의 모든 문제도 국가 간 협력이 필수적이다. 국가 간 이해가 상충되는 문제도 많고 국민의 감정을 상하게 하는 문제도 숱하게 생긴다. 그럴수록 냉정해야하고 국익을 앞세우는 지혜가 필요하다. 한국의 현 상황에서 우리의 안보를 지키는데 누가 우리의 우호국인가도 생각해야한다.

누가 자주를 부르짖는 걸 탓하랴. 문제는 그걸 부르짖는다고 자주가 확보되는 것은 아니라는 사실이다. 나라를 일본에 빼앗긴 것이나, 정부 수립 후 6·25 남침을 당한 것은 세계정세가 어떻게 돌아가는 줄 모르고 우물 안에서 시비만 벌인 결과가 아닌가. 무식하면 용감하다는 말이 있지만 우리가 그런 핀잔을 받아서는 안 된다.

문제없는 시대나 사회는 없다. 문제를 풀어 가는 것이 발전이다. 우리에게 닥치는 문제를 어떻게 현명하게 풀어 가느냐. 우리의 과제다.

〈코리아타운 데일리. 2008-10-16〉

Chapter 14

파업과 농성으로 일자리 지킬 수 없다

자주 싸우는 부부가 있었다. 이웃집 아주머니가 그렇게 싸우면서 왜 함께 사느냐고 물었더니 그 부인의 대답은 잘 살아보려고 싸운다는 것이었다. 헤어지려면 사실 싸울 필요가 없는 것이다. 잘 살아보기 위한 싸움에는 최소한 지켜야할 선이 있다.

쌍용자동차 노조의 불법파업은 넘어서는 안 될 선을 넘었다. 지난 5월 22일부터 시작된 공장 불법 점거 농성사태는 77일 만에 막을 내렸지만 그건 전쟁이나 다름없었다. 노조원들은 화염병과 볼트 새총 등 사제 무기류를 동원해 직원들과 경찰을 공격했고 공장에 불을 지르기도 하며 무법천지를 연출했다.

생산차질(자동차 1만 4590대)로 입은 손실액 3160억 원은 그렇다 치고, 부상자 300여명, 영업망 붕괴, 일부 협력업체 파산, 쌍용차 브랜드 이미지 손상, 직원들 상호간 불신 등 돈으로 환산할 수 없는 폐해와 상처는 엄청나다.

쌍용차는 경영난으로 이미 지난 2월부터 법정관리에 들어가 있는 상태다. 파업을 끝냈다고 문제가 풀린 게 아니다. 영업망 붕괴와 소비자 신뢰상실을 고려하면 자동차를 생산한다고 잘 팔릴까. 생산성을 획기적으로 높이고 비용을 획기적으로 줄일 수 있는 묘책이 있는가.

넘어서는 안 될 선을 넘은 노조의 불법파업

자동차시장처럼 경쟁이 뜨거운 곳도 없다. 좋은 제품과 서비스를 상대적으로 값싸게 제공해 소비자들을 만족시키지 않으면 기업은 살아남지 못한다. 구조조정은 살아남기 위한 불가피한 몸부림인데 그걸 거부하는 건 죽겠다는 것과 같은 억지다. 일자리는 파업과 농성으로 지킬 수 있는 게 아니다.

쌍용자동차가 생존하려면 운영·개발자금을 차질 없이 조달하고 영업이익을 낼 수 있어야한다. 채권단이 쌍용차 회생방안에 동의하고 자금을 지원할 것인지 알 수 없다. 정부의 공적자금 지원도 기대하기 어렵다. 기업구조조정에 정부가 직접 개입하는 것은 옳지 않고 국민이 납득하지도 않을 것이다. 제3자 매각도 쉽지 않을 것이다.

폭력시위, 노사분규, 난장판 정치 등은 한국경제를 어렵게 하는 요인인데 쌍용차 사태는 이런 요인이 모두 작용했다. 노동운동이 불법과 폭력으로 치닫는 요인의 하나는 정치권이 불법행동을 비호하기 때문이다. 쌍용차 사태에 대해 "불법 과잉 폭력진압을 한 경찰에 대해서는 반드시 책임을 묻겠다"고 한 민주당 김유정 대변인의 논평에서 불법파업에 대한 인식이 어떤가를 확인할 수 있다.

일부 언론매체는 스포츠 경기 중계하듯 불법점거현장을 보여주며 불법농성자들의 편을 들기까지 한다. 사실을 객관적으로 파악하려 하지 않는다.

공권력은 약자인 노동자를 괴롭힌다는 식이다. 법치 무너지는 걸 애써 외면하며 민주주의를 들먹인다.

오죽하면 '쌍용자동차를 사랑하는 아내 모임' 회원 20여 명이 쌍용차 정문 앞에 천막을 치고 농성 중이던 민노당 대표 강기갑 의원에게 "제발 국회로 돌아가 달라"고 했을까. 농성장에서 나온 쌍용차 노동자들은 "8월 말까지 버티면 공적자금이 투입돼 정리해고 안 하고 무급휴직 쪽으로 갈 것"이라는 민노총 산하 금속노조 위원장의 말에 기대를 걸었지만 결국 속았다고 했다. 정치권도 노동단체도 노조의 강성투쟁을 부추겼지만 그들이 무슨 책임을 지는가.

법과 질서 무너진 사회는 퇴보하기 마련이다

세계 어디를 돌아봐도 한국처럼 역동적인 나라는 없다. 그 역동성을 제대로 살린다면 경제난 극복은 물론 선진사회로 진입하지 못할 까닭이 없다. 우선 노사문제를 정치적으로 해결하려는 작태부터 바로 잡아야한다. 쌍용차 살리기에 앞서 한국의 법치(法治)부터 살려야한다.

한국의 잘못된 노동운동을 바로잡아야한다고 아무리 외친들 법과 질서를 지키지 않으면 아무 소용이 없다. 숱한 불법시위와 파업을 겪으며 이런 다짐을 수없이 하지 않았던가.

〈코리아타운 데일리, 2009.8.11〉

Chapter 15

배추 값과 도롱뇽

최근 배추 값이 폭등했다가 폭락세로 바뀌었다. 월동배추가 나오는 12월이면 배추 값은 더 떨어질 것이라는 예상이다. 한때 효자 노릇을 하던 중국산 배추는 골칫덩이가 됐다.

기후 이변으로 생산이 격감되면 값은 폭등하고 공급물량이 많아지면 폭락하게 돼있다. 기상 이변을 통제할 수 없다면 이런 농산물 파동은 언제든지 되풀이 될 수 있는 것이다.

배추 값이 뛰자 일부 야당 정치인과 시민단체들은 "4대강 사업으로 채소 재배 면적이 준 탓"이라며 배추 파동을 4대강과 연관시켰다. 4대강 둔치에서 재배되는 배추 재배 면적은 전체의 0.3%에 불과한데도 억지를 부린 것이다. 배추 값이 폭락하자 그들은 아무 말이 없다.

4대강 사업은 홍수방지와 수자원 보존을 위해 강바닥을 준설하고 강의 담수 능력을 키우기 위해 보(洑)를 건설하는 사업이다. 사업 반대론자들은 강바닥을 준설하면 강바닥에 쌓여있던 오염물질이 강물을 오염시킨다고 주장한다.

강바닥을 준설해서 오염물질을 파내면 일시적으로 그런 현상이 나타날 수 있지만 그건 강을 오염시키는 것이 아니라 오염물질을 걷어내는 일이다. 지하철 건설공사를 하는 경우 도로를 파헤치면 교통에 엄청난 불편을 겪지만 일시적인 불편을 못 참고 공사를 중단해야한다고 주장하지 않는다.

배추값 뛴 게 4대강 때문이라는 억지

경부고속철 천성산 터널이 드디어 1일 개통됐다. 천성산 터널 하면 도롱뇽과 지율이라는 스님을 떠올리지 않을 수 없다. 2003년 단식투쟁을 한 지율 스님과 일부 환경단체의 천성산 터널 공사 반대는 세상을 시끄럽게 만들었다.

터널 공사를 하면 산 위에 있는 늪의 물이 빠져 도롱뇽이 죽고 자연이 훼손된다고 주장, 동물을 원고로 한 그 유명한 '도롱뇽 소송'을 제기했고 2006년 공사를 계속해도 좋다는 대법원 판결이 날 때까지 소송이 진행됐다. 천성산 공사는 중단과 재개를 반복했고 공사지연과 공사비 증가로 국가적 손실은 엄청났다.

그런데 환경운동꾼들의 기대와는 달리 지난 봄 "천성산 늪지에 도롱뇽이 너무 많아 수를 다 헤아릴 수 없었다"는 보고서가 나왔다. 환경운동꾼들의 기대와 달리 도롱뇽은 죽지 않고 살아있었다는 것이다. 이제 그들은 무슨 말이든 해야한다.

개발이라는 이름으로 자연에 손길을 가하면 부분적으로 환경에 부담을 줄 수 있다. 비록 부분적으로 환경에 부담을 준다고 해도 더 큰 국가적 이익이 발생한다면 작은 희생은 참아내야 한다. 인류문명의 발달은 자연을 인간 생활에 도움이 되는 방향으로 개발해온 결과가 아닌가.

국가정책에 찬반이 따르게 마련이다. 그런데 반대론자들은 정책의 옳고 그름을 따지기는커녕 보고 싶은 것만 보고 주장하고 싶은 것만 주장한다. 과학적 접근이나 경제적 타당성 분석은 외면한다.

도롱뇽 살리자고 반대운동을 했을까. 정부 정책에 반대하기 위한 구실로 도롱뇽을 끌어들인 것이다. 4대강 사업 반대나 광우병을 구실로 미국 산 쇠고기 수입을 반대한 것도 같은 맥락이다. 광우병도 도롱뇽도 정부정책에 반대하기 위해 이용한 수단이었던 것이다.

죽는다던 도롱뇽은 멀쩡하게 살아있어

국책사업에 찬반이 있게 마련이고 정책의 옳고 그름은 따져야한다. 또한 사업을 추진하면서 국민적 합의를 도출하는 일을 소홀히 했다든가 추진방법의 문제점은 시비대상이 될 수 있다. 하지만 4대강 사업을 천성산 터널 논란처럼 극단적으로 몰고 가서 국민의 혈세를 낭비하는 일은 없어야한다.

환경을 보호하는 걸 누가 반대하는가. 자연과 환경은 소중한 자원이지만 그 존재 자체로만 소중한 것이 아니다. 자연과 인간과의 상생방안을 찾는 것이 환경보호다. 자연과 환경을 죽이면 사람도 살 수 없는 것이기에 환경을 살리고 사람도 살리는 게 개발이지 개발을 막는 것이 환경보호는 아니다. 그런데도 이런 문제가 정쟁(政爭)의 대상이 되고 있는 게 안타깝다.

〈코리아타운 데일리. 2010.11.2〉

Chapter 16

스님과 신부님 그리고 4대강

정부와 종교계가 갈등을 빚고 있다. 종교 간에도, 같은 종교 안에서도 갈등이 끊이지 않는다. 갈라진 마음을 한곳으로 모으고 상처를 어루만지고 화합을 도모해야할 종교가 사회에 불안과 부담을 준다면 이건 아이러니다.

대한불교 조계종이 국회를 통과한 새해예산안에 불교 문화지원예산인 템플스테이 예산이 지난해보다 삭감된 데에 대해 불만을 드러내며 정부·여당 인사들의 사찰 출입을 거부한다고 했다. 정부의 4대강 사업도 반대한다고 했다. 예산 때문이 아니라고 했지만 그게 발단이 된 건 숨길 수 없다. 모든 걸 포용한다는 불교가 사찰출입 금지를 이야기한 것은 지극히 비(非)불교적이다. 만일 스님의 속세출입을 금지한다고 해보자. 말이 되는 소리일까.

이명박 정부와 불교계의 갈등은 2008년 8월 '헌법파괴 종교차별 이명박 정부 규탄 범불교도대회'를 연데서 비롯됐다. 올해 초에도 봉은사 직영사찰 문제가 정치권에 의한 외압설이라는 주장이 제기돼 한 바탕 홍역을 치르기도 했다.

최근 일부 개신교 신도들이 서울 강남의 봉은사에 들어가 "서울 한복판에 이렇게 우상숭배를 하는 곳이 있다는 사실이 놀랍다. 이곳이 하나님의 땅이라는 것을 선포하겠다"고 한 발언이 담긴 동영상이 공개돼 말썽을 빚었다. 이른 바 봉은사 '땅 밟기'다. 그런 행위를 복음 전파로 착각한, 있을 수 없는 일부 개신교 맹신자들의 일탈행위였다. 스님들이 교회에 단체로 들어가 예불을 드린다면 어떻게 될 것인가.

갈등 일으키는 정부와 종교계

정부의 4대강 사업에 반대해오던 정의사회구현사제단 천주교 신부들이 "4대강 개발이 좋은지 나쁜지 미리 말하기 어렵다"고 한 정진석 추기경을 공개적으로 공박하고 나섰다. "진리를 차단하고 자유가 없는 북한에 대해 비관적"이라고 한 정진석 추기경의 발언에 대해 추기경을 골수 반공주의자라고 공격하며 "이렇게 노골적으로 정부를 편드시는 남모르는 고충이라도 있는 것인지 여쭙고 싶다"며 추기경 발언을 궤변이라고 했다.

천주교 신자인 이회창 자유선진당 대표는 "북한에 가서 정의 구현하고 순교하라. 사제이면 사제답게 행동하라"고 정의구현사제단을 강하게 비판했다. 북한을 감싸는 것이 정의이며 그렇게 하는 남모르는 고충이라도 있는 것인지, 또한 4대강 사업을 반대하는 것이 정의인가를 사제단에게 묻지 않을 수 없다. 사제단의 행동 때문에 천주교인임을 후회하는 사람들도 있다는 걸 사제단은 아는지.

스님들과 신부들이 조직의 이름으로 왜 4대강 사업에 반대하는가. 4대강 사업을 찬성하라는 이야기가 아니다. 종교의 이름으로, 신앙의 문제로 접근할 일이 아니라는 것이다. 스님들과 신부님들이 하는 일과 4대강 개발은 어떤 관계가 있는 것인가. 그들이 왜 국토개발정책에 큰 관심을 보이는가. 부처님의 뜻인가 하느님의 뜻인가. 이것이 궁금하다.

생태학자나 토목기술자 등 전문가들이 다루고 판단할 문제를 신앙의 이름으로 독점하겠다고 고집을 부려서는 안 되는 일 아닌가. 천주교 신자라고 해도 허울 뿐 천주교에 대해 아는 게 거의 없어 신부님들의 깊은 속마음을 헤아릴 길은 없다.

▪ 종교의 이름으로 전문적 정책적 문제 재단하면 안 돼

단지 내가 말하고자 하는 것은 종교의 이름으로 4대강 사업과 같은 전문적이고 정책적인 문제를 재단해서는 안 된다는 것이다. 종교의 영역, 신앙의 영역을 넘어서는 행동을 하지 말자는 것이다. 일반인들이 평범한 세속적인 시각으로 종교에 대해 간섭한다면 어떻게 대응하겠는가를 한번 생각해 보라.

일반 서민들은 하루를 사는 게 아니라 하루를 견디는 삶을 산다. 세파에 시달린다는 말이다. 이런 서민들의 삶에 위안을 주는 성직자들을 기대하고 싶다. 그들을 통해 부처의 말씀, 하느님의 말씀을 듣고 싶은 것이다.

〈코리아타운 데일리, 2010.12.23〉

Chapter 17

정치와 종교, 종교와 종교 그리고 성(聖)과 속(俗)

정치와 종교 이야기는 아무리 가까운 사이라도 하지 말라고 했다. 우리의 삶에 큰 영향을 미치는 것인데도 이야기를 하지 말라는 건 서로 생각과 주장이 달라 결국 감정만 나빠지게 되기 때문이라는 것이다.

인도의 성자 간디는 나라가 망할 때 나타나는 징조로 원칙 없는 정치와 희생 없는 종교 등을 들었다. 정치가 바로 서고 종교가 세상을 밝혀 희망을 준다면 더 이상 바랄 게 없을 것이다.

2011년 3월 3일 국가조찬기도회에서 이명박 대통령이 무릎을 꿇고 기도하는 모습이 비쳐져 논란이 일었다. 개신교 신자로서 무릎 꿇고 기도하는 건 예삿일일 것이다. 그러나 대통령은 어느 종파의 신자이기에 앞서 나라를 대표하는 대통령이다. 그런 대통령의 무릎을 꿇게 한 목사의 오만을 탓하는 소리가 높았다. 불교계는 대통령 무릎 꿇기가 목사에 의해 진행된 기도라면 사찰에 와서 "108배도 할거냐"고 물었는가 하면 불교 청년단체가 '카노사의 굴욕'을 연상케 한다고 비판했다.

'카노사의 굴욕'(Humiliation at Canossa)은 1077년 1월 추운 겨울날 신성로마제국 황제 하인리히 4세가 자신을 파문한 교황 그레고리우스 7세를 만나기 위해 이탈리아 북부의 카노사 성으로 가서 무릎을 꿇고 관용을 구한 사건이다.

원칙 없는 정치와 희생 없는 종교는 망국의 징조

템플 스테이 예산 때문에 불교계와 정부·여당의 갈등이 빚어졌다. 어떤 목사는 수쿠크(이슬람채권)법을 통과시키면 대통령 하야 운동을 벌이겠다고 겁박하기도 했다. 일부 천주교 신부들은 4대강 사업에 대해 반대운동을 벌였다. 일부 사찰에 개신교 신자들이 들어가 하나님의 나라임을 선포하는 이른바 '땅 밟기'를 자행하기도 했다. 대구 팔공산역사문화공원 조성과 KTX 울산역의 '통도사' 병기(倂記) 등을 둘러싸고 그 지역 개신교계와 불교계가 대립하는 등 주요 종교들의 마찰이 표면화되기도 했다. 정치와 종교, 종교와 종교 간의 갈등이 빚어지는 건 예삿일이 아니다.

영적 순수성은 찾아보기 어렵고 지극히 세속적이고 현세적인 일에 매달리는, 다시 말해 성(聖)과 속(俗)이 뒤섞이는 행태는 보기에 민망하다. 종교적 명분을 앞세워 비종교적 일탈행위를 하는 종교인들은 극히 일부에 불과하다. 하지만 이들 때문에 양식 있는 신앙인들의 건강한 목소리가 매도당하는 일이 있을까 두려운 것이다.

종교가 세력화되고 권력화 되어서는 안 된다. 종교가 명예욕과 권력욕, 물욕 등을 신앙으로 포장해 정당화해서는 안 된다. 중세교회는 권력과 부를 쥔 뒤 타락하지 않았던가.

불교 1200만 명, 개신교 900만 명, 천주교 500만 명 등 전체 인구의 절반 이상이 종교를 갖고 있는 나라에서 종교 간 갈등의 심화는 심각한 사회분열을 가져올 수 있다. 전철에서 모르는 사람에게 선교한다면서 느닷없이 "교회 다녀오셨죠?"라고 묻는 사람도 있다. 그에게 어떤 답을 해야 하는가.

천주교 일부 신부들의 모임인 정의구현사제단은 정의롭지 못한 행동을 보인 적이 한두 번이 아니다. 4대강 사업은 하느님의 창조질서를 거스르기 때문에 반대한다고 주장했다. 경기도 광주군 퇴촌면 천진암에는 산자락을 파헤쳐 백년성당을 짓고 있다. 이것은 하느님의 창조질서를 거스르는 것인가, 순응하는 것인가. 산은 파헤쳐도 괜찮고 강은 파헤치면 안 된다고 할 수 있는 것인가.

하늘의 일과 땅의 일은 다른 것

4대강 사업은 하늘의 일이 아니라 땅의 일인데도 일부 신부들은 하늘의 뜻을 내세워 반대한다. 누구나 소신 또는 전문성을 내세워 4대강 사업을 반대하거나 찬성할 수 있다. 그러나 신앙의 문제도 아닌 국책사업을 두고 종교의 이름을 빌려 시비하는 건 옳지 않다.

종교의 역할과 중요성은 아무리 강조해도 지나침이 없다. 세상을 걱정하며 아픈 사람들의 마음을 달래주고 서로의 상처를 보듬어주면서 화합을 주도하는 종교의 역할을 누가 헐뜯을 수 있는가. 그러나 광우병 촛불집회, 천성산 터널, 4대강 사업은 물론 제주 강정마을 해군기지 현장에도 종교가 개입돼 있는 건 무지 탓인지 몰라도 이해하기 어렵다. 종교가 세상을 걱정하는 게 아니라 세상이 종교 걱정을 하고 있는 게 오늘의 한국사회다. 종교가 설 자리가 어디이며 세속이 할 일이 무엇인가를 따져보지 않을 수 없다. 〈2011.12〉

제7부 돈과 행복 그리고 삶의 여러 모습을 본다

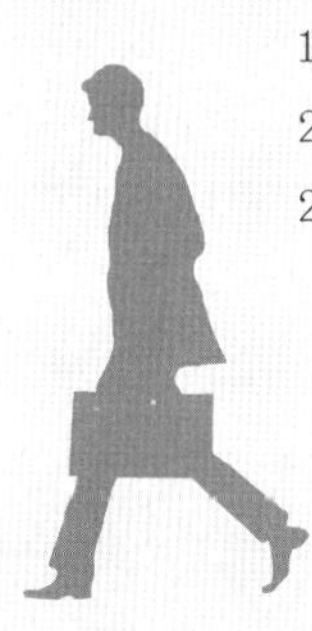

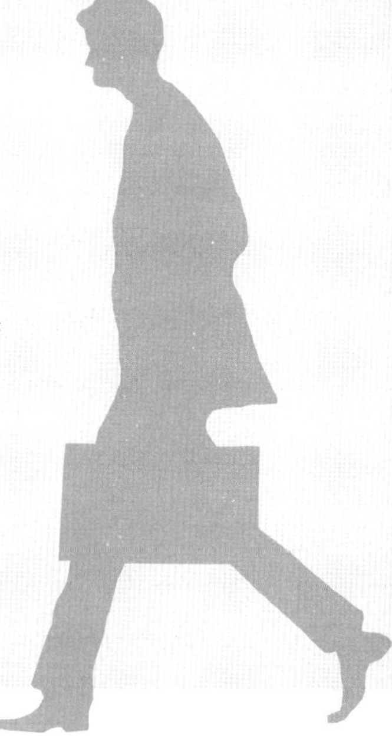

Chapter 01

역사왜곡과 과거사 청산

중국이 고구려를 자기 역사라고 떼를 쓴다. 역사 도둑질이다. 터무니없는 주장이라고 여기고 있다간 중국 주장이 기정사실화 할 가능성도 있다. 이게 우리가 철저히 경계하고 적극적으로 대응해야 할 이유다. 이제 와서 국사 교육을 다시 철저히 해야한다고 뒷북을 친다. 역사 공부를 잘해야 하는 건 당연하지만 이번 일은 우리가 역사 공부를 게을리 해서 벌어진 건 아니다.

중국의 고구려사 왜곡 낌새는 일찍부터 감지됐다. 정부는 북핵 문제 해결에서의 중국 역할 등을 이유로 중국에 제대로 대응하지 못하고, 학술적인 사안이라고 방치하다가 문제가 커지면 떼밀려 중국에 항의하는 정도였다. 그러다가 여기까지 왔다. 이제 여야가 적극적으로 나서게 됐지만 흥분하고 감정을 앞세워 조급하게 서두르면 일을 그르칠 수도 있다.

중국은 일본에 대해 역사 왜곡을 한다고 강경 대응하고 있다. 남의 잘못은 지적할 줄 알면서 제 잘못은 모르고 있다. 중국은 손바닥으로 하늘을 가리는 것인가, 아니면 경제적으로 힘이 강해지자 제국주의적 발상을 하는 것인가.

역설적으로 중국은 우리에게 많은 것을 생각하게 한다. 미국도 중국도 우리에게 모두 중요하다. 국가 간에는 영원한 적도 동지도 없지만 동맹관계는 엄연히 존재한다. 아직도 남북은 대치하고 있고 안보 위협이 상존하고 있는 냉엄한 현실을 외면하면서, 언제부터였던가 반미(反美)를 부르짖고 중국에 다가가면서 그걸 애국이라고 착각했다. 열린우리당 국회의원의 63%가 중국을 미국보다 중시해야한다고 하지 않았는가.

중국의 '고구려사(史) 도발'에 뒷북 대응

일을 고의적으로 꾸며 남을 괴롭히는 건 나쁘지만, 단순한 실수는 경우에 따라 용서받을 수 있다. 고구려사 왜곡과 비슷한 일을 미국이 획책했다면 어떤 일이 일어났을까. 미군 장갑차에 치여 여중생이 사망한 건 불행한 일이었지만 그건 불의의 교통사고였다. 그런데도 특정 세력의 목적과 의도대로 반미를 외치는 촛불시위가 오랫동안 지속됐고, 촛불은 어느새 반미 횃불이 됐다.

중국의 역사 왜곡은 고의다. 그런데도 그 흔한 촛불시위도 없다. 반중(反中)을 외치며 데모해야한다는 걸 말하자는 게 결코 아니다. 감정적으로 대응할 일은 더욱 아니다. 미국과 중국에 대해 다른 잣대를 적용하고 있는 것 같다는 걸 말하고자 함이다. 어떤 나라와도 국가 이익을 위해서 협조할 땐 협조하고 싸울 땐 싸우고 이해할 건 이해하고 주장할 건 당당히 주장해야 한다.

우리 사회는 지금 과거사 청산을 두고 논란이 뜨겁다. 과거사를 청산하지 않고서는 미래를 열 수 없다고 한다. 국민 어느 누구도 과거 유신시대로 돌아가자는 사람은 없는데, 유신시대로 돌아가느냐, 미래로 가느냐의 갈림길에 있다고 한다. 잘못된 과거사는 바로 잡아야 하지만 그걸 정치권력이 정략적으로 접근한다면 올바른 청산일 수 없다. 정권을 잡았다고 해서 역사해석에 대한 전권까지 잡았다고 착각하면 안 된다. 그건 정치권력의 오만이자 독선이다.

누구도 역사평가에서 자유로울 수 없어

과거사 청산에는 국민의 다수가 납득하지 못하는 경력을 민주화운동으로 판정하는 문제도 걸려 있고 박정희 전 대통령의 과거를 들추겠다는 속내도 담겨 있는 것 같다. 그래서 국가 정체성 논란이 일고 있다. 어느 누구도 역사의 평가에서 자유로울 수 없다. 대통령을 지낸 사람의 공과는 당연히 평가하게 돼 있다. 그런데 박 전 대통령의 과거 들추기는 박근혜 한나라당 대표를 공격하기 위해서라는 게 많은 국민의 인식이다. 사실이 어떻든 박근혜 대표를 공격하려면 박근혜 본인을 목표로 해야 옳다.

과거사 청산이 아무리 급해도 먹고 살기보다 급할 수 없다. 우리에게 급하고 중요한 건 지금 우리가 마땅히 해야 할 일을 하면서 역사를 바로 써내려 가는 일이다. 그래야 중국의 역사 왜곡에도 대응할 수 있다.

〈문화일보, 2004.8.10〉

Chapter 02

조상 들먹이며 싸우는 사회

심한 불경기 속에서도 한가위 명절은 온다. 흩어져 살았어도 가족들이 모여 서로가 한 핏줄임을 확인하고 조상을 기리는 좋은 기회다. 누구에게나 가족은 소중하다. 그러기에 조상 또한 귀하고 소중하다.

어느 국회의원이 독립군 김학규 장군의 손녀이며 독립운동가의 딸이라고 주장한 것이 문제가 됐다. 그래서 그의 가계(家系)가 들춰지고 복잡한 가족사가 공개되기에 이르렀다. 그 주장의 진위(眞僞)에 대한 증언도 엇갈려 있고 김학규 장군이 의성 김씨인지, 안동 김씨인지를 두고서도 말이 많다. 1967년 9월 20일 68세를 일기로 세상을 떠난 김학규 장군이 지하에서 얼마나 분통을 터뜨릴까. 그의 본관(本貫)이 어디든 그는 우리의 자랑스러운 독립군이었다.

선대의 잘못·업적과 자손은 별개

우리는 어느 특정인의 가계나 족보에 관심을 가질 이유는 없다. 그러나 그 국회의원은 선거에서 그런 주장을 했고, 그런 가족사를 내세워 주요 지도자들이 친일파라면서 과거사 청산에 앞장서왔기 때문에 그의 가족사 진위가 정치적·사회적 문제가 돼 버리고 말았다.

훌륭한 분과 가깝다는 걸 주위에 알려 자기 스스로도 그와 비슷한 반열에 올려놓고 싶은 동일시(identification)심리는 보통사람에게 다 있다. 하지만 이 문제가 그런 심리의 발로라고 치부하고 넘어갈 수 없게 돼 버린 것은 안타깝다. 독립군 손녀이며 독립운동가의 딸인지 여부를 따지는 건 마치 수입 상품의 원산지를 따지는 것과 다를 바 없다. 중국에서 들여온 농산물이나 외국산 쇠고기가 국산으로 둔갑하는 일이 얼마나 잦은가.

훌륭한 조상이 있다는 건 가문의 영광임에 틀림없다. 하지만 조상 이름에 기대어 이익을 보려는 건 일종의 무임승차 행위다. 조상이 독립군이 아니었다고 해서 할 일 못하는 건 아니지 않은가. 진짜 독립운동가의 후손들 가운데 그들 조상이 그러했듯이 의연하게 살고 있는 분들이 얼마나 많은가.

과거를 부정하는 건 어렵지 않다. 역사는 승리자의 기록이라고 했듯이 힘있는 사람은 자기 나름의 잣대로 역사를 평가할 수 있다. 잘못된 과거는 바로잡아야 한다. 하지만 더욱 중요한 것은 오늘을 사는 우리들이 우리의 후손들에게 떳떳한 조상이 되는 것이다. 우리가 교육 경제 외교 국방 등을 소홀히 해서 나라가 흔들린다면 후손들에게 '왜 그랬느냐, 누가 그랬느냐'는 지탄을 받고 우리들이 청산 대상으로 심판받지 않는다고 누가 장담할 수 있는가.

친일 규명 등 역사 청산은 의도하든 안 하든 죽은 사람을 심판해서 멀쩡한 산 사람에게 상처를 줄 가능성이 짙다. 부친의 행적 때문에 얼마 전 여당 대표는 그 자리에서 물러나지 않았는가. 결국 연좌죄의 덫에 걸린 것이다. 감정은 용수철처럼 튀어 오르는데 이성(理性)이라는 브레이크가 이를 통제하고 조절하는 데에는 한계가 있을 수밖에 없다.

과거 거울삼아 현재·미래 매진해야

역사 청산에서 필요한 것은 그 당시 세계정세는 어떠했으며, 무엇을 잘못해서 나라를 빼앗겼는지를 따지는 머리와 눈이다. 그래야 과거 잘못을 거울삼아 미래를 열어갈 수 있다. 중국의 덩샤오핑(鄧小平)은 문화혁명으로 중국을 수렁에 빠뜨렸고 자신을 정치적으로 탄압했던 마오쩌둥(毛澤東)에 대해 과오보다 공로가 크다고 평가했다. 미래 지향적 리더십의 발로다. 그런 리더십이 이어져 오늘의 중국이 발전하고 있는 것이다.

조상 잘못의 책임을 물어 사람을 인민재판하지 말자. 조상이 훌륭하다고 자손도 훌륭한 건 아니다. 조상의 빛나는 과거를 내세워 조상 이름 팔 생각 말자. 우리 스스로 자랑스러운 조상이 될 수 있도록 노력하자. 우리 스스로 더 좋은 집안과 사회, 더 좋은 나라 만드는 일을 하자. 그게 오늘을 사는 우리들의 책무다. 가족들이 함께 모여 이런 다짐이라도 한다면 더욱 뜻 있는 한가위가 되지 않겠는가.

〈문화일보. 2004.9.24〉

Chapter 03

버지니아 참사를 보고 떠오른 생각들

버지니아공대 총격사건의 범인이 한국인이라는 사실 때문에 모든 한국인은 경악했다. 15년 전 'LA폭동'을 경험한 재미교민들이 받은 충격은 오죽했을까. 개인의 범죄행위에 대해 한국인 모두가 미국사회에 미안해하거나 사과하는 게 마땅한 것인지를 따질 겨를도 없이 한국인들은 집단적 죄책감에 빠져들 수밖에 없었다.

상상할 수 없을 정도의 끔찍한 사건이었지만 미국 사회의 반응은 차분하고 현실적이었다. 미국정부는 물론 주요언론 등 미국 내 주류사회는 이번 사건이 '개인적 사건'이며 한국의 책임이 아니라고 했다. 버지니아공대 교수와 학생, 희생자 유가족들도 같은 입장이었다. 미국의 이성적 판단은 다행스럽고 고마운 일이다. 하지만 세상일이 모두 이성적 판단과 행동으로 이어지는 것은 아니다. 미국에는 인종차별이 있다. 한국을 싫어하는 사람도 있다. 미국 어디에선가 한국인 유학생이 집단구타 당했다는 보도도 있다.

이번 사건과 관련한 보복성 범죄인가는 밝혀지지 않았지만 한국인 유학생이나 재미동포들이 심리적으로 받을 어떤 압박감을 털어 내는 일은 여전히 숙제로 남아있다.

끔찍한 사건을 보는 미국사회의 차분한 반응

희생자 유가족들의 비통함과 억울함을 어찌 헤아릴 수 있겠는가. 하지만 이번 사건에서 보상 문제를 거론하는 등 한국에서 흔히 보듯 죽음을 이용하는 행위는 없었다. 버지니아 공대학생들과 이웃 버지니아 대학생들이 촛불을 밝히면서 밤새 희생자들을 추모하는 모습을 보며 한국에서 일어난 사건이 떠오른다.

2002년 미군 장갑차에 두 사람의 여중생이 사망한 사건은 불의의 교통사고였다. 그런데도 한국사회 일부세력들은 '미군이 살인'을 했다며 촛불집회를 계속하고 반미(反美)를 외쳤다. 여러 시민단체가 모여 '범국민대책위원회'도 구성했다. 버지니아공대사건과 장갑차 교통사고가 난 뒤에 벌어진 장면은 너무나 대조적이다. 불의의 교통사고였는데도 반미를 외치던 사람들이 고의적으로 고구려역사를 왜곡하는 중국에는 제대로 대응하지 않는다. 반미는 좋지만 반중(反中)은 싫다는 것인가.

미식축구의 영웅 하인즈 워드는 한국인 어머니의 핏줄이라고 해서 한국에서 대대적인 환영을 받았다. 핏줄을 중시한다면 왜 한국인 어머니의 피를 이어받고 한국에 살고 있는 혼혈인들에게는 제대로 관심을 기울이지 않는 것인가. 워드의 성공에 박수를 보내는 데 인색할 이유는 없다. 하지만 그의 성공에서 민족적 자부심과 한국인의 우수성을 찾을 이유도 그럴 필요도 없는 것 아니겠는가.

세계화시대에 우리는 민족주의라는 마음의 울타리를 치고 산다. 반일(反日)을 거쳐 반미로 재미 보는 '민족주의 장사'는 끝내야 한다. 세계가 바뀌고 있는 걸 보지 못하고 핏줄에 매달려 '우리끼리'를 외칠 때는 아니다. 한국 밖에 살고 있는 동포가 700만 명에 이르고 국제결혼으로 한국에 온 이민자를 포함해 한국에 사는 외국인들이 100만 명에 육박한다. 미국에 사는 한국교민들 가운데 아메리칸 드림을 이룬 감동적 스토리는 얼마나 많은가. 한국에 살고 있는 외국인들도 마땅히 코리안 드림을 이룰 수 있어야하고 한국사회는 그런 배려를 마땅히 해야한다.

국민의 격(格), 국가의 격(格)을 높이는 일은 먼데 있지 않아

외국인이 한국에서 큰 사건을 벌였다면 우리가 어떻게 대응했을까를 한번 냉정히 생각해보자. 국민소득이 많아진다고 선진국이 되는 것은 아니다. 국민의 격(格), 국가의 격(格)을 높여야한다. 국격(國格)을 높이는 일은 먼데 있지 않다. 언제 어디서든 어떤 일에서든 우리는 인류 보편적 가치를 실현하려는 노력과 자세를 가져야한다. 한국인은 어디에 살든 인종 간 갈등과 문화의 벽을 뛰어넘어 다(多)인종과 어울려 함께 살아야한다는 생각을 갖는 것이 필요하다. 버지니아공대 참사를 보고 놀란 마음을 진정시키고 미래를 열어 가는 슬기가 진정으로 필요한 오늘이다.

〈코리아타운 데일리, 2007.5.1〉

Chapter 04

가짜가 판치는 사회

"나, 예일대 나온 박사야." 대학교수를 하고 예술계를 누빌 수 있었던 것은 이 한마디의 위력 때문이었을 것이다. 그러나 박사학위는커녕 학사·석사학위도 받은 사실이 없는 가짜임이 들통났다. "변호사와 상의해 나를 음해한 사람들에 대해 법적 대응에 나서겠다"거나 "예일대에 가서 진실을 확인 받아 오겠다"며 미국으로 잠적한 동국대 신정아 교수 이야기는 한국사회의 일그러진 모습을 잘 보여주고 있다. 미국에서 무슨 증명서를 받아오겠다는 것인가.

영국 옥스퍼드대학과 프랑스 소르본느대학, 미국 하버드대학에서 각각 박사학위를 받았다고 주장하면서 대학 교수와 기업가, 국회의원까지 지낸 사람도 있었지만 모두 가짜라는 소문이 파다했다. 학회의 회장까지 지낸 어느 대학의 경제학 교수는 영국에서 박사학위를 받았다는 게 거짓으로 드러나자 학계에서 모습을 감추었다.

러시아 음대에서 가짜 석·박사 학위를 받은 120여 명이 검찰에 적발되기도 했다. 경찰은 서울의 강남 학원 강사들의 가짜학위를 일제히 조사한다고 한다. 최근에는 KBS 영어프로그램 진행자의 외국학력위조 사실이 밝혀졌고, 유명 만화가와 영화감독의 국내대학 학력위조사실도 밝혀졌다. 가짜학위 소동은 그동안 수없이 반복돼온 것인데 새삼스러운 일처럼 흥분할 일은 아니다.

학력·학위 위조는 일그러진 한국사회 자화상

남의 논문을 베꼈다는 교수도 상당히 많다. 교육부총리도 대학총장도 논문표절 등으로 자리를 물러났지만 그걸 관행이라고 얼버무리는 게 한국이다. 사회 전체를 뒤집어 놓은 한 생명과학자의 줄기세포 소동도 가짜학위나 논문표절과 무엇이 다른가.

가짜학위 사건은 개인의 비뚤어진 욕망과 과시욕, 허영 때문에 빚어지는 것이지만 간판 중시의 사회구조도 그걸 부추기는 데 한몫을 한다. 실력은 제쳐두고 어느 대학 출신이라는 것만으로 사람을 평가하는 '인민재판'을 하는데 가짜 간판을 만들 유혹을 왜 느끼지 않겠는가. 가짜는 학위나 논문뿐이 아니다. 양주, 시계, 핸드백, 보석, 무공해 식품, 한우로 둔갑하는 수입 쇠고기 등등 가짜는 헤아릴 수 없이 많은 게 한국사회다. 90년대 초 베트남에 갔을 때 빈 양주병을 5달러에 팔라고 하는 사람들이 식당 주위에 더러 있었다. 가짜 양주를 만들기 위해서라는 것이다. 우리는 중국의 가짜에 대해서도 곧잘 성토한다. 하지만 큰소리칠 자격이 우리에게 있는가.

화가 이중섭의 둘째 아들이 내놓은 이중섭의 그림이 가짜로 판명된 적이 있다. 국립현대미술관이 가지고 있는 '미인도'를 천경자 본인은 "내 그림이 아니다"라고 주장했는데 현대미술관측은 "진품이 맞다"고 하는 웃지 못할 사건도 있었다.

전문성이나 실력은 학위나 간판에서 나오는 것이 아니다

"여기도 짜가 저기도 짜가, 짜가가 판친다." 가짜를 거꾸로 '짜가'로 표현해서 우리 사회를 풍자한 노래의 곡목처럼 '세상은 요지경'이다.

우리는 골프의 타이거 우즈, 야구의 이승엽, 축구의 베컴이나 박지성을 학력으로 평가하지 않는다. 중졸이면 어떻고 대졸이면 어떠하며 또 박사면 어떤가. 전문성이나 실력은 학위나 간판에서 나오는 것이 아니다. 음악적 천재성을 발휘, 90년대 많은 사람들을 감동시켰던 가수 서태지는 중졸이었다. 마이크로소프트사의 빌 게이츠가 하버드대학을 중퇴했다고 해서 누가 그 능력을 대졸자보다 낮게 평가하는가. 그럴듯한 간판만 앞세우는 실력 없는 사람보다 간판은 없지만 실력 있는 사람들은 많다. 그런 사람들이 제대로 평가받아야한다. 그러려면 사람을 간판으로 '인민재판' 하는 일부터 없애야한다.

온통 세상이 가짜판이라고 개탄하거나 비난만 할 게 아니다. 우선 겉만 화려할 뿐 속은 부실하기 짝이 없는 지식사회부터 정비하는 게 시급하다. 미국에서 뛰고 있는 한국 여자골퍼가 한국대학에서 학점을 딴다. 골퍼로 성공하는 데 대학 졸업장이 도움이 되는 것은 아닐텐데 말이다. 강의 한번 듣지 않은 학생에게 학점을 주는 대학은 어떤가. 아무리 가짜가 판치는 세상이라 하지만 우리의 형편없는 학위관리 시스템과 가짜박사를 교수로 채용하는 대학의 실태가 실로 한심하다.

〈코리아타운 데일리, 2007. 8. 3〉

Chapter 05

수의(壽衣)에는 포켓이 없다

산다는 것, 더욱이 잘 산다는 것은 무엇인가. 정답을 찾기 힘든 질문이다. 어쨌든 열심히 사는 게 가치 있는 일임에 분명하다. 초등학교 어린아이들이 달리는 모습을 보면 엉성하고 어설프기 짝이 없다. 그러나 그게 아름답게 보이는 것은 그들이 목표를 향해 최선을 다해 달리기 때문이다. 열심히 산다는 건 바로 그런 모습이리라.

사람에게는 인격이 있다. 인격은 돈이 많거나 높은 자리에 올랐다고 높아지는 것은 아니다. 나라에도 국격(國格)이 있다. 국민소득이 많다고 선진국이 아니다. 국격을 높여야 선진국이다. 국민 각자의 품위가 국가의 품위를 결정한다. 우리 사회는 기초질서 위반이나 준법정신 실종에 대해 둔감해져 있다. 외국여행을 하며 얼굴 붉히는 행태를 서슴지 않는 건 또 어떤가.

목표 향해 최선 다하는 게 잘 사는 것

국민품위를 떨어뜨리는 저질·저속문화는 곳곳에서 발견된다. 결혼식장 풍속도를 한번 보자. 격조가 있어야할 결혼식장은 마치 개그프로처럼 희화화된다. 사회자는 신랑입장 때 하객들의 박수가 적다고 다시 입장시키는가 하면 식이 끝나고 신랑신부가 퇴장하기 직전 신랑에게는 만세삼창과 팔굽혀펴기를 강요하고 신부에게는 "봉 잡았다"를 외치게 한다. 신랑에게 드레스를 입은 신부를 안고 출발하라고 하니 드레스가 발에 걸려 넘어지는 꼴불견도 흔히 일어난다.

결혼식은 으레 그렇게 하는 것인 양 유행처럼 번져간다. 인생을 새로 출발하는 순간부터 진지함은 없다. 전쟁에 나갈 때는 한 번 기도하고, 항해를 할 때는 두 번, 결혼할 때에는 세 번 기도하라고 했다. 그렇게 중요하고 신성한 결혼을 개그프로처럼 시작하는 것이다. 진지할 때와 웃고 즐길 때를 구별 못하고 있다니….

사람에게는 모두 자기가 해야할 일이 있다. 세계 66억 인구의 얼굴이 다 다르듯이 각자는 능력이 다르고 해야할 일도 다르다. 남을 닮아야할 까닭도 없다. 소금과 설탕은 비교할 수 없는 것인데도 소금이 더 짠가, 설탕이 더 단가를 비교하는 경우는 없는가.

머리를 노랗게 물들이고 눈과 코, 이마는 누구를 닮겠다고 성형을 한다. 제 갈 길이 다른데 남 흉내 내며 남을 닮으려는 건 가짜 인생을 살려는 것과 다를 바 없다. 자기의 삶은 자기의 지문처럼 유일한 것이고 독특한 것이다. 모두가 한 방향으로 달리면 1등은 하나밖에 없지만 360도 제 각기 다른 방향으로 달리면 모두가 1등을 할 수 있다. 그런 경주를 하는 것이 '인생 마라톤' 이다.

행복을 재는 잣대는 없다. 그러나 [행복=물질적 소비/욕망]이라는 방정식을 빌려 따져보자. 자기가 누구인가를 파악하고 분수에 맞게 살면서 욕심을 줄인다면 행복해질 수 있지 않는가.

최근 한국의 고위 공직자 재산이 공개됐다. 대부분 부동산을 많이 소유한 것으로 나타났다. 재산 많은 걸 탓할 수는 없고 그래서도 안 된다. 그러나 법을 어겨 재산을 불렸다면 책임을 묻는 게 제대로 된 나라일 것이다. '사람에게 얼마만큼의 땅이 필요한가' 라는 톨스토이의 단편이 있다. 소설의 주인공은 많은 땅을 차지하던 날 죽는다. 그의 하인은 머리에서 발끝까지의 치수대로 땅을 파서 그를 묻었다는 내용이다.

인생은 종착점 없는 마라톤

인생은 종착점을 알 수 없는 마라톤과 같다. 순간마다 최선을 다해서 달려야한다. 참고 견디며 무언가 애써 이루려는 노력도, 그럴 생각도 없이 야팍하게 살려는 젊은이들이 많다. 부모에 기대면서 불평불만이다. 모자라는 걸 채워 가는 삶이 떳떳한 줄 모른다. 참된 행복은 절제에서 나오는 것인 줄도 모른다.

사람마다 자기 그릇이 있고 몫이 있다. 무엇이 되어야 하고 무엇을 이룰 것인가를 스스로 물으면서 자신의 삶을 만들어 가야 한다. 아무도 자기 인생을 만들어 주지 않기 때문이다. 세상을 떠날 때 입는 수의(壽衣)에는 포켓이 없다. 잘 산다는 것은 과연 무엇일까.

〈코리아타운 데일리, 2008.5.1〉

Chapter 06

건국 60주년, 어제와 내일

2008년은 민주공화국 대한민국 탄생 60주년을 맞는 해다. 1945년 8월 15일 해방, 1948년 5월 10일 총선으로 국회구성, 7월 17일 헌법제정에 이어 8월 15일 대한민국이 출범했다. 그동안 해방과 광복을 강조하면서 건국의 뜻을 깊이 새기는 데 소홀했다.

대한민국은 태어나서는 안 될 나라라고 주장하는 좌파도 있고, 전직대통령은 "정의가 패배하고 기회주의가 득세한 역사"라고도 했다. 하지만 천만의 말씀이다.

나라를 도로 찾아 건국을 했지만 남북분단과 전쟁, 빈곤과 혼란 등 앞길은 험난했다. 그러나 2차 대전 후 독립한 140개 신생국에서 경제적으로 성공한 나라는 한국이 유일하다. 굴곡과 영욕이 교차되는 과정을 겪으면서 이뤄낸 대단한 성과다. 세끼 보리밥도 제대로 먹지 못하던 최빈국에서 세계무대에 당당히 서는 나라가 됐는데 그런 역사가 영광스럽지 않다면 어떤 역사가 영광스러운 것인가.

1960년대 중반 어느 시골 초등학생은 '보리야 어서 나오너라' 라는 글로 글짓기대회에서 상을 받았다. 봄이 돼 해가 길어졌고 양식은 떨어져 가는데 들판의 보리가 빨리 익어야 보리밥을 실컷 먹을 수 있다는 희망을 담은 글이었다. 지독한 가난을 겪지 않고, 보릿고개를 모르는 세대에게는 전설 같은 이야기다.

한국이 "정의가 패배하고 기회주의가 득세한 역사"라고?

나라의 모습은 짧은 기간에도 얼마든지 변할 수 있다. 한번 앞섰다고 계속 앞서는 것은 아니다. 뒤쳐진 나라도 얼마든지 앞선 나라를 따라 잡을 수 있다. 예컨대 포르투갈은 300년 전만 하더라도 세계를 호령하던 중심국이었고, 아르헨티나는 20세기 전반까지도 선진국 대열에 끼여 있었고 1960년대에는 1인당 국민소득이 일본을 앞섰던 나라였다.

1830년대 중국은 지금의 미국이 세계경제에서 차지하는 정도의 경제력을 갖고 있었다. 1830년대에 미국과 프랑스의 총생산은 비슷했지만 현재 미국의 총생산은 프랑스의 6배에 이른다.

국가발전은 한두 가지 문제를 푼다고 이루어지는 것은 아니다. 지금 우리에게 시급한 것은 법과 질서를 지키고 제도를 개혁하고 기업에 힘을 실어주고 경제성장에 매달리는 일이다. 법질서만 지켜도 경제성장률 1%는 더 오를 것이라는 연구결과도 있다. 법과 질서가 지켜지지 않는 사회가 선진국이 된 예는 없다.

1999년 가을 UCLA 풋볼선수 14명이 장애인 주차장을 불법으로 이용한 사실이 밝혀져 각자 1,500달러의 벌금에다 200시간 사회봉사명령을 받은 바 있다. 스타가 되면 그에 걸 맞는 행동을 하라는 것이고 자라나는 세대에게 모범을 보이라는 것이었다.

우리 사회에는 쇠파이프를 휘두르며 공권력에 도전하고 질서파괴를 정의로 착각하는 세력과 이들을 비호하는 일부 언론매체와 정치인들이 건재하고 있다. 이들에게 우리는 어떤 대우를 해야 하는가.

광우병 소동, 촛불데모, 한·미FTA 반대 등을 보면 지금도 우리는 세계가 돌아가는 걸 외면하고 있다. 일제에 나라를 빼앗긴 것이나 6·25 남침을 당한 것은 세계의 흐름을 모르고 우물 안에서 맴돌았기 때문이 아니었는가.

우리는 미래를 향해 달려야하고 선진국으로 도약해야 할 역사적 사명을 띠고 있다. 풀어야할 현안이 쌓여있지만 그런 걸 풀어 가는 게 발전이다. 우리 역사에서 언제 위기가 아닌 적이 있었던가.

▪ 위기를 기회로 만들어야 발전

위기가 닥쳐도 위기를 기회로 만들어 앞으로 달려야한다. 대한민국을 나라다운 나라, 세계에서 가장 잘 사는 나라를 만들어갈 것을 건국 60주년을 맞으며 다짐해야한다. 우리 한민족이 세계에 우뚝 서지 못할 까닭이 어디 있는가.

사회통합·국민통합을 이루어 경제성장에 매달려야한다. 성장률 얼마를 이뤄야한다는 얘기가 아니다. 지속성장이 가능할 수 있도록 성장잠재력을 키우자는 것이다. 역사에 비약이 없고 경제에 기적은 없다.

최소한 20년, 더 나아가 50년 후 세계무대에 한국이 어떤 모습으로 서 있을 것인가를 생각해야한다. 우리가 해야 할 일이 자명하지 않은가.

〈코리아타운 데일리. 2008.7.29〉

Chapter 07

도전하는 삶, 그 아름다운 가치

미국 발(發) 금융위기가 세계경제를 덮치고 있다. 세계 곳곳에는 먹구름이 덮여있고 무엇을 하고 어떻게 살 것인가를 걱정하는 소리가 들린다. 경제가 나빠지면 모두 움츠러들기 십상이고 특히 할 일 없는 노인들은 지난날을 회상하며 회한에 빠진다. 빠르게 진행되고 있는 고령사회에서 나타나는 불가피한 현상이며 시대적 추세일까.

놀랍게도 76세 때부터 그림을 그리기 시작해 101세 되던 해 세상과 이별하기까지 1,600여 점의 작품을 남긴 화가가 있었다. 평범한 시골의 한 주부는 작은 농장을 꾸려가면서 5명의 자녀를 기르고 남편과 사별한 후 자수(刺繡)에 푹 빠졌었다. 그러다가 오랜 노동으로 손가락 마디의 퇴행성 관절염 때문에 바늘을 들지 못하게 되자 아름다움에 대한 추구를 포기할 수 없어 바늘 대신 붓을 들고 그림을 그렸다.

시골 구멍가게 창에 걸려있는 그녀의 그림을 우연히 수집가(루이스 칼더)

가 사갔고, 미술 기획가(오토 칼리어)는 그녀의 그림을 뉴욕의 전시관에 내놓으면서 일약 스타가 된 사람이 미국에서 '국민화가'로 불려졌던 '모지스 할머니'(Grandma Moses·1860~1961)였다. 트루먼 대통령은 1949년 그녀에게 '여성 프레스클럽 상'을 주었고, 넬슨 록펠러 뉴욕주지사는 1960년 그녀의 100번째 생일을 '모지스 할머니의 날'로 선포했다.

늦었다고 새로 시작하지 못할 일 없어

20대 후반 돈 한 푼 없이 폴란드에서 미국으로 건너가 77세까지 열심히 돈만 벌다가 은퇴, 노인클럽에 다니며 체스를 하는 것이 고작인 한 노인이 있었다. 어느 날 한가로이 체스 상대를 기다리고 있는데 클럽의 젊은 봉사자로부터 "그렇게 앉아 있지 말고 그림을 그려보세요"라는 권유를 받는다.

"그러기엔 너무 늦었다"고 하는 그에게 젊은 봉사자는 "할아버지의 연세가 문제가 아니라, 할 수 없다고 생각하는 마음이 더 문제 같은데요"라고 했다. 이 말을 들은 노인은 붓을 잡고 "이제 시작이야"라며 정열적으로 그림을 그렸다. 처음 전시회 때 평론가들로부터 '미국의 샤갈'이라고 극찬을 받은 사람은 22번째 전시회를 끝내고 삶을 마쳤을 때 나이가 102세였던 해리 리버맨(Harry Lieberman·1880~1983)이었다.

10년 동안 심혈을 기울여 1,000페이지가 넘는 소설을 쓴 무명작가가 있었다. 하지만 그 소설을 출간할 출판사는 없었다. 그러던 어느 날 '뉴욕의 대 출판사 맥밀란의 레이슨 사장이 애틀랜타에 왔다가 기차로 돌아간다'는 애틀랜타 지방신문의 기사를 읽은 무명작가는 기차역으로 달려가 "사장님, 제가 쓴 소설인데 한번만 읽어주세요. 읽어보시고 관심이 있으시면 연락을 주세요"라며 원고뭉치를 안겼다.

그러고 나서 무명작가는 우체국으로 달려가 레이슨 사장에게 전보를 쳤다. 레이슨 사장에게 전달된 전보의 내용은 "사장님, 원고를 읽어보셨습니까? 아직 안 읽으셨다면 첫 페이지라도 읽어주십시오"였다.

두 시간 후 또 두 시간 후 같은 내용의 전보를 받은 레이슨 사장은 "대체 무슨 얘기이기에 그렇게 야단인가"하고 조금이라도 읽어 볼 생각으로 원고를 펼쳤고, 기차가 목적지에 도착한 뒤에도 내릴 생각을 않고 원고를 읽고 있었다. 그렇게 해서 출간된 소설이 마가렛 미첼(Margaret Mitchell·1900~1949)의 '바람과 함께 사라지다' 였다. 전해지는 베스트셀러 출판과정 에피소드다.

'바람과 함께 사라지다' 가 출판된 사연

모지스 할머니나 리버맨은 "나이 때문에…환경 때문에…" 등의 이유를 대며 포기한 삶이 아니라 "그럼에도 불구하고…"라는 꿈을 갖고 도전한 삶을 보여주고 있다. 나이가 너무 많다고 포기하는 사람은 나이가 젊었을 때도 그 일을 하지 못할 사람일 것이다. 미첼 역시 자신의 꿈을 이루기 위해 많은 용기와 인내, 도전이 필요하다는 걸 보여주고 있다.

어려움 극복은 말처럼 쉬운 일은 아니다. 긴 터널을 지나는 것처럼 막막하고 힘든 시간일지라도 빛을 찾는 노력은 계속해야한다. 경제가 어렵고 삶이 고달프다고 움츠려있으면 어느 백기사가 나타나겠는가. 이럴 때일수록 도전하는 삶을 사는 지혜가 필요하다. 아무도 자기 삶을 대신해주지 않기 때문이다.

〈코리아타운 데일리. 2008.9.29〉

Chapter 08

돈의 경제학, 행복의 경제학

Money talks. 돈이면 다 된다는 말이다. 문제는 어떻게 많은 돈을 마련하느냐다. 큰 유산을 받은 것도 아니고 쓰는 것에 비해 많이 벌지 못하는 보통 사람들이야 집 장만하느라고, 또 자녀들 뒷바라지하느라고 돈을 좇아 바쁘게 헤매는 삶을 산다.

부모들은 당연히 그래야 한다고 생각하는 청소년들이 오늘날 많아졌다. 그렇게 생각하도록 만든 것은 대부분 부모들이다. 어느 돈 많은 사람이 자녀들을 데리고 초호화판 세계 일주여행을 했다. 돈 많이 벌면 즐길 수 있다는 걸 가르치려고 그랬다는 글을 읽은 적이 있다. 부자의 사치행위라서 씁쓸했던 기억이 떠오른다. 돈 벌기에 앞서 돈 잘 쓰는 걸 먼저 가르쳤어야 하지 않았을까. 돈 버는 건 보통 20대 이후지만 돈을 쓰는 것은 아주 어릴 때부터니까 말이다.

돈 벌기에 앞서 잘 쓰는 게 중요

돈 싫어하는 사람 없다. 재벌 총수에게 강의를 부탁하고 강의료로 100만 원을 현찰로 드렸더니 무척 좋아하더라는 이야기를 오래 전에 들은 적이 있다. 돈의 액수가 문제였겠는가. 많은 재산을 가지고 있어도 그런 액수의 현찰은 만져볼 기회가 없어서 그랬을지 모른다.

사람의 욕망에는 끝이 없다. 자본주의 작동원리는 인간의 욕망이지만 그 욕망의 지나침이 문제다. 사람들은 돈이 불행을 만든다는 말을 곧잘 하지만 자신의 이야기는 아니라고 생각한다.

큰 유산을 두고 자식들이 다투는 걸 보면 남의 이야기라고 치부해버릴 일이 아니다. 돈으로 침대를 살 수 있어도 잠을 살 수 없고, 돈으로 집은 살 수 있지만 가정을 살 수 없다고 하지 않는가.

1950년대 말 서울의 변두리는 허허벌판과 같았다. 지금도 대학친구들과 만나면 "그때 등록 한번 거르고 땅 몇 평이라도 사두었더라면…"이라는 농담을 한다. 만일 그때 그랬다면 지금 행복할까, 부자가 됐을까.

사는 목적이 오로지 돈 버는 것일까. 과거의 기회상실을 안타까워할 게 아니다. 주식으로, 부동산으로, 운동선수로, 또 기발한 아이디어로 돈을 벌 기회는 언제 어디서나 있다. 돈 많은 게 부러우면 남다른 노력을 해야 하고 그렇지 않으면 제 분수대로 사는 것이다. 그저 돈타령하는 건 바보짓일 뿐이다.

자신의 추도사를 미리 들을 수 있다면 어떤 삶을 살까. 자신이 어떤 삶을 살았다고 사람들이 평가해 줄 것인가를 한번 상상해 보라. 수의(壽衣)에는 포켓이 없다. 아무리 많이 가져도 저 세상으로 가져갈 재산은 없다.

김밥장사 할머니는 평생 모은 전 재산 50억 원을 충남대학교에 기부해 모두에게 감동을 주었다. 미국의 억만장자 하워드 휴즈는 병이 악화되어 자가용 비행기로 병원으로 가던 중 숨지면서 남긴 마지막 말은 "아무 것도 아니야! 아무 것도 아니야!"("Nothing! Nothing!")였다.

재산을 92억 달러나 가진 독일의 거부 아돌프 메클레는 지난 5일 달리는 전동차에 몸을 던져 스스로 생을 마감했다. 지난 해 금융위기 때 더 많은 돈을 벌기 위해 주식시장에 베팅한 게 실패, 자금난에 시달렸기 때문이다.

행복은 돈 많음에 있지 않아

이 밖에도 세계금융위기로 세계부호들이 자살한 사례가 더러 있다. 거품을 등에 업고 부를 거머쥐어 존경과 부러움을 샀지만 거품이 꺼지면서 삶도 함께 꺼져버린 것이다. 그러고 보면 돈 많은 사람 부러워할 게 아니라 돈에 쪼들리며 사는 삶도 그런 대로 사는 재미가 있을 법하다.

행복은 성적순이 아니라고 한다. 돈 많다고 행복한 것은 아니다. 돈 없이 행복하기는 쉬운 일은 아니지만 말이다. 행복은 위를 쳐다보고 좌절하지 아니하고 제 분수에 맞게 열심히 사는 데에 있을 것 같다.

사람마다 얼굴도 능력도 다른데 남의 그림자 뒤좇는 삶을 사는 건 고달프지 않겠는가. 사는 보람을 어디서 찾느냐. 사람에 따라 물론 다를 것이다. 하지만 호화판 여행을 못하고 넓은 정원에서 파티를 못한다고 불행해 할 까닭은 없다.

〈코리아타운 데일리, 2009.1.13〉

Chapter 09

"돈, 돈…"하며 사는 세상에서

돈 없는 사람은 무시당하기 싫어 돈 있는 듯이 언동을 하는 경우는 더러 있다. 진짜 돈 많은 사람은 돈 있다는 말 안 한다. 사방에서 도와달라고 할까봐 그런지 모른다. 돈 많은 사람들끼리 모여 즐기는 경우는 흔하다. 서로 부담이 없을 것이니까 그럴 것이다.

어쨌든 돈 있다고 말하는 건 바보짓이다. 그런데 은퇴고별강의를 하면서 바보처럼 "나 돈 좀 있다"는 말을 한 적이 있다. 당시 은퇴한 어떤 교수가 돈 없다는 푸념을 자주 해서 못마땅했는데 그게 생각나서 후배교수들 들으라고 가볍게 한 말이었다. 먹고사는데 큰 어려움이 없다는 뜻에 불과했는데 사람들은 상당한 재산가로 짐작하는 것 같았다.

교수 월급에 가끔씩 원고료나 외부 강의료 받는 게 수입의 전부였는데 돈 있다고 했으니 지금 생각해도 웃기는 이야기였다. 주식거래로 재미 본 적 없고, 사는 집 이외에 부동산은 단 한 번도 거래한 적이 없다.

농촌에서 자란 탓인지 가난하다고 생각한 적도 없고, 또 돈을 벌어 보겠다는 생각도 하지 않았다. 오해 살만한 말인지 모르나 샐러리맨의 일반적인 생각이 그럴 것이다. 더욱이 교수라는 직업의 안정성 때문에 그런 편한 마음을 가졌던 것 같다. 자식들 별탈없이 공부시켰으면 그것으로 큰 돈벌이한 셈 아닌가.

동메달리스트는 은메달리스트보다 만족도가 높다

글을 쓰면서 원고료 얼마냐고 물어본 적은 없다. 그러나 하찮은 원고료를 떼인 적은 제법 있다. 안 주는데 어쩌겠는가. 원고료를 아예 주지 않는 곳도 있었다. 처음부터 원고료 없다고 하면 글을 써주지 않을까 봐 그랬을 것 같은데 그건 일종의 속임수다. 원고료만 따지고 글 쓰는 건 아닌데.

언젠가 어느 기업이 강의를 요청하면서 강사료를 얼마 주어야하는지를 물어온 적이 있었다. 그렇게 물어오는 경우는 흔치 않은 일이었다. 강의를 들은 후 강의료를 주든, 안 주든 알아서 하라고 했더니 강의료가 보통의 경우보다 많았다. 결국 작전 아닌 작전을 쓴 셈이 됐었다.

"돈, 돈…" 하는 세상이지만 돈의 많고 적음은 상대적이다. 돈 버는 것을 일생의 목표로 삼고 남과 비교하면 행복도는 낮아진다. 올림픽 동메달리스트는 은메달리스트보다 만족도가 높다고 한다. 동메달리스트는 메달을 따지 못한 사람과 비교하는 데 비해 은메달리스트는 금메달리스트와 비교하기 때문이라는 것이다.

언제부터였는지 '부자 되세요' 라는 인사말이 유행되기 시작했다. 노골적인 돈타령 같아 내키지 않는 말이지만 세상이 그렇게 변했다. 돈 버는 방법, 부자 되는 방법에 관한 책들도 많다. 책 쓴 사람은 돈을 버는지는 모르지만 책 읽고 돈 번 사람은 얼마나 될까.

누가 꾸민 이야기겠지만 돈 많은 사람이 세상을 떠나면서 장의사에게 새벽 4시에 장례식을 치르고 유언장은 거기서 공개하라고 부탁했다는 것이다. 평소 그의 주위에 모여들었던 그 많은 선후배와 친구 중 장례식에 나온 사람은 불과 4명! 가족이 없던 그의 유언장에는 장례식 참석자들에게 재산을 나누어주라는 내용이었다. 그걸 미리 알았더라면 평소의 친분을 과시하며 많은 사람들이 모여들지 않았을까.

필요한 것보다 많이 가지고 있으면서 부족하다고 생각

과거 농촌에는 돈을 벌 길도 없었고 돈을 쓸 줄도 모르는 사람들이 많았다. 없으면 없는 대로 사는 삶이였다. 평소 돈을 쓸 줄 모르는 분이 돌아가셨을 때 장롱 속에서 꽤 많은 현찰이 나왔다. 아들이 조금씩 보내준 용돈을 쓰지 못하고 간직하고 계셨던 것이다. 돈과 함께 보낸 아들의 편지도.

나의 어머니 이야기다. 돈 조금 보내는 것으로 아들노릇 다한 것처럼 착각했으니 지금도 가슴이 메인다.

우리는 필요한 것보다 훨씬 많이 가지고 있으면서 부족하다고 생각한다. 어떻게 살 것인가. 철학적인 이야기하자는 것 아니라 우리의 삶을 다시 생각해보자는 것이다.

〈코리아타운 데일리. 2009.2.9〉

Chapter 10

영화 '워낭소리'의 긴 메아리

워낭은 소나 말의 귀에서 턱밑까지 늘여 단 방울이다. 소가 움직일 때면 딸랑딸랑 나는 소리가 워낭소리다. 경북 봉화 산골의 늙은 농부와 그와 함께 일하는 늙은 소의 실제모습을 담은 영화 '워낭소리'가 화제다. 단순한 소재와 이야기가 긴 여운을 남기고 가슴을 파고드는 것은 무엇 때문일까.

평생 논밭을 일구며 9남매를 키운 팔순의 주인공 최원균 노인에게 소는 최고의 농기구이며 자가용이고 동반자다. 일하는 소는 수명이 보통 15년이라는데 40년을 살았다. 노인의 각별한 보살핌 덕분이다.

기계로 하는 일을 최노인은 소와 함께 했다. 소를 부려먹은 게 아니라 소와 함께 일한 것이다. 농약을 치면 소가 먹을 풀에 영향을 준다면서 제대로 걷기조차 힘든 노인은 풀을 베어 먹이고 쇠죽을 끓여준다.

노인은 평소 말이 없고 소도 말이 없다. 소가 힘들까봐 절뚝이며 짐을 나누이지고 가는 노인과 간신히 한 발짝씩 발길을 옮기는 소, 그래서 노인과 소는 영화의 영어제목처럼 오랜 세월 동고동락한 '올드 파트너(Old Partner)' 다.

할머니는 "영감은 나보다 저 소를 더 위한다"고 불평이다. 할머니와 명절에 다니러온 자식들의 등쌀에 밀려 소를 팔러 나갔지만 노인은 원래 소를 팔 생각이 없었다.

농촌의 소는 가축 아닌 가족

소를 팔러가던 전날 밤 그걸 아는지 소는 눈물을 흘린다. 소가 사람을 알아보는 것은 물론 상황을 파악한다는 건 소를 키워본 사람은 다 아는 이야기다. 우시장에서 130만 원밖에 줄 수 없다는 말에 화를 내며 500만 원 아니면 "안 팔아"를 고집한다. 소의 시장가격이 어떻든 노인은 소의 가치를 그렇게 매기고 팔지 않은 것이다.

늙은 소는 노인처럼 걷기조차 힘들어 하지만 노인이 고삐를 잡으면 넘어질듯 하면서도 느릿느릿 조심스럽게 걷는다. "소가 아픕니다. 마음의 준비를 하셔야겠어요"라는 수의사에게 "좀 더 오래 살 수 없나요?"라며 매달리는 노인의 안타까움은 가족애 바로 그것이 아닌가.

소가 죽음 직전 가쁜 숨을 몰아쉬자 노인이 낫으로 고삐를 끊고 워낭을 떼어내며 한 마지막 인사말은 "좋은 데로 가그래이~"였다. 소와의 담담한 이별장면은 보는 이의 눈시울을 적시고 가슴에 진한 감동을 준다. 노인은 소와 함께 농사짓던 흙 밭에 소의 무덤을 만들고 제사를 지낸다.

산골 야트막한 산허리에 낡고 허름한 농가, 늙은 소와의 동거와 동행, 흔한 TV도 아닌 낡은 라디오, 문명을 멀리한 산골 노인 부부의 신기한 삶을 어떻게 설명해야하는가. 세상 변화와는 담을 쌓고 살지만 점점 빨라지는 세상의 속도와 타협하지 않았을 뿐 실패한 삶이라고 할 수는 없다. 맨몸으로 농사지으며 원시적인 삶을 살았던 우리의 부모들 모습 그대로가 아닌가.

어쨌든 이들 부부처럼 살기는 어렵다. 그렇게 살려는 사람은 없을 것이다. 하지만 지나치게 안일에 젖어 때때로 불평불만을 터뜨리며 사는 우리들이 인간의 삶 자체가 갖는 근원적인 문제를 한 번쯤 되돌아보아야 하지 않을까.

독립영화는 스튜디오 상업영화와는 달리 자본과 배급망으로부터 독립해서 제작하는 영화를 말한다. 관객 1만 명이 흥행 기준이라는 독립영화 '워낭소리' 관람객이 250만 명을 넘어선 지도 오래됐다. 좋은 일이다.

맨몸으로 원시적인 삶을 살았던 우리의 부모들 모습

딸랑딸랑 금속성 워낭소리는 소가 어디에 있고 무엇을 하는지를 알려주는, 어릴 적 목동시절 매일 듣던 그리운 추억의 소리다. 그리움도 나이를 먹는다. 그래서 우리들 마음 안에는 나이만큼 켜켜이 그리움이 쌓인다.

사람도 방울을 달고 사는 것은 아닐까 하는 생각이 든다. 비록 소리는 나지 않아도 그 사람이 어디에서 무엇을 하며 어디로 가고 있는가를 많은 사람들이 알게 되기 때문이다. '워낭소리'를 보고 떠오른 생각이다.

〈코리아타운 데일리. 2009.3.24〉

Chapter 11

즐기면서 걷고, 살기 위해 걷고

걷는 것만큼 건강에 좋은 방법은 없다. 스피드시대라지만 빠름보다는 느림의 미학을 예찬하는 사람도 많다. 여행, 더욱이 걸어 다니는 여행은 느림 미학의 결정판이다. 걷는 일은 힘들지만 땀흘린 후 밀려오는 피로감은 감동으로 전환되고 새로운 활기를 잉태한다.

먹고살기 힘들던 시대에 뱃살이 나온 사람은 없었다. 40년 전 미국유학시절 때에는 미국에 뱃살 나온 사람은 아주 드물었다. 지금 미국은 어떤가.

비만은 질병이나 다름없다. 식생활과 생활태도의 잘못 때문이기도, 걸을 기회조차 없애는 자동차문화 때문이기도 할 것이다.

필자는 시골의 중학시절 하루 24km를 4시간 걸어 다녔다. 추운 겨울날 새벽에 걷기는 힘들었지만 비가 올 때에는 더욱 힘들었다. 그 때는 먼 길 가는데 비를 막을 장비가 없었기 때문에 아예 처음부터 비를 맞고 걸었다. 지금 생각해보면 기본체력과 건강은 그때에 형성된 것 같아 그런 환경이 오히려 고맙기도 하다.

서울 광화문에서 전남 장흥군 관산읍 정남진(正南津)까지 500km가 넘는 길을 18일 걸려 걸어간 한겨레신문 고영재 논설위원은 걷기는 속도문명에 대한 저항이자, 해법이라며 걷기 예찬론을 폈다.

걷는 여행은 느림 미학의 결정판

스페인에는 807km에 이르는 '산티아고 걷는 길(Camino de Santiago)'이 있다. 걷는 속도에 따라 다르지만 최소 한 달이나 두 달 이상 걸리는 그 길을 오로지 걷기 위해 세계 각국에서 사람들이 모여든다. 발에 물집이 생기고 먹고 자는 일에 어려움을 겪었으면서도 카미노를 걷고 온 사람들은 한결 같이 행복했다고 한다.

제주도에도 '산티아고 걷는 길'을 본 따서 걷는 길을 만들었다. 현재까지 모두 12개 코스 198km가 만들어졌고, 10여 개 코스가 추가로 개척될 예정으로 있다. 그 길을 걷기 위해 제주를 찾는 사람들이 늘고 있다고 한다.

프랑스 기자출신 베르나르 올리비에(Bernard Ollivier)는 은퇴 후 62살의 나이에 1999년부터 2002년까지 1,099일간 터키 이스탄불에서 중국 산시성 시안(西安)까지 배낭 메고 혼자 걸어서 여행하고 'Carnets D'une Longue Marche'(한국어 번역서:'나는 걷는다')라는 책을 썼다.

그는 1년에 몇 달씩 걷다가 쉬고 다시 시작할 때는 쉰 곳에서 출발, 1만 2,000km의 긴 여정을 마친 것이다. 처음에는 힘들었던 걷기도 일주일만 지나면 몸에 남아 있던 불필요한 지방은 날아가고, 몸에서 엔도르핀이 분비되어 걷는 것만으로도 기분이 좋아진다고 했다. 걷기 여행은 올리비에에게 자신의 존재를 증명하는 일이었고 삶의 이유를 깨닫는 과정이었다.

폴란드 기병대 중위 슬라보미르 라비치(Slavomir Rawicz)는 1939년 스파이 혐의로 잡혀 러시아에서 갖은 고문과 고통을 당하다가 6명의 동료들과 함께 수용소를 탈출, 1941년에서 1942년까지 12개월 동안 시베리아 눈밭의 겨울을 견디고 얼어붙은 강들과 고비사막, 히말라야를 거쳐 인도에 이르기까지 7,000km를 걸었다. 그 험난한 여정의 기록이 'The Long Walk'다. 살기 위해 죽음을 무릅쓰고 걸은 것이다.

사람만이 두발로 걷는다. 똑바로 서서 걸어 다니는 사람이 호모 에렉투스(Homo Erectus)다. 걷기는 특별한 장비 없이도 할 수 있는 가장 안전하고 완벽한 운동이다. 걷는 일이 아무리 좋다 해도 오늘날 '시간이 돈' 인 세상에 걸어 다니며 생활할 수는 없다.

비만예방과 치료는 국가적 과제

그렇기에 바쁜 일상 속에서 틈을 내어 등산, 조깅, 걷기 운동을 해야 한다. 걷기를 포기하면 생명을 포기하는 것과 다름이 없다. 스피드시대, 자동차시대라지만 건강을 위해서, 심신의 피로를 풀기 위해서, 생각을 다듬기 위해서 틈틈이 걸어야 하고 걷기 좋은 길을 많이 만들어야한다.

세계보건기구(WHO)는 이미 1994년 비만을 '질병' 으로 지정했다. 한국에도 비만예방과 치료가 국가적 과제가 되고 있다. 걷기를 즐기는 사람 치고 비만형은 없다.

〈코리아타운데일리 2009.4.6〉

Chapter 12

다시 생각해보는 '성공철학'

누구나 성공하기를 바란다. 그런데 도대체 무엇이 성공인가. 공부 잘해서 일류대학에 가는 것을 성공이라고 생각하는 10대들이 있는가 하면 일류회사에 들어가 승진하고 연봉을 많이 받는 것, 자녀들을 독립시키고 가끔 부부가 해외여행이나 다니는 것, 가족들 건강한 것을 성공이라고 여기는 사람도 있다.

"성공? 편안히 죽을 수 있으면 성공이지"라는 노인들도 있다. 성공에 대한 생각이 이렇게 다르다.

성공을 어떻게 따지든 일반적인 모범답안은 높은 자리에 오르거나 돈 많이 버는 것이다. 그것이 과연 성공인가. 정당하지 않은 방법으로 돈을 벌고 또 더 벌려고 권력자들에게 뭉칫돈을 뿌리는 사람이나 피의자가 돼 검찰에 불려나오는 전직 대통령을 보라.

대통령은 권력의 자리이자 명예의 자리인데 전직대통령의 권력형 비리를 생계형 범죄라고 두둔하는 사람도 있다. 배고픔 끝에 빵을 훔치다가 징역살이를 한 장발장을 축재형 범죄라고 말하는 것과 같은 궤변이다. 전직 대통령들보다 돈을 적게 받았다고 해서 그렇게 말하는 모양이지만 진짜 생계를 위협받는 서민들은 분통이 터진다.

무엇이 성공인지 모범답안 없어

공부 잘해서 좋은 학교 나오고 고시에 합격하거나 좋은 직장 얻어 높은 자리 올라가고 또 돈 많이 버는 사람들은 개인적으로 성공했다고 할 수 있다. 하지만 그들이 사회적으로 바람직한 일만 하는 건 아니다.

미국발(發) 금융위기가 왜 발생했는가. 머리 좋은 사람들이 돈 벌자고 복잡한 파생금융상품을 만들어 사기를 친 결과다. 그런 파생상품은 언젠가 터지게 돼있던 시한폭탄이었고 그게 결국 터져 세계경제가 혼란에 빠진 것이다. 중요한 건 개인의 성공보다 사회 전체의 성공이다. 개인의 성공이 사회의 성공으로 이어져야 하는 것이다.

눈보라가 치는 겨울날 산길을 걷는 두 사람이 있었다. 가는 길에서 한 노인이 눈 위에 쓰러져 있는 것을 발견했다. 한 사람은 “노인을 데리고 가자. 그냥 두면 죽고 말 것이다”라고 했지만 동행자는 거절하고 먼저 가버렸다. 그는 노인을 업고 걸었고 몸은 땀으로 젖었다. 그러자 등에 업힌 노인이 의식을 회복하기 시작했고 그들은 서로의 체온으로 추위를 견뎠다. 그들이 마을입구에 이르렀을 때 얼어 죽은 사람이 있었다. 혼자 살겠다고 앞서 간 동행자였다. 함께 살아가는 의미를 일깨워주는 티벳의 성자 선다 싱(Sundar Singh)의 이야기다.

어려울 때 필요한 건 희망 찾기다. 꽃은 하루아침에 우연히 피지 않는다.

모진 겨울 추위를 참고 견뎌낸 결과 꽃으로 피어난다. 불평하는 것은 전략이 아니다.

"인생이란 원래 공평하지 않다. 그런 현실에 불평하지 마라. 햄버거 가게에서 일하는 것을 수치스럽게 생각하지 마라. 너의 할아버지는 그 일을 기회로 생각했다." 학생들에게 들려준 빌 게이츠의 말이다.

산다는 건 종착점이 어디인줄 모르면서 달려가는 장기전이다. 사람마다 자기 그릇이 있고 해야 할 몫이 있다. 그 그릇에 그 몫을 채우며 손해 보더라도 떳떳이 살겠다는 인간적 자부심을 가지고 꾸준히 걷는 자가 결국 승리한다.

출세나 축재가 아니면 어떤가. 열심히 산 성공한 삶이면 되는 것 아닌가. 사람은 두 주먹을 쥐고 태어나지만 두 손을 펴고 떠난다. 빈손으로 가지만 열심히 살았다는 사실만으로도 많은 것을 남기는 것이다.

두 주먹 쥐고 태어나서 빈손으로 떠나는 인생여행

성공은 화려하거나 요란하지 않고 돈의 많고 적음에 비례하지 않는다. 성공하는 삶은 호화스럽게 사는 것이 아니라 떳떳하게 사는 것이다. 사람은 어떤 일을 하건 자기 일에 최선을 다하면 그게 떳떳한 삶이고 성공하는 삶이다.

미국의 사상가이자 시인이었던 에머슨(R.W. Emerson)은 말했다. 무엇을 하건 자기가 태어나기 전보다 세상을 조금이라도 살기 좋은 곳으로 만들어 놓고 떠나는 것, 그것이 진정한 성공이라고.

〈코리아타운 데일리. 2009.5.1〉

Chapter 13

'제너레이션 갭' 허물기

〈삼대(三代)〉는 1931년 조선일보에 연재된 염상섭의 장편소설이다. 1920년대를 살아가는 3세대의 인물을 통해 당시 세대 간의 사고방식의 차이와 갈등을 그려냈다. 봉건적인 가치관을 가진 돈 많은 할아버지, 미국 유학까지 다녀왔지만 사고방식이 다른 아버지와는 담을 쌓고 지내며 도덕적으로 타락하는 개화기 세대의 아들, 식민지상황의 극복과 새 시대에 맞는 가치관을 찾으려고 노력하는 손자 등 삼대가 겪는 갈등 이야기다. 그런데 이들 삼대는 돈에 대한 집착은 똑같다.

오늘날 세대 간 갈등은 염상섭이 그린 1920년대보다 훨씬 깊고 심각하다. 삼대가 함께 사는 경우는 거의 찾기 어렵다. 비록 함께 산다 해도 세상을 보는 눈이 워낙 다르기 때문에 서로 대화를 나누는 경우는 거의 없다.

"담배를 피우면서 기도를 해도 되는 것인가"라는 물음에 신부의 대답은 두 가지였다고 한다. 어떤 사람에게는 "기도는 신과 나누는 엄숙한 대화인데 당연히 안 된다"고 했고 또 다른 사람에게는 "기도는 때와 장소를 가릴 필요 없으니 담배를 피우면서 기도를 할 수 있다"고 했다는 것이다. 문제를 보는 눈이 다르고 상대가 달라짐에 따라 대답은 달리 나올 수 있다.

세상 보는 눈은 세대 간 달라

고대 그리스시대 소크라테스는 "요즘 것들은 버릇이 없어"라고 했다던가. 옛날 옛적 우리 조상들도 그랬고 지금도 그런 말을 하며 산다. 버릇없다는 '그 젊은 것들' 도 나이가 들면 다시 '젊은 것들' 을 비난한다. 부모세대는 스스로 겪어온 삶의 고달픔을 자녀들에게 입버릇처럼 이야기한다. 하지만 자녀들은 그 이야기에 고개를 흔들며 심지어 "나에게 해준 게 뭐가 있느냐"고 따지기까지 한다. 부모들은 그런 자녀들에게 실망하고 살아온 세월을 한탄한다.

시대마다 세대마다 상황과 풀어야할 과제가 다른데 아버지 세대의 생각과 행동을 그 아들이 이어받고, 또 그 아들의 아들이 그대로 이어받을 수는 없다. 그래서야 무슨 발전이 가능하겠는가. 부모의 가치관이 자식에게 도전받고 더 나은 것으로 바뀐다면 그게 발전일 수 있다.

하지만 부모세대의 생각과 가치관이 모두 낡고 쓸모없는 것인가. 젊은 세대들의 그것이 신선하고 유용한 것인가. 결코 그렇지 않다. 간직할 가치가 있는 부모세대의 가치관에다 자녀세대의 새로운 가치관을 더해 융합하는 길을 찾아야한다. 값진 물건을 새로운 그릇에 담고 아름답게 포장하면 더 빛나는 명품이 되듯이.

가족 간, 세대 간의 갈등을 없애고 소통을 하려면 함께 생활하는 게 최선이다. 하지만 오늘날 핵가족시대에 부모자식이 함께 생활한다는 걸 어떻게 기대할 수 있는가.

이번 여름 LA에서 얼마간 보내고 왔다. 7학년생 손자와 시카고에서 휴가차 온 막내아들과 함께 여러 차례 골프도 치고 바닷가 산보도 등산도 했다. 처음으로 필드에 나간 손자 녀석은 연습장에서 잘 맞던 게 안 된다며 안타까워했지만 몇 번 나가자 하루가 다르게 기량이 늘었다.

갈등해소와 갈등예방은 대화와 소통에 있다

사실 골프를 잘 치고 못치고는 별로 중요한 게 아니었다. 함께 어울린 시간과 많은 이야기를 나눈 게 중요했다. 우리 셋이 삼대라는 걸 알고 함께 운동하던 미국인은 물론 한국교포도 많이 부러워했다. 사실 삼대가 함께 어울려 운동하는 것 자체는 예삿일은 아니었다.

갈등이야 인류사회의 보편적인 현상 중 하나이지 특정시대의 전유물은 아니다. 갈등해소와 갈등예방에 대화와 소통처럼 확실한 즉효약은 없으리라. 가족 간 막힌 벽을 허물고 함께 어울리며 그래서 이해의 폭을 넓히는 일의 소중함을 다시 느낀다. 아침 일찍부터 밤늦게까지 학교로 학원으로 또 과외공부 하러 뛰어다녀야 살아남을 수 있는 한국의 청소년들을 '그런 공부' 에서 해방시킬 길은 없는가. 손자 녀석과 놀면서 부질없는(?) 생각이 떠올랐다.

〈코리아타운데일리. 2009.7.27〉

Chapter 14

국장과 국민장 유감

올해 들어 치른 두 전직 대통령의 국민장(國民葬)과 국장(國葬)을 둘러싼 의견은 분분했고 뒷말도 많다. 이미 치른 장례를 두고 왈가왈부하는 것은 적절치 않다. 하지만 장례의 격과 장지 등이 상황에 따라 유족과의 협상으로 정해질 일은 아니다. 이런 일이 다시 일어나는 걸 막으려면 명확한 기준을 정해야한다.

적절한 애도는 살아있는 사람들의 예의다. 화려한 장례식은 죽은 자의 명예보다 산 자의 허영이나 아첨이 아닐까. 빈손으로 왔다가 한줌의 부토(腐土)로 돌아가는 게 인생인데 장례의 격이 무슨 의미가 있는가.

어떤 장례건 경건하게 치르면 된다. 장례의 격이 고인의 위대함을 재는 잣대는 아니다. 화장해서 집 가까운 곳에 작은 비석 하나 세우라는 유서를 남긴 노무현 전 대통령은 그 점에서 오히려 돋보인다. 가족장이었으면 좋았을 법했다. 고인도 그걸 원했던 것 같은 데 살아있는 자들이 고집을 부렸다.

지하 호화궁전을 지어 죽어서도 영화를 누리고자 했던 중국황제들의 무덤을 보며 느낀 건 그들이 죽음을 죽음으로 받아들이지 않은 오만함을 가졌을 것이라는 점이었다. 죽어서 무슨 영화를 누리겠다고! 미국 초대 대통령 조지 워싱턴의 묘는 생가 한쪽에 있다. 그의 묘는 검소하다 못해 초라할 정도다.

무의미한 장례의 격

중국의 저우언라이(周恩來)나 덩샤오핑(鄧小平)은 재가 되어 국토에 뿌려졌다. 아무것도 남기지 않았다. 그러나 많은 걸 남기고 갔다. '독일 통일의 아버지' 라고 불리는 빌리 브란트 전 총리는 베를린 시민이면 누구나 묻힐 수 있는 공원묘지에 보통 시민들과 함께 잠들어 있다.

프랑스 드골 전 대통령은 가족장을 하고 묘지는 장애자였던 딸이 묻혀있는 콜롱베의 마을 공동묘지로 하라는 유언을 남겼다. 묘비에는 그의 유언에 따라 '샤를 드골, 1890~1970' 이라고 새겨져 있을 뿐이다. 미테랑 전 대통령도 그의 고향마을 가족묘지에 묻혀 있다.

한국의 묘지면적은 전 국토의 약 1%로 주거지역의 절반, 공업지역의 약 2배에 해당한다. 매년 묘지로 큰 국토면적이 잠식되고 있다. 국립묘지설치법에 따라 국가원수묘역의 넓이는 264㎡(약 80평), 묘역으로 이어지는 계단까지 포함하면 495㎡(약 150평)정도다. 장묘(葬墓) 문화를 바꿔가야 할 필요성은 절실하다. 대통령을 비롯해서 지도층이 앞장서야 문제가 풀리고 국민적 공감대를 넓혀갈 수 있다.

우선 국가원수 묘역부터 줄이는 규정을 만들어야한다. 최고 지도자의 업적은 묘역의 규모와 아무 관련이 없다. 미국의 알링턴 국립묘지에는 장군묘

역과 사병묘역이 구분돼 있지 않고 사병과 장군이 똑같은 넓이의 땅에 묻혀 있다.

살아서 영광스런 자리에 있었던 사람은 죽어서도 그런 자리를 차지해야 하는가. 묘지를 통해 신분을 과시하지 않더라도 역사적 평가는 정확하게 나온다. 평등하게 태어났다고 하지만 사람마다 삶의 무게가 다르다. 국가와 사회를 위해 애쓴 분들에게는 그에 어울리는 예우를 하고 그를 기리는 사업을 벌이는 건 마땅한 일이다. 그러나 그 일은 장례를 크게 치르고 묘지를 호화스럽게 만드는 것과는 다른 것이다.

가족장으로 고향마을에 묻어달라는 전직 대통령이 나와야

대통령이나 지도자의 묘지가 보통사람의 것과 달라야할 까닭이 없다. 그들이 공원묘지에 보통사람과 함께 잠들어 있는 모습을 상상해보라. 그런 모습을 보는 국민들의 마음은 흐뭇할까 허전할까. 큰일을 한 대통령도 하찮은 삶을 산 보통사람과 함께 잠들어 있다는 사실만으로도 국민은 살맛이 날 것이다.

국장으로 치러진 김대중 전 대통령보다 장례의 격이 떨어져서는 안 된다고 생각하는 전직 대통령이 있을지 모르지만 국민은 그렇게 생각하지 않을 것이다. 소박하게 가족장으로 치르고 고향마을에 묻어달라는 유서를 쓰거나 유언을 남기는 전직 대통령이 있다면 그를 더욱 우러러 볼 것이다. 국민은 그런 지도자를 보고 싶은 것이다.

〈코리아타운 데일리. 2009.9.3〉

Chapter 15

막걸리 열풍

서민의 애환과 함께한 막걸리가 백화점과 호텔에서도 팔리고 외교무대에도 등장했다. 지난 해 10월 한일 정상회담 직후 가진 오찬에서 하토야마 일본 총리 내외는 제공된 와인을 물리치고 막걸리를 선택해서 화제였다. 막걸리 열풍에 때맞춰 미국의 CNN 방송에서도 막걸리의 인기와 그 맛의 비결을 소개하면서 거의 잊혀져가던 과거를 되살리고 미래를 다시 쓰는 의미가 있다고 평가했다.

막걸리의 화려한 부활은 건강 웰빙 바람에 힘입은 바 크다. 막걸리 한 병(700~800㎖)에 들어있는 유산균은 일반 요구르트 한 병(65㎖)짜리 100~120병과 맞먹는다는 보도가 나오자 막걸리를 보는 눈이 달라지기 시작했다.

알코올 성분만 빼면 막걸리 마시는 것은 영양제를 먹는 것과 다름없다는 게 전문가들의 평가다. 막걸리에는 유산균, 비타민, 식이섬유 등 풍부한 영양소가 들어있기 때문이다. 막걸리는 술이다. 많이 마셔서 좋을 턱이 없다. 하지만 농부가 일하다 마시는 막걸리 한 사발은 갈증해소, 영양분 공급은 물론 힘든 일을 이겨내는 에너지원이었다.

호텔에도 등장한 막걸리

막걸리 시장규모는 2008년 3,000억 원 규모에서 2009년에는 4,200억 원 규모로 40%나 증가했다. 막걸리 내수증가와 함께 수출도 2007년 290만 달러에서 2009년 628만 달러로 늘어났다. 업계 관계자들은 "한국의 전통막걸리는 맛과 영양, 가격 경쟁력 등을 갖추고 있어 세계화에 전혀 손색이 없다"고 말한다. 과연 그런가.

"막걸리든, 와인이든 즐기는 문화를 정착시키지 못하면 일시적인 유행으로 끝나버릴 수 있다." 지난 2월 11일 서울에서 열린 와인박람회 '비넥스포(Vinexpo) 아시아·퍼시픽 2010 설명회'에서 로베르 베나 비넥스포 조직위원장은 막걸리 세계화에 대해 이 같이 조언했다.

막걸리에는 우리 조상들의 애환이 담겨있다. 막걸리는 우리의 삶이고 문화다. 그래서 고향과 추억을 함께 마신다고 하는 것이다. 아쉬운 것은 우리가 막걸리 문화의 가치를 발견하여 키워내지 못했다는 점이다. 한국의 술 문화는 감정 표현을 아름다움으로 승화시키지 못한다. 멋있는 막걸리 문화를 만들기 위해 와인처럼 '이야기(story)'를 만들어내야 한다.

막걸리 시장 확대와 세계화를 위한 과제는 우선 철저한 품질관리와 품질 차별화다. 단순히 전통술이라는 이름만으로 승부할 수 없다. 값싸게 마실 수 있는 술이 있는 건 좋은 일이지만 고급 막걸리도 많아야 한다. 전통주 소믈리에(sommclier·감별사) 제도 도입이 필요한 이유다. 와인과 일본 술 사케 세계화의 일등공신이 소믈리에 제도가 아닌가.

와인은 수십만 가지의 맛이 있다. 빈티지별로도 맛이 달라 사람들은 그 맛을 즐긴다. 막걸리는 와인처럼 여러 가지 맛을 지니고 있다. 단맛, 쓴맛, 신맛, 청량감, 걸쭉함과 같은 특유의 맛이 있다.

막걸리가 일반적 의미의 술과 구별되는 각기 다른 특유한 맛을 지니는 술로 인정을 받을 수 있어야 세계화의 길이 열린다. 와인처럼 말이다. 전통술이라는 이름만으로 승부할 수도, 세계적일 수도 없다.

멀고먼 막걸리 세계화의 길

막걸리는 유통기한이 가장 짧은 술이다. 술 속에 든 효모를 죽이는 살균 막걸리는 유통기한을 늘릴 수 있지만 그건 막걸리의 원형이 아니다. 어떻게 생 막걸리의 청량함을 살리면서 유통기한을 늘릴 수 있는 것인가도 풀어야 할 과제다.

미국 캘리포니아의 나파밸리 등 와인이 많이 생산되는 지역에는 와이너리(winery)가 많이 있다. 이처럼 막걸리도 생산 공정을 보여주고 시음장과 판매장, 식당 등을 연결해서 관광 상품화하는 방안도 서둘러봄직하다.

한식의 세계화 바람에 맞춰 한식과 막걸리의 조합은 생각해도 멋지다. 사람 사는 곳에 술이 있게 마련이다. 지역마다 특징적인 술이 있고 독특한 이야기가 있는 것이다.

〈코리아타운 데일리. 2010.2.22〉

Chapter 16

법정스님의 삶과 죽음

삶은 무엇이고 또 죽음은 무엇인가. 삶은 '잠깐 있다 없어지는 안개' 라고도 하고 '한 조각 뜬구름' 이라고도 한다. 마더 테레사 수녀는 "인생은 낯선 여인숙에서의 하룻밤과 같다"고 했다.

일찍이 '무소유(無所有)' 정신을 설파한 법정(法頂)스님이 세상을 떠났다. "내가 어떻게 가는지 봐라." 간소한 장례를 부탁하며 그가 생전에 한 말이다.

그의 당부대로 수의(壽衣)를 따로 마련하지 않고, 입던 옷 그대로 관(棺)도 없이 평상 위에 가사를 덮은 채 다비식(茶毘式 · 화장의식)을 치렀다. "번거롭고 부질없으며 많은 사람에게 수고만 끼치는 장례 의식도 하지 말라"는 그의 유언대로였다.

법정스님이 1971년 39세 때에 쓴 첫 유서는 이렇다. "장례식이나 제사 같은 것은 아예 소용없는 일. 요즘은 중들이 세상 사람들보다 한 술 더 떠 거창한 장례를 치르고 있다. 그토록 번거롭고 부질없는 검은 의식이 만약 내 이름으로 행해진다면 나를 몹시 화나게 할 것이다."

그가 남긴 마지막 유언은 이렇다. "내 장례식을 하지 마라. 관(棺)도 짜지 마라. 평소 입던 무명옷을 입혀라. 내가 살던 강원도 오두막에 대나무로 만든 평상이 있다. 그 위에 내 몸을 올리고 다비해라. 그리고 재는 평소 가꾸던 오두막 뜰의 꽃밭에다 뿌려라."

'인생은 낯선 여인숙에서의 하룻밤'

그의 뜻대로 그 흔한 조화도 조사도 만장도 장례식도 없었다. 국장이니 국민장이니 하며 법석을 떨었던 그런 장례식과는 사뭇 달랐다. 하기야 화려한 장례식은 죽은 자를 위한 것이 아니라 산 사람들의 허세부리기가 아니던가.

그는 비우고 또 비운 무소유의 삶을 살았고 마지막 길을 떠나면서까지 무소유를 실천한 것이다. 알몸으로 태어나서 포켓 없는 수의 하나 입고 떠나는 게 인생이다. 그걸 알면서도 끝없는 욕망에 사로 잡혀 사는 게 또한 인생이다. 보통 사람들은 다 그렇게 산다.

말과 글을 그럴듯하게 하고, 또 그럴듯하게 쓰는 사람은 많지만 실제 행동이 그런 사람은 많지 않다. 법정이 돋보이는 것은 그의 삶도 죽음도 그의 말과 글과 같았기 때문이다. 버리고 또 버리는 일은 아무나 할 수 없다. 불필요한 것을 갖지 않는다는 건 얼마나 어려운 일인가.

소유욕으로 어지러운 게 사바세계(娑婆世界 · 괴로움이 많은 인간세계)다. 많이 가지려고 아귀다툼을 벌이는 게 보통사람들의 삶이다. 잡음이 그치지 않는 사찰이 얼마나 많은가. 세속화 · 대형화로 치닫는 교회는 또 얼마나 많은가.

법정은 생전에 "스님들은 화장하면 사리가 나왔다고 요란을 떤다. 사리가 나온 게 대단한 일이 아니다"라고 했다. 사리(舍利)란 본래 '몸'을 가리키는 산스크리트어 샤리라(Sharira)에서 비롯된 것이다. 보통 사람들은 고승일수록 입적할 때 사리가 많이 나온다고 믿는다. 과연 그런가.

사리는 인간의 신체 내부에 있던 물질이 화장 때의 열로 인해 변형된 것이라는 연구가 있지 않은가. 법정 스님은 "절대 사리를 찾지 말고 탑도 세우지 말라"고 유언한 것은 저속한 세인의 관심을 멀리하고자 함이 아니었을까.

빗나간 장례문화 되돌아보게 한 법정

법정은 불교의 틀에만 갇혀있지 않고 종교 간 화해와 소통을 위해 힘썼다. 그것만으로도 우리 사회에 큰 발자국을 남긴 것이다. 고(故) 김수환 추기경을 길상사 개원 법회에 초대했는가 하면, 스스로 천주교 미사에도 참여했다. 개신교나 원불교 등 다른 종교인들과도 허물없이 지냈다. "이 세상에서 가장 위대한 종교는 바로 친절"이라고 말하기도 했다.

꼭 필요한 것만 가지고 산 '무소유'의 삶, 단순하고 평범한 삶을 살다 간 법정스님을 보며 우리의 삶의 모습과 빗나간 장례문화를 다시 생각한다. 인생은 짧은 이야기와 같다고 하지만 중요한 건 그 길이가 아니라 값어치가 아닐까.

〈코리아타운 데일리. 2010.3.15〉

Chapter 17

아! 천안함 영웅들

"772함(艦) 나와라. 온 국민이 애타게 기다린다. 칠흑의 어두움도 서해의 그 어떤 급류도 당신들의 귀환을 막을 수 없다 … 호명된 수병은 즉시 귀환하라 … 오로지 살아서 귀환하라 … 이것이 그대들에게 대한민국이 부여한 마지막 명령이다." 동아대 의대 김덕규 교수가 쓴 〈772함 수병(水兵)은 귀환하라〉는 글이 온 국민의 가슴을 찢었다.

나라를 지키다가 스러진 해군장병들, 살신성인이라는 표현으로는 부족한 한주호 준위의 희생, 천안함 실종자 수색과정에서 침몰한 금양호 선원들의 실종은 가슴을 도려내는 아픔이다. 천안함 함미(艦尾)가 인양돼 실종자는 싸늘한 주검으로 돌아왔다. '혹시나' 하는 기대는 무너졌다. 귀환하지 않은 수병은 지금도 바다를 지키고 있는 것인지 안타까움을 더한다.

'772 천안함 수병은 귀환하라'

누구의 소행인가. 원인이 아직 밝혀지지 않아 최종판단을 할 단계는 아니지만 뻔한 것 아닌가. 군함이 침몰했다면 우선 적의 공격을 의심하고 단결하는 게 정상이다. 그런데도 온갖 억측과 음모설이 난무했다. 그런 걸 생산하고 퍼뜨리는 세력들이 판을 쳤다. 모두 해군이나 바다, 잠수함, 잠수정, 어뢰, 기뢰에 대해 전문지식이 있는 듯이 떠들었다. 사건이 터진 후 당국의 발표가 혼선을 불러일으킨 탓이 크다.

국가적 참변을 맞고서도 국가 전체의 안위와 이익은 고려않고 정치권은 정파적 시각으로 접근했다. 일부 언론보도는 냉정을 잃었다. 일부 야당 정치인들은 "북한 공격의 가능성은 매우 낮다"고 했다. 무슨 정보를 갖고 있다는 것인가. 생존 장병들의 합동 기자회견에 대해 "짜 맞추기 식"이라며 군인들의 증언을 믿을 수 없다고 했다.

돌이킬 수 없는 참변을 당한 것도 억울한데 공개해서는 안 되는 군사기밀이 너무 많이 노출됐다. 군사기밀 노출은 이적행위다. 위기관리태세가 제대로 돼있지 않다는 증거다. 침몰원인 규명 못지않게 안보상 허점을 찾아내고 안보시스템을 철저히 점검해야한다. 어떤 경우든 안보를 소홀히 해서는 안 되는 것이다.

지진사태를 맞은 아이티는 온갖 약탈이 판치는 모습을 보였다. 9·11 테러 당시 미국은 사전 첩보를 입수하고도 제대로 대처하지 못했지만 대참사 앞에서 단결했다. 희생자의 42%에 달하는 1164명의 유해는 찾지 못했지만 미국 국민은 희생자 추도식에서 희생자의 이름을 부르고 꽃을 바치는 것으로 아픔을 달랬다. 2차 대전 당시 일본의 진주만 폭격으로 피격된 미국 애리조나 함은 1177명의 장병들과 함께 침몰, 지금까지 역사적인 전장으로 보존되고 있다.

한국은 선진국 대열진입의 직전단계에 있다는 외국의 평가가 종종 전해진다. 거기에 우쭐댈 일 아니다. 올림픽에서 메달을 많이 땄다고 선진국이 되는 게 아니다. 국가안보적 위기를 맞고서도 정파적 입장이 갈리고 온갖 낭설이 판치는 걸 보라.

지도력은 위기 때 빛나는 법

세계경제전쟁에서 살아남기는 쉽지 않다. 우리는 북한과 대치하며 전쟁보다 더한 전쟁을 치르고 있다. 북한은 금강산 관광사업 재산 몰수위협, 이산가족면회소 동결에 이어 개성공단 폐쇄 방안을 검토 중이라는 것이다. 심상치 않은 북한의 움직임이다. 경제와 안보를 소홀히 할 수 없는 이유다.

국가적 위기상황에 어떻게 대처하느냐가 국가의 수준을 말해준다. 위기를 맞고서도 위기라는 걸 인식조차 하지 않는다면 무엇으로 나라를 지킬 것인가. 왜 일제에 나라를 빼앗겼으며 6·25 남침을 당했는가를 되돌아보자. 지금은 위기다. 지도력은 위기 때 빛나는 법이다. 선진 국민은 위기 때 단결한다.

〈중소기업뉴스, 2010.4.21〉

Chapter 18

도전정신 없는 삶은 '죽은 생명'

"아들아, 내 인생길은 수정으로 된 계단이 아니었다. 압정도 널려있고 나무가시들과 부러진 널빤지 조각들, 바닥에 카펫이 깔려있지 않은 맨 바닥이었지. 그렇지만 쉬지 않고 열심히 올라왔다. 때로는 불 없이 깜깜한 어둠 속을 갔다. 절대 돌아서지 마라라. 사는 게 좀 어렵다고 층계에 주저앉지 마라라. 애야 난 지금도 가고 있단다. 아직도 올라가고 있단다. 내 인생길은 수정으로 만든 층계가 아니었단다."

랭스턴 휴즈(Langston Hughes:1902~1967)가 쓴 〈어머니가 아들에게〉라는 시다. 나무가시 헤치고 어둠속을 더듬으며 층계를 올라가는 어머니의 모습이 보인다.

산다는 건 힘겨울지라도 좌절하지 않고 도전하고 또 도전하는 모습은 아름답다. 그런 도전이 삶을 가치 있게 만들고 삶을 풍요롭게 만드는 것이다.

산아인 오은선 대장의 안나푸르나 정상 등정은 위대한 도전이었고 인간 승리였다. 키 154cm, 몸무게 50kg의 '작은 거인' 오은선은 그간 한국인 원정대 16명의 목숨을 앗아간 안나푸르나를 기어이 올랐다. 악천후와 사투를 벌이며 한계상황을 딛고 이룬 쾌거다. 히말라야 8000m급 고봉(高峯) 14좌를 완등(完登)한 사람은 전 세계를 통틀어 20명, 한국인으로는 4번째, 여성으로서는 세계 최초다. 14좌 완등한 산악인 4명을 가진 나라는 한국이 유일하다.

험한 계단 계속 올라가는 게 도전

한국에는 고산(高山) 자체가 없다. 그렇기에 높은 산에 도전하고 싶은 욕망이 오히려 컸다. 그게 한국인의 기상이고 열정이고 발전의 원동력이다. 왜 죽음을 무릅쓰고 험준한 산에 오르는가. 영국 등반가 조지 맬러리(George Leigh Mallory)의 "산이 거기 있으니까"라고 한 말로는 설명이 되지 않는다. 어떤 난관도 극복해서 이뤄내겠다는 도전정신이 그 답일 것이다.

국토가 좁고 이렇다 할 자원이 없는 한국이 세계 최빈국을 벗어나 오늘에 이른 것은 바로 도전정신의 결과다. 여기서 머물 수는 없다. 경제와 복지, 안보 등 극복해야할 과제는 켜켜이 쌓여있다. 정복해야할 높은 산이다. 걸림돌은 한둘이 아니다. 그러나 극복해야한다.

목숨을 바치는 사람들이 있기에 우리의 오늘이 있다. 일제에 항거한 독립투사들, 6·25 참전용사들과 연평해전, 천안함사태에 이르기까지 목숨을 바친 사람들이 있기에 오늘의 대한민국이 있는 것이다. 이제는 울분을 삼키고 이길 준비를 해야 할 때다. 어떤 경우를 맞더라도 이겨야한다.

산 아래의 바위를 밀어 올려 산꼭대기에 이르면 다시 굴러 내려오고 그 바위를 다시 밀어 올리는 일을 계속해야 했던 시지포스를 떠올리면 우리의 등짐이 무겁다고 한탄할 일은 아니다.

세월 탓, 환경 탓하며 움츠리고 있을 수는 없다. 지금 바로 도전해야한다. 위기의 시대에 도태될 것인가 도약할 것인가. 어려운 시기일수록 뒤로 물러서서는 안 된다. 오히려 전력을 다해 도전해야한다. 개인도 어떤 조직도 국가도 마찬가지다.

선택과 집중이 중요

여우는 적을 피할 방법을 100개나 알고 있다고 자랑했다. 고양이는 나무에 올라가는 것밖에 아는 것이 없다면서 여우를 부러워했다. 그때 사냥개가 나타나자 고양이는 나무 위에 올라가 살았지만 여우는 이런 저런 방법을 생각하다가 혼란에 빠져 잡혀 죽었다. 선택과 집중의 중요성을 일깨워주는 이솝우화다.

좋은 나무는 쉽게 크지 않는다. 바람이 강하면 나무도 강해지고 숲이 어두우면 나무는 하늘을 향해 높이 뻗어간다. 햇빛과 추위와 비와 눈은 모두 나무를 좋은 재목으로 만들어주는 최고급 영양소다.

우리 역사에서 위기가 아닌 적이 있었던가. 위기는 기회다. 위기를 딛고 일어설 수 있다면 그게 발전이다.

〈코리아타운 데일리. 2010.5.3〉

Chapter 19

추석 달빛에 살펴볼 삶의 그림자

한국 최대의 명절 한가위. 떠오르는 건 둥근달과 정겨운 얼굴들이다. 구름에 가려지든 비가 내리든 한국인의 가슴에 둥근 보름달은 뜬다. “달은 바라만 보아도 부풀어 오르는 추억의 반죽 덩어리”라고 한 시인도 있다.

명절은 설렘이고 만남이고 기쁨이다. 고향으로 달려가는 것은 부모친척 얼굴 보고 성묘하기 위한 것만은 아니다. 고향에서만 느낄 수 있는 분위기가 있고 향기가 있기 때문이다. 버선발로 뛰어나올 어머님이 안 계셔도 고향을 찾는 건 마음속에 남아있는 고향을 붙들고 싶은 몸부림일지 모른다.

오늘날 고향에 사는 사람은 줄어들고 사는 모습도 달라졌다. 가족이 모여 함께 즐길 기회도 많지 않다. 더욱이 가족이 먼 나라에 떨어져 살고 있는 경우도 흔하지 않은가. 그래도 명절이면 마음만이라도 고향으로 달려가고 가족의 얼굴을 그린다.

경제가 발전하고 소득이 늘어나면 행복이 보장되는 것으로 알고 열심히 달려왔다. 그러나 세상은 더욱 각박해지고 욕구불만과 갈등은 오히려 커졌다. '더불어 함께 사는 사회' 의 모형이 사라진 결과일 것이다.

'달은 부풀어 오르는 추억의 반죽 덩어리'

잘 키워야할 어린이, 공경해야할 노인을 포함해서 모두가 어울릴 수 있는 판을 만들어 가야한다. 그런 판은 명절이 제격이다. 민속명절은 가족과 이웃과 인정을 생각하는 영역을 넓혀주기 때문이다.

지금 한국사회는 어떤가. 명절을 남의 일처럼 여기는 사람들이 많아졌다. 어린이는 과보호되고 있고, 청소년들은 시험공부에 지쳐있고 나약한 개인주의에 빠져들고 있다. 노년층은 소외되어 존엄과 품위마저 상실 당할 위기에 놓여 있다. 청장년층도 무엇에 쫓기듯 시달리고 지쳐있다.

한국사회는 서구사회가 겪었던 가족붕괴의 전철을 밟고 있는 것은 아닌가. 서구의 개인주의는 그들 산업화의 원동력이었을지 모른다. 우리에게는 개인주의가 아닌 공동체의식, 가족적 집단주의 의식이 깔려 있다. 그게 우리가 경제성장을 이룬 밑바탕이었다. 그러한 의식을 더욱 다지기 위해서는 열심히 일하고 모두가 함께 어울려 즐길 마당이 필요하다. 그게 명절이고 축제이고 새로운 에너지를 충전하기 위한 휴식이다.

명절에는 함께 모여 가족과 이웃과 삶이 무엇인가를 이야기하자. 그리하여 우리의 정신적 토양을 기름지게 하자. 모두가 사회의 일원임을 느낄 수 있게 하자. 그런 과정에서 우리의 독특한 공동체의식도 싹틀 수 있을 것이다. 요즘 자주 이야기하는 공정사회가 바로 이런 것 아니겠는가.

경쟁사회를 살아오면서 우리들 마음은 메말라졌고 현세적 물욕은 우리를 정신적으로 황폐화시켰다. 오래 전 미국의 한 조사는 미국의 아시아계 이주민들이 높은 소득을 올리며 성공하고 있는 것은 가족연대, 교육열, 법과 전통에 대한 존중, 수신(修身), 노력 등에 대한 문화적 흐름 때문이라고 했다. 어릴 적부터 상호존중을 배우고 서로 도우면서 노력하는 자세를 갖게 하여 자기수양의 전통을 이어가도록 한 것이 성공의 배경이라는 것이다. 지금도 그러한가. 더욱이 한국계 이주민에게 해당되는 것인가.

온갖 번뇌를 잊고 달빛에 젖어봄이 어떨까

일찍이 인생의 즐거움 중 으뜸은 부모를 오래 모시는 일이라고 했는데, 오늘날 부모 모시는 일의 소홀함과 자녀의 과보호 그리고 물질적 풍요만을 좇는 얄팍해진 삶의 자세가 우리가정 우리사회를 병들게 하고 있다.

명절이 이런 걸 바로 잡을 수 있는 계기가 된다면 더 바랄 게 없다. 잘 사는 것과 품위 있게 사는 것과 호화롭게 사는 건 분명 다르다. 호화스럽지 않아도 잘 살 수 있고 품위를 지킬 수 있는 것이다. 명절날 잠시라도 마당에 나와 온갖 번뇌를 잊고 달빛에 젖어보는 것은 어떨까. 밝은 보름달에다 미래의 희망을 새겨보는 것은 어떨까.

〈코리아타운 데일리. 2010.9.22〉

Chapter 20

평화 지키려면 전쟁 막을 힘 키워야

대한민국이 북한의 포탄공격을 받았다. 해병과 민간인이 희생되고 주민들은 피난길에 나섰다. 천안함 폭침을 당한 후 "다시 도전해오면 좌시하지 않겠다"던 다짐은 공허한 메아리가 됐다. "다시 북한이 추가 도발해온다면 강력히 대응하겠다"는 대통령의 다짐에 얼마만큼 무게가 실리는가.

휴가 길에서 발길을 돌려 부대로 복귀하던 서정우 해병과 그의 후임 문광욱 해병은 나라에 목숨을 바쳤다. 분통하다. 방탄모 외피가 불에 타는 줄도 모르고 불길 속에서 자주포로 대응 사격을 하는 또 다른 자랑스러운 해병의 모습에서 참군인상을 본다.

군에 가지 않으려고 생니를 뺐다는 연예인, 정신분열증·우울증·대인기피증에 걸렸다는 탤런트, 어깨를 탈골시킨 운동선수, 손가락을 잘랐다는 사람 등 잔꾀를 부린 자들의 얼굴이 떠오른다. 세상에는 별별 사람이 다 있게 마련이지만 그런 잔꾀 부린 자들에게 책임을 묻지 않는다면 제대로 된 나라가 아니다. 말로만 국방의무를 떠드는 게 무슨 의미가 있는가.

아시안게임이 끝났다. 열심히 뛰어 좋은 성적을 거둔 선수들에게 박수를 아낄 까닭이 없다. 법규정에 따라 금메달을 딴 선수에게 병역특혜가 따르게 돼 있다. 일부 언론은 금메달을 딴 특정 선수의 병역특혜 사실을 부각시키는가 하면 군 면제 받은 걸 축하한다는 글도 인터넷에 올랐다. 씁쓸하다. 군에 가지 않게 된 걸 축하한다고?

다시 북한의 포탄공격을 받다

국가를 대표해서 뛴 선수들에게 보상이 따르는 건 경기력 향상을 위해서도 좋은 일이지만 그 보상이 왜 병역특혜인가. 병역은 보상의 대상이 될 수 없는 국민의 의무다. 운동선수의 특성상 전성기에 군 입대로 운동을 중단하는 것은 고통일 수 있다. 대안을 찾아야 한다. 군에서도 기량을 닦을 수 있는 제도적 방안을 마련하든지, 대표선수들이 선수생활을 끝낼 때까지 군대 소집을 연기해준 뒤 군복무를 하게 하거나 군복무에 버금가는 활동을 하게 하는 방법을 찾아야 한다. 병역혜택 기간 중에 벌어들인 개인 수입 중 일부를 국방비로 헌납하게 하는 방법도 생각할 수 있을 것이다.

최근 미국 뉴저지주의 홈뉴스 트리뷴지는 연평도사태를 보도하면서 6·25전쟁에 전투기 조종사로 참전한 메이저리그 스타 테드 윌리엄스(보스턴 레드삭스)를 예로 들며 추신수 선수가 병역면제를 받았다는 걸 꼬집었다. 윌리엄스는 '꿈의 타율'로 불리는 4할 고지에 마지막으로 오른 타자였다. 전성기를 보내고 있던 그는 24세 때 2차세계대전에 참전(1943~1945), 메이저리그 복귀, 1952년 33세 때 한국전쟁에 다시 참전, 메이저리그 복귀, 안타행진을 이어갔다. 두 번이나 참전한 것에 대한 질문을 받고 그가 한 말은

"나는 야구선수 이전에 미국의 국민이다"였다.

미국 메이저리그 최고의 투수 밥 펠러는 가정형편상 징집대상자도 아니었는데 일본이 진주만을 폭격하던 1941년 12월 7일 뉴스를 듣고 연봉 협상하러 가던 발길을 돌려 자원입대, 44개월 동안 군복무를 마치고 다시 야구장으로 돌아왔다.

모두 나서서 싸울 각오 없이 안보 지킬 수 없다

조국의 땅과 바다와 하늘을 지키다가 목숨마저 잃은 장병들, 병사 한 사람 한 사람의 값어치를 메달리스트와 비교할 수 있는가. 경기에서 지면 안타깝지만 국방에 구멍이 뚫리면 나라가 망한다. 국방 의무를 소홀히 다루는 생각부터 접어야 한다.

한·미 동맹, 한·중 협력 등 외교적 노력이 중요하지만 우리 스스로의 안보태세 확립이 더 중요하다. 평화를 원하면 전쟁을 준비하라고 했다. 전쟁을 막을 힘이 없으면 평화를 말하는 건 의미가 없다. 모두 나서서 싸울 각오를 다지는 일처럼 시급한 게 없다. 전쟁을 하자는 게 아니고 전쟁을 막기 위해 만반의 태세를 갖춰야 할 때라는 것이다.

〈한국경제신문. 2010.11.30〉

Chapter 21

신정아 에세이 '4001' 파문

"…내일이나 모레나 그 어느 즐거운 날에 나는 또 한 줄의 참회록을 써야 한다. …그때 그 젊은 나이에 왜 그런 부끄런 고백을 했던가…."

윤동주의 '참회록'이라는 시에 나오는 글귀다. 윤동주는 일제 말기 암흑기에 시대의 고통을 자기의 고통으로 껴안아 자신의 삶이 욕되다고 생각하고 자신을 참회하고 성찰하면서 살아야했다.

'신정아 사건'으로 세상을 떠들썩하게 했던 그 신정아가 감옥생활 할 때의 수인(囚人)번호를 제목으로 뽑아 자전적 에세이 '4001'이라는 책 한 권을 들고 세상의 중심으로 나왔다. 그 책은 선풍적인 판매량을 기록하고 있다고 한다.

화려한 등장이라고 하기엔 씁쓸하기 그지없다. 신정아를 윤동주에 비교하는 건 가당하지 않다. 하지만 신정아가 윤동주의 시를 한 번이라도 읽었다면 그렇게 쓰지는 않았을 것이다.

이 책을 읽지 않았지만 언론에 보도된 것을 추려보면 대강은 파악할 수 있을 것 같다. 감옥생활까지 한 그는 억울하다고 생각할 수도 있을 것이고, 하고 싶은 말도 있을 것이다. 하지만 한 때의 부적절한 몸가짐을 되돌아보고 조용히 지내면서 세인의 기억을 지웠으면 좋지 않았을까. 하고 싶은 말을 참는 것도 진실한 참회일 수 있고 고백일 수 있는 것이다. 책을 쓴다면 최소한 자기 성찰이 곳곳에 묻어나야했다.

윤동주의 '참회록'을 읽었더라면

우선 학위를 위조해서 교수가 되고 소위 출세를 한 것에 대한 반성이 없다는 점이다. 학력 허위기재만으로도 국회의원 배지를 떼는 세상 아닌가. 그는 책에서 논문을 대필시키기는 했지만 그로 인해 학위말소에 이르리라고 생각하지 못했고 위조된 학위를 적극적으로 이용하지 않았다고 썼다.

어느 신문 인터뷰에서는 "불성실한 방법으로 학위를 받으려 했다. 결과적으로 학위는 없지만 내가 직접 위조하지 않았다는 사실을 밝히고 싶다."고 했다. 자기합리화나 자기변호가 정도를 넘었다는 걸 알기에 부족함이 없다. 학위의 유무가 문제가 아니라 거짓을 숨겼다는 게 문제인데도 그걸 깨닫지 못하고 있는 게 안타까운 것이다.

한때 가까이 했던 사람들에 대한 예의가 없고 진실이 어떻든 남을 비방하는 정도가 심하다는 느낌을 지울 수 없다. 미운 사람이라도, 또 비록 적이라 해도 최소한 지켜야할 예의가 있다. '똥아저씨가 처음에 나를 꼬시려고 예술에 관심이 있는 척했지만 나를 자빠뜨리고 난 뒤에는 예술의 예자도 꺼내지 않았다' 고 했다.

고 노무현 전 대통령과의 만남은 대통령이 먼저 보자고 해서 만났다는 주장도 했다. 서울대 총장을 지낸 사람과 기자출신 정치인 C는 가장 심하게 상처를 입었다. 신정아가 받은 처벌은 예일대 박사학위 위조와 화랑에서의 횡령혐의 때문인데도 이들을 책에 등장시킨 것은 정치적 불순한 동기가 있다는 주장이 그래서 나온다. 또한 책을 많이 팔기 위한 노이즈 마케팅(noise marketing)이라는 주장에도 무게가 실린다.

사람이 어떻게 행동할 것이며 그 행동이 옳은 것인가 옳지 않은가를 논하는 게 도덕이다. 상대방을 사회적으로 매장하는 것은 물론 가정을 파괴하는 말을 함부로 내뱉으며 도덕을 들먹이는 행태는 참기 어렵다.

도덕은 행동의 옳고 그름을 논하는 것

목숨을 걸고서 부정을 고발하고 진실을 말하는 건 참된 용기다. 그런데 하지 않아도 좋을 하찮은 이야기로 세인의 관심을 집중시켜 자신의 잘못을 덮고 새로운 출발의 디딤돌로 삼는 일은 경계해야한다. 또 다른 한편 이제 힘없는 그런 사람을 매몰차게 짓밟는 행위도 삼가야한다.

권력의 억압을 받은 사람의 정의의 고발도 아니고 역사를 바로 잡을 그런 진실을 밝히는 것도 아닌 책으로 지금 한국사회가 떠들썩하다. '엿보기 심리' 로 통용되는 관음증(觀淫症)적 성향 때문일 것이고 한국사회의 수준을 반영하는 것이라고 해도 지나침이 없을 것이다.

우리 사회가 한 단계 뛰어오르려면 사회적 가치판단이 필요하고 이를 위한 언론의 책임과 역할이 크다는 걸 다시 느끼지 않을 수 없다.

〈코리아타운데일리. 2011.3.30〉